다세대가족과
신경심리스키마를
중심으로

대물림과
체계론적 가족치료

페터 카이저 · 문용갑 · 이남옥 공저

학지사

서문

우리는 오랫동안 가족심리학적 연구와 신경, 발달 및 성격심학리학적 지식이 개인, 부부 그리고 가족을 대상으로 한 심리치료와 건강증진프로그램에 어떤 도움을 줄 수 있는지에 대해 심사숙고해 왔다. 심리치료와 가족치료에 관한 연구와 문헌 그리고 실제는 전통적으로 과학적 심리학과는 거리가 그리 가깝지 않았다. 개인의 발달과 삶의 질은 가족과 분리될 수 없다. 역으로, 다세대가족 일가의 공동생활도 가족구성원 개인들의 기여를 전제로 기능한다. 가족심리학적 기능과 개인(신경)심리학적 기능은 환상적인 방식으로 조화를 이룬다. 우리는 과학적 지식과 실제 경험을 통해 이 두 영역이 체계론적으로 연관되어 서로 긍정적 또는 부정적으로 영향을 미치고 있음을 깨닫게 되었다. 내담자와 대중은 건강증진프로그램, 부부 및 가족치료 그리고 심리치료가 당연히 최근 연구를 바탕으로 효과적이고 경제적으로 이루어지길 바란다. 이에 따라 우리는 가족심리학, 신경심리학 그리고 기타 심리학과 치료연구를 두루 살피고 체계적으로 종합하여 실제 치료에 활용할 수 있도록 하고자 한다. 이를 위해 가장 중요한 자료 출처와 연구결과들만 선별하였으며, 우리의 저술도 십분 활용하였다.

우리의 지식과 경험이 여전히 부족함을 통감하면서 부끄러운 마음으로 이 책을 내놓게 되었다. 앞으로 독자들의 비판에 귀 기울여 내용을 보완해 가려 한다.

이 책이 세상의 빛을 보게 된 것은 순전히 그동안 도움을 주신 분들의 덕택이다. 먼저, 출판을 흔쾌히 허락하고 지원해 준 학지사 관계자 여러분에게 감사의 마음을 전한다. 특히 체계론적 상담에 관심을 갖고 격려해 준 '체계론적상담 아카데미' 식구들과 출판의 기쁨을 함께하고 싶다.

2019년

저자 페터 카이저, 문용갑, 이남옥

들어가기

다세대 상호작용에 관한 충분한 임상연구가 채 이루어지기도 전에 가족치료자 대부분은 구성주의적 '2차 사이버네틱스Cybernetics II'로 눈을 돌렸다(Boscolo et al., 1988; Tomm, 1996). 그 결과, 역사성과는 거리가 먼 치료, 예컨대 체계론적-역설적 치료, 이야기치료 그리고 해결중심치료에 매달렸다(Talmon, 1996). 그들의 치료 비책은 간단했다. 해결책은 문제의 원인과 관련이 없으니 어려운 문제와 심리적 장애를 제거하기 위해 획기적인 '요령'을 찾아야 한다는 것이었다. 이에 따라 1987년 Mara Selvini Palazzoli의 인터뷰에서 볼 수 있듯이, 당시 일각에서는 5~6회기 치료만으로도 조현병을 치료할 수 있다고까지 하였다. 병원론이나 원인론은 '뒷방 신세'가 되었고, 가족역사는 더 이상 관심의 대상이 되지 못하였다(Buchholz, 1995). 하지만 곧바로 신학자이자 선교사였던 Bert Hellinger가 조금 투박하지만 노련한 방법으로 『사랑의 질서Ordnungen der Liebe』(1994)와 가족유산 및 운명의 의미를 강조하면서 그 빈자리를 메웠다(Simon & Retzer, 1998). 1990년대 그의 접근법은 '운동'으로까지 확산되면서 막강한 영향력을 발휘하였고, 그 결과 개인치료나 가족치료에서 그동안 방치되었던 가족유산에 대한 관심과 이를 심도 깊이 다루고 싶은 욕구가 현저하게 커졌다.

이러한 추세에 발맞추어 사회과학이나 발달 및 사회심리학에서도 가족과 다세대 상호작용에 관한 관심이 커져 갔다. 다세대가족은 대부분의 사람에게 가장 중요한 일차집단으로서 발달과 사회화뿐 아니라 건강과 안녕을 위해 중요한 의미를 지닌다. 다세대가족을 통해 생물학적 유전이 이루어지고, 가족유산과 그에 따른 가족패턴이 대물림되기 때문이다. 가족구성원들은 평생에 걸쳐 서로 친밀한 상호작용을 한다. 애착행동, 사회적 능력 또는 이혼 등이 세대를 거쳐 대물림된다는 연구결과를 보더라도 다세대가족이 가족의 삶의 질과 심리사회적 장애에 얼마나 많은 영향을 미치는지 알 수 있다.

최근 **뇌연구**를 통해 우리는 유전자 발현뿐 아니라 개인의 초기 또는 생애 발달에서 다세대 체계맥락의 중요성을 보여 주는 신경구조의 역동과 가소성plasticity에 대해 잘 알 수 있다. 유전적·사회적 유산은 가족유산을 통해 대물림된다. 이 점은 개인의 건강과 발달 그리고 치료에도 새로운 숙제가 아닐 수 없다.

치료실제에 관한 연구결과를 활용하기 위해서는 먼저 치료가 내담자의 **삶의 질**에 얼마나 효과적이고 효율적으로 도움을 주었는지 물어야 한다. 치료평가연구에 따르면 치료성공 여부는 어떤 접근법이든 개입 방법이나 기법보다는 치료에서 고려되어야 하는 효과요인이나 효과차원에 의해 좌우된다고 한다(3장 참조). 치료자는 내담자의 다양한 삶의 영역과 시점에서의 체계맥락들을 탐구하여 치료자로서의 사고와 행동을 해야 하지만 이는 복합성complexity 때문에 결코 쉽지 않으며 이에 관한 연구 또한 매우 미진한 실정이다. 전문가로서 치료자의 임무는 가능한 한 과학적 연구결과를 기초로 치료를 하는 것이다. 다시 말해, 내담자와 가족구성원의 **삶의 질**을 중시하는 치료이어야 한다(Bullinger et al., 2000; Kaiser, 1989; The WHOQOL Group, 1995; Zapf, 1984). 삶의 질의 기준은 앞으로 논의할 내담자와 가족구성원 개인 및 가족의 욕구다(1장 참조).

치료의 질에 관한 연구와 같이, 우리는 **구조요인**과 **과정요인**을 구분하고 이 요인들이 **결과적으로** 세대관계의 질, 가족구성원의 삶의 질 그리고 신경심리스키마에 어떤 영향을 미치는지 살펴볼 것이다.

개인의 관계 정도 및 안정성은 삶의 질에 의해 좌우되고 다시 그가 처한 **상황과 태도**에 의해 영향을 받는다([그림 1] 참조; Bradbury & Karney, 1998; Braukhaus et al., 2000; Donabedian, 1980; Kaiser, 2006a, b; Paulus, 1994). 다세대가족의 가족구성원 개개인의 삶의 질을 평가해 보면 그 결과는 다양하게 나타날 것이다.

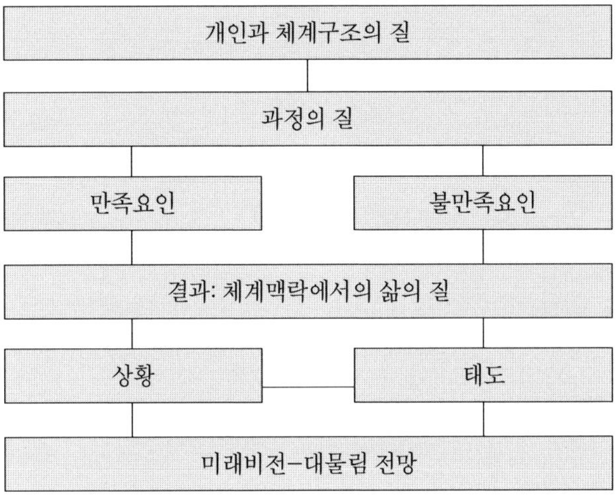

[그림 1] 개인 및 가족의 삶의 질 구조

개관

이 책은 다음과 같이 구성되어 있다.

1장에서 우리는 먼저 신경심리스키마 심리학에서의 새로운 접근들과 연구결과를 살펴볼 것이다. 개인의 신경심리구조는 매우 이른 시기에 가족 속에서 기본욕구를 어떻게 충족시키는가에 따라 결정되고 그 이후로는 생활개념concept of life과 모델표상model representation이 개인 발달에 영향을 미친다. 이러한 경험들은 개인의 성격 및 능력 발달과 가족기능에 대한 개인의 기여도에 영향을 미친다.

세대 간 상호작용에 대해 상세히 살펴보기 위해 2장 2~6절에서 가족심리학과 가족의 하위체계들과 여러 세대에 걸친 가족구성원들 사이의 복잡한 상호관계에 관한 중요한 접근법과 연구결과들을 제시하였다. 가족은 어떤 유형이든 가족구성원의 삶의 질에 중요한 고유의 특성을 지니고 있다.

가족은 고정불변한 현상이 아니라 가족구성원과 가족주기 그리고 대물림이라는 삶의 과정에서 끊임없이 발달한다. 이 과정에서 발생하는 도전적 과제들은 가족생활의 구조를 특징짓는다. 이에 관해서는 2장 2절에서 다룰 것이다. 이어서 우리는 하위체계 및 가족 일가의 가족기능성과 가족구성원들의 기여에 대해 개괄할 것이다.

다세대가족에서 여러 시기에 걸쳐 이루어지는 발달 과정과 구조는 여러 측면에서 **환경적 요인들**에 의해 영향을 받는다. 이에 관해서는 2장 4절에서 나치시대나 직장생활의 예를 들어 설명할 것이다. 치료에서는 당연히 가족 역사를 상세히 추적하여야 한다. 이 작업을 거시 차원과 미시 차원에서 시범적으로 제시할 것이다.

삶의 질 분석에서와 같이, 여러 연구결과를 바탕으로 가족생활의 **과정적 질**에 영향을 미치는 요소들에 대해 설명할 것이다(2장 5절 참조). 이를 위해 가족 안팎의 구조와 과거사를 배경으로 한 **만족요인**과 **불만족요인**을 구분할 것이다. 현재의 **결과의 질**은 궁극적으로 과거사, 구조 그리고 과정에서 연유한다. 이에 관해서는 2장 6절에서 위기의 생활환경과 과정이 미치는 영향을 예를 들어 설명할 것이다.

1장과 2장에서 제시한 기본지식을 통해 신경심리구조와 다세대 상호작용을 각각 탐지하고 서로 연결 지어 작업할 수 있다. 이 작업은 개인, 부부 또는 전체 다세대 가족을 대상으로 사전 또는 사후에 할 수 있다. 2장에서는 여러 사례를 통해 적절한 개입방법에 대해 논의할 것이다.

3장에서는 대물림되는 상호작용에 접근하는 기본방법에 대해 살펴보기 위해 상세한 사례들과 함께 **가계도 다차원분석**genografische mehrebenenanalyse을 제시할 것이다. 분석결과들로부터 도출된 치료적 결론은 삶의 질의 최적화를 목표로 하여 **미래작업방법**으로 밝힐 수 있는 미래비전과 연결할 것이다. 긍정적인 미래비전이 실현되기 위해서는 그에 걸맞은 개인의 신경심리구조가 필요하다. 따라서 **신경심리스키마 분석 및 변화**에 대해 세밀히 살펴볼 것이다(p.149의 '4) 신경심리스키마 분석 및 최적화' 참조). 아울러 **치료과정의 질적 측면**도 함께 염두에 둘 것이다.

치료에서 과학적 근거에 의한 전문적 개입을 위해 다양한 **평가연구방법**에 대해 알아보고 각 방법의 질을 검토할 것이다. '황금률'이 있을 수 있지만 그 현란한 빛에 눈이 멀어서는 안 될 것이다. 따라서 평가연구의 핵심주제에 대해 논할 것이다. 방법에 이어 실제 치료에 중요한 지침을 제공하는 치료연구의 **내용**과 **결과**에 대해 살펴볼 것이다. 다양한 연구결과로부터 일련의 치료 효과요인과 효과차원을 정리하여 제시할 것이다. **효과요인**과 **효과차원**은 전문적인 치료가 내담자에게 도움이 되는 진정한 성공 가능성을 높이는 데 기여할 것이다. 끝으로, 4장에서는 실제 치료에 유익한 **전략** 및 **계획**에 대해 기술하고, 이를 통해 개별 사례에 적합한 관점과 방법을 제안할 것이다.

후기에서 우리는 신경심리적 가족상호작용에 관한 향후 연구, 치료연구 그리고 건강증진과 예방에 대해 또 한 번 심사숙고하였다. 그리고 교육훈련이나 슈퍼비전을 위한 결론을 내리고자 하였다. 삶의 질에 중요한 요인들과 치료과정에 대한 이해가 깊어질수록 전문치료의 질에 대한 요구는 더 높아질 것이다.

차례

제3장

가족상호작용 분석 및 최적화

제4장

실제적 접근

제1장

신경심리스키마의 심리학

1. 생물심리사회적 기초
2. 내적 모델과 생활개념의 기초
3. 요약

개인과 가족의 삶의 질 향상을 위한 심리학적 치료가 성공하기 위해서는 다양한 측면을 염두에 두어야 한다. 해결과정이 과학적 연구결과에 근거해야 가족구성원과 치료자는 상황을 자세히 살펴서 그 배경을 파악할 수 있다. 실증적으로 입증된 효과요인과 효과차원을 기준으로 삶의 질을 높이기 위해서는 가족구성원뿐 아니라 전체 가족체계에 대한 **발견적**heuristic 이해가 중요하다(3장 참조). 다세대가족의 체계맥락에서 개인 발달에 중요한 핵심 요소는 행동과 체험을 조절하고 가족기능에 영향을 미치는 신경심리기제들을 활성화시키는 것이다.

접근스키마와 신경스키마

스키마schema는 심리과정의 기본단위로서 치료적 의미에서 특별한 주목을 받고 있다. 정신구조 또는 내적 모델이라고 할 수 있는 스키마는 우리가 자동적으로 작동하는 반응패턴을 수단으로 하여 수많은 생활 상황과 과제를 쉽게 처리할 수 있도록 해 준다. 스키마는 가족환경과의 상호작용을 통해 발달하지만 역으로 그 상호작용의 토대가 되기도 한다. 스키마는 경험들이 복잡한 신경심리네트워크에 결합됨으로써 형성된다. 우리는 스키마가 지닌 신경생리적 능력과 자체 역동을 감안하여 '**신경심리**'스키마에 대해 설명할 것이다. 신경심리스키마는 뇌구조에 자리 잡고 있는 기본욕구의 충족을 주관할 경우에는 **접근스키마**가 되고, 고통, 실망 또는 위협으로부터의 회피에 특화되면 **회피스키마**로 불린다(Grawe, 2004; Lesch, 2007). 각각의 스키마는 고유의 기대와 행동목록들과 함께 발달과정에서 항상 분화되는 신경생리적 기질들substrates로 채워져 있다. 스키마와 관련해서는 유전적 소질과 발달환경도 중요한 역할을 한다.

1. 생물심리사회적 기초

통상 가정하는 것과는 달리, 최근 30년에 걸친 뇌연구에 따르면 개인은 결코 유전적 성향과 뇌구조에 의해 결정되지 않는다고 한다. 신경구조는 경험을 통해 변할 수 있다. Grawe는 그의 저서(2004)에서 결론짓기를, 치료가 효과적인 것은 신경심리구조의 가소성이 뛰어나기 때문이라고 하였다. 한마디로 말해, 신경심리적 변화를 야기하지 못하는 치료는 아무 소용이 없다는 것이다. 이러한 인식은 건강 및 발달증진은 물론 학습에도 의미하는 바가 크다.

신경심리구조의 가소성

간단히 말해서, **유전자**는 신경세포의 발달과 상호연결을 조절하는 단백질을 생산해 낸다. 모든 인간에게 공통된 **전형적인** 유전자도 있지만 개인마다 독특한 특징을 갖게 하거나 **환경이나 경험**에 따라 색다르게 작용하는 유전자도 있다. 이러한 유전적 소질은 적절한 발달여건이 뒤따를 때만 효력을 발휘하는 **잠재력**이지만 **위험요인**이기도 하다(**유전자 발현**; Bauer, 2002; LeDoux, 2003; Lesch, 2007; Rowe, 1997; Spitzer, 2002). 유전자 발현에 가장 중요하게 영향을 미치는 것은 가족구조 및 과정이다. 가족구조 및 과정은 가족구성원의 감각적 경험을 통해 그의 삶과 발달에 영향을 미친다. 역으로 가족구성원도 자기생산적 체계상호작용autopoietic system interaction의 틀 속에서 가족구조 및 과정 형성에 활발히 기여한다.

위험요인으로서 유전적 소질

뇌의 시냅스synapse 구조는 유전적 잠재력을 바탕으로 느낌, 즉 **생활경험**을 통해 발달하고 변화한다([그림 1-1] 참조). 중요한 것은 뇌신경 접속부분인 시냅스가 유전자나 환경으로부터 영향을 받느냐가 아니라 서로 상호작용하면서 발전하는 구조라는 점이다(LeDoux, 2003).

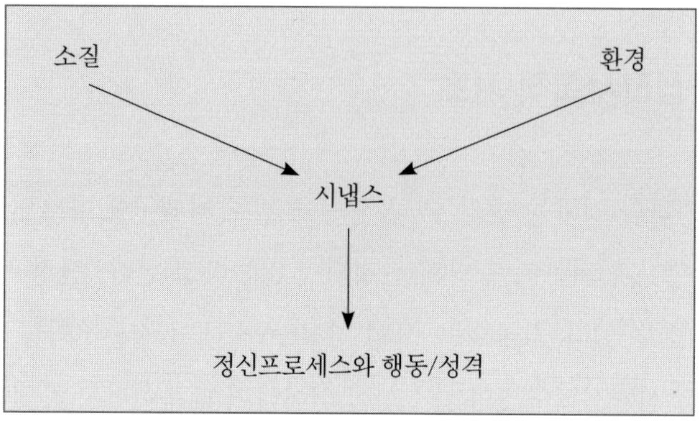

[그림 1-1] 소질, 환경, 시냅스

출처: LeDoux, 2003: 13.

대부분의 사람은 유전적으로 부정적 감정이 강하고 회피체계가 쉽게 활성화되는 성향을 지니고 있다(Tellegen et al., 1988). 이런 유전적 성향의 정도는 외부자극에 의해 어떤 유전자가 발현되느냐에 따라 다르다. **유전자 발현**에 영향을 미치는 유전자로는 Lesch 등(1996)이 발견한 세로토닌 전달 유전자가 있다. 세로토닌 전달 단백질(HTT)이 지닌 대립유전자allele가 적은 사람에게는 세로토닌 전달 유전자의 발현이 적기 때문에 세로토닌이 적게 생산된다. 세로토닌은 시냅스에서 분비되는 신경전달물질의 하나로 심신의 안정과 행복감을 느끼게 하는 호르몬이다. 세로토닌 전달 유전자가 부족한 아이는 안정감을 찾기 힘들고 요구하는 것이 크기 때문에 자신을 돌보는 후견인(부모 또는 형제자매)을 지치게 만든다(Sidor et al., 2012).

유전자 발현

신경생리체계에서 기본적인 규제프로세스 및 구조는 유아기에 발달한다. 욕구와 욕구충족 사이에 불일치incongruence, 즉 통제될 수 없는 욕구의 좌절을 경험하면 스트레스 호르몬이 분비된다. 코르티솔 호르몬은 스트레스에 맞서 뇌를 비롯한 각종 장기가 정상적으로 작동할 수 있도록 돕는 존재이지만 그 양이 비정상적으로 증가하면 뇌의 '백색질'을 감소시켜 뇌구조에 치명적인 손상을 입힐 수 있다. 이와 함께 중추신경계에서 특히 중요한 역할을 하는 신경전달물질인 글루타메이트가 지나치게 활성화되면 학습, 기억 등을 담당하는 뇌 기억 중추인 **해마**의 위축을 가져와 **외현적 기억내용**이나 방향감각을 잃을 수 있다. 그 결과, 경우에 따라서는 감정적으로 격한 반응을 보일 수 있다. 이러한 신경소통작용이 지속되면 부정적 감정을 담당하는 뇌 부위에 있는 시냅스가 더 활성화됨에 따라 공포를 느낄 때 활성화되는 **편도체**와 감정을 느끼는 뇌 부위인 **복내측 전전두피질**, 작업기억과 주의집중에 중요한 역할을 하는 **배외측 전전두피질**이 영향을 받는다([그림 1-2] 참조).

스트레스로 인한 뇌손상

10개월 정도면 이러한 소질과 삶의 경험을 통해 신경구조가 형성된다. 이를 통해 앞으로 아이가 스트레스 상황에서 어떻게 반응할지 예측할 수 있다(Bauer, 2002; Costa & McCrae, 1988; Grawe, 2004). 욕구와 욕구충족 사이에 통제 불가능한 불일치가 지속되면 **행동억제체계**behavioral Inhibition system가 쉽게 활성화되어서 스트레스에 대한 저항력을 잃는다. Heim 등(2000)의 연구에 따르면, 성폭력 피해 여성들은 중간 정도의 스트레스 상황에 대해 일반 여성들보다 약 여섯 배 높은 스트레스 반응을 보였다고 한다. 이들 여성의 대부분은 해마위축과 함께 우울증을 앓고 있었다. 이러한 경험들은 신경연결망을 통해 암묵기억체계에 저장되어 의식되지도, 구체적으로 인지되지도 않는다. 암묵적 구조는 체험과 행동에 결정적인 영향을 미친다. 암묵적 기억내용은 기억할 수 없기 때문에 내담자는 자신이 앓고 있는 장애의 실제 원인에 대해 극히 제한적으로만 설명할 수 있다.

섬세한 공감능력을 지닌 어머니가 아이에게 정성을 다해 애정을 주고 부정적 감정으로 쉽게 흥분하지 않으면, 소질상 회피성향을 보이는 아이일지라도 열악한 조건 속에서 애정과 통제 욕구를 충족할 수 있는 가능성이 높다. 유전적으로 세로토닌 전달 유전자가 부족한 아이라고 해서 세로토닌 기능 발현이 전혀 불가능한 것은 아니다. 유전적인 약점은 사회화 조건을 최적화하면 극복될 수 있다. 아이가 장기간 긍정적인 애정과 통제를 경험할 수 있으면, 스트레스에 대한 면역력이 증가하고 감정조절도 잘되고 긍정적인 신경구조와 조절기제들이 발달할 수 있다. 이런 아이는 좋은 유전적 소질을 가졌지만 어

유전적 단점 극복

머니로부터 관심과 보살핌을 제대로 받지 못한 아이보다 평생 스트레스에 대해 저항력이 강할 수 있다(Grawe, 2004). 예를 들어, 출생 후 병원치료를 받아야 하는 아이는 어머니와 떨어져 있어야 한다. 이 경우 생길 수 있는 외상성 애착상실은 정서적 결핍을 초래하고 신경연결망 발육부진으로 인해 뇌구조 발달을 저해할 수 있다. 그 결과, 면역체계도 손상될 수 있다.

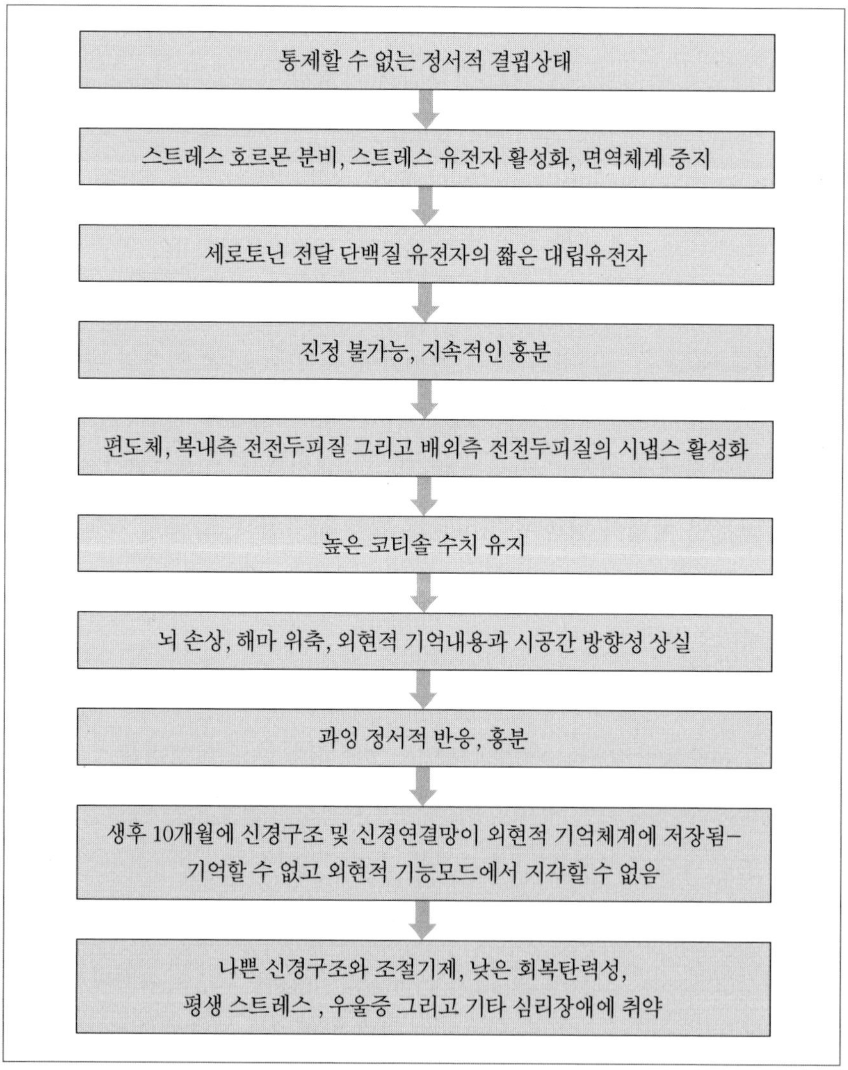

[그림 1-2] 스트레스 경험에 의한 뇌 및 체험구조 형성

출처: Bauer, 2002; Grawe, 2004; Kaiser, 2006b; LeDoux, 2003.

아이의 건강 악화는 가족에게는 상당한 스트레스가 될 수 있다(Bauer, 2002; Birbaumer & Schmidt, 1996; Grawe, 2004; Hagedorn, 2006; LeDoux, 2003; Schepank, 1987; Sidor et al., 2012).

선천적 소질과 초기에 형성된 기질은 평생 동안 중요하다. 인간은 자신의 기질에 꼭 맞는 자리를 찾기 때문이다(Rowe, 1997). 따라서 필요한 발달은 촉진하고 불리한 유전자 발현은 가능한 억제하려면 조기 개입이 중요하다. 하지만 경험들이 기억할 수 없는 신경연결망을 통해 암묵기억체계에 저장되면 조기 개입의 효과도 장담할 수 없다(Grawe, 2004). 출생 전이나 주산기의 상처가 일례다. 이 시기에 태아가 무의식적 작용, 산소 부족, 스트레스 또는 각종 질병으로 인해 입은 상처는 출생 후 과민성으로 나타나기 때문에 아이를 돌보기가 힘들다(Brisch & Hellbrügge, 2005; Cicchetti, 1999; Evertz et al., 2014; Grawe, 2004; Hamer & Copeland, 1998; Moehler et al., 2006; Mundlos, 2001; Rauh, 2002; Rowe, 1997; Saum-Aldehoff, 1998; Schepank, 1987, 1996). '돌보기 힘든' 아이는 돌보는 사람을 힘들게 하여 돌봄을 받지 못하고 욕구도 충족할 수 없다.

선천적 신경기제는 심리적 기본욕구라고 하는 삶의 경험을 필요로 한다. 기본욕구는 뇌신경회로에 위치한다. 신경회로는 욕구가 위협받으면 서로 연결되어 활성화된다. 생후 즉시 선천적 **기본욕구**에 따라 환경과 관련된 첫 번째 목표가 발달한다. Epstein(1979, 1993; Epstein & Morling, 1995)은 경험적으로 검증된 심리적 기본욕구를 네 가지로 구분한다.

심리적 기본욕구(Epstein & Morling, 1995)

- 목표지향과 통제 욕구
- 쾌락추구와 고통회피 욕구
- 자아존중 욕구
- 애착 욕구

심리기능은 기본적으로 욕구와 환경의 **일관성**consistency은 촉진하고 비일관성은 억제하는 일관성 조절에 맞춰져 있다. 욕구충족과 일관성 조절은 서로 연결되어 있다. Grawe(2004)는 목표와 실제 달성된 목표가 일치하는 것을 **일치성**congruence이라고 한다. 그는 지속된 일치상태를 **안녕**well-bing이라고 이해한다. 일치는 심리적 기본욕구들이 모두 지속적으로 충족되는 상태이다.

일관성
환경(예: 사회적 지지)이 욕구(예: 해방감)에 부합한다.

일치성
경험(예: 사회적 지지)이 목표(예: 해방감)에 부합한다.

기본욕구가 대뇌 감각피질을 통해 편도체로 가는 피질경로를 거치지 않고 곧바로 **경고체계**와 **보상체계**로 연결되는 것은 자동적으로 신속하게 반응하기 위함이다.

뇌에서는 앞으로 기대되는 것에 대한 장면이 일종의 **모델**로 그려진다. 나쁜 일로 놀라게 되면 통제욕구가 활성화되어 도파민신경세포를 **억제한다**. 감지된 정보가 원하는 그림과 일치하면 도파민신경세포는 새로운 시냅스연결망을 통해 새로운 학습이 수월하게 만들고 통제욕구는 작동하지 않는다(Grawe, 2004).

기본욕구는 가족의 상호작용과 개인의 행동을 평가할 수 있는 중요한 기준이다. 다음에서는 기본욕구에 대해 좀 더 자세히 살펴보고자 한다.

지향과 통제 욕구

지향과 통제 욕구는 먼저 몸과 움직임을 위한 공간과 관련이 있다. 공간은 호흡과 신체보호를 위해 필요하다. 예를 들어, 아이가 젖을 먹기 위해 어머니 가슴에 이르기 위해서는 움직일 수 있는 공간이 중요하다(Epstein, 1979, 1993; Powers, 1973). 목표지향을 위해 중요한 선제조건은 현실에 대처하는 데 도움을 주는 특화된 신경심리스키마의 존재다.

갓난아이는 욕구를 쉽게 성공적으로 충족할 수 있는 경험을 하게 되면 편안한 일치경험, 효능감, 통제의식 그리고 안녕이 생긴다. 아이는 자신에게 세심한 애착을 보이는 사람이 욕구에 대한 자신의 표현을 알아듣고 충족시켜 주길 바란다. 아이는 애착을 주는 사람의 도움으로만 고통, 불쾌, 두려움, 연약함, 추위 등의 부정적 상태를 통제할 수 있다. 이를 통해 **통합력**sense of coherence, 즉 중요한 삶의 환경을 조망하고 의미를 찾으며 통제할 수 있다는 기본적인 자신감이 발달한다(Antonovsky, 1997; Powers, 1973). 이와 반대의 경우에는 자신감 대신에 무기력감과 통제력 상실감이 발달한다. 다른 욕구들이 충족되지 않는 것도 통제욕구의 좌절을 의미한다(Grawe, 2004).

통제력과 통제력 상실감

어떤 상황이든 개인의 판단에 의한 통제가능성에 따라 미치는 영향이 다르다(일치성; Huether, 1998). 힘든 상황이라도 극복할 수 있는 도전으로 해석되면 긍정적 스트레스eustress가 된다. 아드레날린 분비로 아드레날린성 수용체가 활성화되면 시냅스 작용이 수월해지고 포도당 흡수와 신진대사가 촉진된다. 뇌가 학습할 태세를 취하는 것이다. 부모는 아이에게 어려서부터 자신이 해야 할 일을 하도록 가르치고 힘든 일, 즉 비일치성에 대비하도록 도울 수 있다. 이로써 감당할 수 있는 일이나 스트레스를 통해 복잡하게 분화된 신경회로가 형성된다. 이렇게 효율적으로 훈련된 뇌에 의해 잠재력을 최대한 활용할 수 있다(Folkman & Moskowitz, 2004; Grawe, 2004; Ogawa et al., 1994). 아이가 안전과 친밀감, 포만감과 온정 등에 대한 욕구와 일치하는 즐겁고 만족스런 경험을 하게 되면 세계에 대한 **기본신뢰**basic trust가 발달한다. 아이는 인정과 배려를 받는다는 감정을 느낀다. 이를 통해 자아와 삶 그리고 환경에 대한

긍정적 스트레스

긍정적인 모델이 형성된다(Bowlby, 1975; Erikson, 1970; Paulus, 1994; Powers, 1973). 여러 연구에서 지적하듯이, 우울하고 겁이 많은 환자들은 부모가 돌봄보다는 통제하거나 제한하는 것이 더 많았다고 한다(Quinton & Rutter, 1988; Moehler et al., 2006). 이런 환자들은 부모로부터 지지를 받지 못했고 주위를 살피거나 감당할 만한 상황에서 긍정적으로 통제하는 경험도 부족했다. 일반인 연구에서도 유사한 결과가 나왔다. 어린 시절 통제욕구가 충족되지 않으면 성인이 되어서 자아존중감은 낮고 불안, 우울 그리고 신경증은 높았다.

내적 통제소재

긍정적인 통제경험을 바탕으로 **내적 통제소재**locus of control가 발달하면 삶의 만족감, 안녕감, 자신감 그리고 저항력이 커진다(Bandura, 1977; Grawe, 2004; Paulus, 1994; White, 1972). 반대로, 통제력을 상실한 상태에서는 전혀 다른 결과를 보일 것이다.

쾌락추구와 고통회피 욕구

삶의 질은 근본적으로 쾌락과 고통의 정도에 따라 좌우된다. 쾌락과 고통은 다른 욕구들과 연결되어 있기 때문에 쾌락증가와 불쾌억제 욕구는 특히 복잡하다. 음식, 음료, 신체 온도와 기능 유지, 성 등에 대한 생리적 욕구는 충족되면 쾌락을 느끼지만 좌절되면 고통스럽다는 것이 특징이다. 대부분의 학자는 그 이유를 행동과 정서에 기초가 되는 두 가지 동기체계, 즉 행동활성화체계Behavioral Activation System: BAS와 행동억제체계Behavioral Inhibition System: BIS에서 찾는다. 행동활성화체계는 생명기능을 위한 접근체계approach system로서, 좌반구 배외측 전전두피질과 복내측 전전두피질에서 관장하고, 원하는 단서를 민감하게 감지하고 적극적으로 추구하도록 만들어 주며, 자신이 바라는 바가 달성되리라고 기대할 때 생기는 긍정적 정서인 희망, 흥분, 행복 등을 유발한다. 중격핵nucleus accumbens에서 분비되는 **도파민**은 쾌감으로 생존과 번식에 유리한 행동을 한 것에 대한 보상을 내린다(Berridge & Robinson, 1998).

내재적 동기 근원으로서 도파민체계

도파민체계는 오늘날 내재적 동기의 근원으로 간주되고 있다. 생명과 건강을 보호하기 위한 '회피본능'이라고 할 수 있는 행동억제체계는 처벌과 위험요소에 반응해서 움직임을 억제하는 심리적 중지체계에 비유할 수 있으며 부정적 정서를 유발한다. 행동억제체계는 우반구 배외측 전전두피질과 복내측 전전두피질에서 관장하며 해마, 편도체, 교감신경계, 대내피질과도 연결되어 있다(Gray &McNaughton, 1996; Grawe, 2004).

접근체계와 회피체계에는 성향과 성격에 영향을 미치는 유전자들이 연관되어 있다. 접근체계는 **외향성**, 회피체계는 흥분과 **부정적 정서**의 토대가 된다(p.101의 '(2) 가족구성원의 역량' 참조). Larsen과 Trasch(2002)의 연구결과에 따르면, **외향적인** 사람은 보상에 민감하고 접근성향이 강하다고 한다('**접근성향**'; Elliot & Trash, 2002). 정서적으로 짜증이 많은 사람('노이로제 환자')은 반대로 처벌에 강하게 반응하며 쉽게 부정적 감정에 빠진다(Grawe, 2004). 이러한 **회피성향**은 병에 취약하고 부정적 정서로 반응하는 신생아에서부터 작용한다. 이런 아이들은 타인과의 관계가 어렵고 애착장애 경향을 보이며 향후 자아존중감이 낮아진다(van den Boom, 1994). 부정적 정서 경향을 가진 사람은 심리적 장애위험이 높다(Chorpita & Barlow, 1998). 이러한 성향은 어머니가 특별히 아이를 정성스럽게 돌보면 바뀔 수 있다. van den Boom(1994)의 연구에 의하면, 애착장애를 앓는 아이는 어머니가 감수성훈련을 받으면 치유될 수 있다. 특히 우울증 환자는 회피경향을 줄이면 낙관적이고 침착해질 수 있다(Berking et al., 2003).

외향성과 접근성향

자아존중 욕구

자아존중은 의식, **자아상**self-image 그리고 **성찰적** 사고력을 전제로 한다. 자아상은 타인, 특히 가족과의 언어적 대화를 통해 발달한다. 내면의 언어로 하는 자기성찰과정을 통해 생성된 자아상은 일부는 암묵적으로, 일부는 외현적으로 저장된다. 아이는 몇 년 더 성장하면 자아존중감과 자아존중감을 높이고 싶은 욕구를 느낀다(**자아상**과 슈퍼스키마로서 **자아**의 차이는 1장 참조). 자아상에는 실제 경험을 평가하기 위한 **기준**이 포함되어 있다. 이 **기준**은 위계적인 정보처리과정에서 자기평가를 위해 활용된다(Epstein, 1993; Grawe, 2004;

자기평가를 위한 기준

LeDoux, 2003; Mummendey, 2006; Paulus, 1994; Pöhlmann et al., 2002; Powers, 1973; Schmitz, 2002; Schütz, 2003). 생후 수개월 된 아이는 아직 자아상이 발달하지 않았지만 애착 및 통제 욕구가 좌절되면 이후 자아상 발달에 영향을 받는다. 이런 현상은 어려서 결핍을 경험한 사람들이 보이는 자기비하 성향에서 확인할 수 있다. 이런 사람들은 긍정적인 피드백을 받는 관계조차 포기하고 자신에 대한 부정적 이미지를 확인하려 한다(Baumeister, 1998; De la Ronde & Swan, 1993). 아이의 후견인도 불안해서 회피하는 아이로부터 성공경험을 하기 어렵기 때문에 아이를 귀찮아하거나 회피하게 된다. 이러한 경험을 통해 아이는 더 큰 부정적 자아상을 갖게 된다(Grawe, 2004; Schütz, 2003; Sullivan, 1980).

부정적 자아상과 자기평가

부정적 자아상을 가진 사람들도 암암리에 자아긍정에 대한 욕구를 가지고 있다. 실험에 의하면, 이들은 자신과 유사한 특성을 지닌 타인들에 대해서는 긍정적으로 평가하지만 정작 자신에 대해서는 부정적인 평가를 한다고 한다. 자아존중감이 낮은 사람들은 자신을 성공한 이상형, 단체 또는 이데올로기와 동일시하여 높이 평가하는 경향을 보인다. Epstein과 Morling(1995)에 따르면, 암묵적 기능체계는 자아평가를 높게 하는 경향이 있지만, 외현적 모드에서는 욕구와 현실 사이에서 타협하고자 한다. Swann 등(1990)은 실험대상자들이 제한된 시간에 협력상대를 선택하도록 외현적 정보처리를 방해했다. 모든 실험대상자가 과거 자신에게 긍정적 평가를 한 사람을 협력상대로 선택했다. 시간 제한이 없는 상황에서 자아존중감이 낮은 실험대상자는 과거 자신에게 부정적 평가를 한 사람을 협력상대로 선택했다. Grawe(2004)는 외현적 모드와 암시적 모드에서의 자기평가 차이를 통해 행동검사와 자기 및 타인평가의 불일치를 설명한다. 설문조사로는 외현적 의식내용을 보이고 행동과 정서로는 암묵적 과정을 드러낸다. 일상에서 행동과 체험을 위해서는 후자가 더 중요하다. 따라서 치료적 노력은 암묵적 자기평가반응에 초점을 맞추어야 할 것이다.

애착 욕구

애착은 타인과 친밀한 정서적 관계를 형성하려는 경향이다. Bowlby(1975)는 애착을 가까운 사람과 강한 정서적 유대를 형성하는 것으로 정의하였다. 정서적 유대는 시간과 공간을 초월하여 배타적으로 결합되어, 대체될 수 없는 관계에 대한 은유이다(Gloger-Tippelt, 2002). 또한 애착은 인간적 존재를 위한 보호 및 안전 보장에 대한 욕구이다. 탐색적이고 자율적인 행동과 같은 아이의 욕구는 애착행동과 긴밀한 상관이 있다. 아이는 자신의 욕구를 상세히 살피는 친밀한 애착상대를 안전기지로 여기며 주변에 대해 관심을 가지고 탐색하려 한다. 위급한 상황, 걱정, 불안, 질병 등이 생기면 아이는 애착상대로부터 보호를 받고자 한다. 아이는 친근감과 신체적 접촉을 통해 안정을 되찾고 다시 주변을 탐색한다. 생존을 위해 중요한 아이의 이런 행동은 모든 문화권에서 실증연구를 통해 입증된 사실이다(Ainsworth et al., 1978; Gloger-Tippelt, 2002). Bowlby의 아이의 애착행동에 대한 설명은 진화론적 적응이라는 가정에 기초하고 있다(Asendorpf & Banse, 2000).

애착과 자율성

애착 연구결과에 따르면, 선천적 애착체계가 있다고 한다. 이 체계는 생후 일 년 동안 발달하며 일차적 애착상대와의 강한 정서적 애착형성을 관장한다. 애착행동은 아이가 애착상대와 관계를 맺으며 하는 울기, 기어다니기, 껴안기 등 구체적인 행동과 신호로 나타난다. 대부분의 연구자들이 설명하듯이, 애착행동은 위험과 두려움으로부터 아이를 **보호**하는 데 유익하다(Cappenberg et al., 1998).

안전과 친근감을 획득하고 유지하기 위한 **전략**은 생애 초기에 내면화된다. 이 전략은 7~8개월 된 아기의 애착행동에서 추론할 수 있다. Ainsworth 등(1978)은 **낯선 상황** 실험Strange Situation Procedure을 통해 12~18개월 된 영아의 후견인에 대한 애착행동을 분류하였고, Main(1995)은 이 분류를 확대하였다. 여러 종단연구에 근거한 애착유형은 다음과 같이 분류된다.

–안정애착secure attachment

–불안회피애착insecure avoidant attachment

–불안저항애착insecure-resistant attachment

–혼란애착disorganized attachment

애착과 부모의 양육행동

애착유형에 영향을 미치는 것은 애착관계를 맺는 아이와 후견인의 행동과 경험에 의해 형성되는 애착관계의 특성이다. 애착관계는 한 명 또는 소수의 후견인에 한정되어 형성된다. 아이의 애착행동은 부모의 양육행동과 상호보완적 관계에 있다(Brisch, 1999; Brisch & Hellbrügge,2005; Gloger-Tippelt, 2002; Suess et al., 2001). 이런 관계로 인해 아이의 발달에 위험이 발생한다. 즉, 부모가 불안하고 심리적 장애, 특히 심한 우울증을 앓고 있으면 아이는 유전적 회피성향과 같은 위험에 처한다(Grawe, 2004; Gloger-Tippelt, 2002; Radke-Yarrow et al., 1985). 이 경우 아이는 편안한 분위기, 만족감, 안전감 등을 체험할 기회가 적다. 아이는 화가 나도 어머니의 따뜻한 손길을 느끼지 못하고 흥분상태로 홀로 있게 된다. 일반적으로 아이는 울음으로 안정된 친근감과 통제를 찾고자 한다. 부모가 심리적 장애를 앓고 있으면 아이는 기본욕구를 채울 수 없는 상태가 된다(Grawe, 2004). 어머니 역시 지속적으로 불일치를 경험하기 때문에 부정적인 감정상태에 빠져서 힘들어하고 자신에 대해 절망하고 실망시키는 아이에게 분노한다. 아이와 어머니 모두 서로에 대해 부정적 감정에 빠진다.

애착관계에서 정서와 욕구의 조절은 점차 신경심리스키마로 연결되는 신경생리적 제어체계의 기초(Bauer, 2001; Grawe, 2004)로서 심리적 조절장애를 초래할 수 있다. 애착관계가 좋지 않으면 아이는 향후 심리적 건강에 중요한 요소들을 학습할 수 없다. 부정적 정서를 자극하는 신경패턴이 되풀이하여 활성화되면 이를 담당하는 신경회로가 발달한다. 아이는 항상 부정적 정서부터 인지하고 예민해진다(Grawe, 2004).

애착유형의 유전

런던의 장기애착연구에서는 부모와 아이의 애착유형이 일치하는 사례가 70%였다. 애착유형을 안정애착과 불안애착으로만 구분하면 일치도는 75%까지 높아진다(Steele & Steele, 1994; van Ijzendoorn, 1995). 그런데 아이의 어머니와 아버지에 대한 애착유형은 다를 수 있다. 그 이유는 아이는 아버지와는 어머니와 다른 애착관계를 형성하기 때문이다. 아버지에 대한 아이의 애착유형은 어머니와 아이의 애착유형만큼 일치도가 높지 않았다(Brisch, 1999; van Ijzendoorn & DeWolff, 1997). 하지만 Howes(1999)의 연구에 따르면, 아버지가 장기간 규칙적으로 보육을 담당할 경우 아이는 어머니와 아버지에 대해 동일한 애착관계를 형성한다. 이러한 연구결과는 3세대에 관한 연구들에서도 동일하게 나타난다(Benoit & Parker, 1994). Gomille과 Gloger-Tippelt(1999)의 연구에서는 부모와 아이의 애착유형이 무려 75%까지 일치하였다. 인터뷰를 통해 조사된 애착유형은 생애에서 친구관계나 부부관계와 같은 친밀한 관계와도 관련이 깊었다. 다시 말해, 내적 모델과 신경심리스키마에 집적된 관계경험이 작용하는 것이다. 부모가 안정애착을 가지면 아이도 안정애착을 보인다.

이와 반대로, 부모가 회피하는 불안애착을 보이면 아이도 회피애착을 보인다. 그 이유는 부모가 아이의 정서적 스트레스와 친근감에 대한 소망을 인지하고 세심히 대하지 않았기 때문이다. 관계를 거절하는 어머니는 의존하는 것을 거부한다(Gloger-Tippelt, 2005). 이런 어머니는 대개 애착욕구를 거부당한 경험을 가지고 있다. 아이는 거절당하면 애착행동을 조절하는 신경심리스키마가 지속적으로 활성화된다. 애착실패는 좌절과 함께 후견인과 애착상황에 대한 회피를 초래한다. 반대로, 관계를 과대평가하는 어머니는 자신의 이야기에 함몰되는 경향을 보인다. 부모와의 관계를 이상화하거나 분노와 의존감이 병존하는 것이다. 불안애착경험에도 불구하고 지지적인 부부관계를 통해 안 좋은 경험들을 생애 내적 모델과 자아상에 통합함으로써 어린 시절에 대해 일관된 이미지를 가지고 있는 어머니도 있다. 이에 반해, 자율적인 어머니는 부모에 대해 현실적인 평가를 한다. 어린 시절 기억을 통해 부모

지지적인 부부관계를 통한 개선

가 감정을 알아주고 수용해 준 그런 일관된 이미지를 갖는다.

안정애착과 불안애착은 생애발달과정에서 언어적 · 인지적 능력과 기억력에 의해 계속 공고해진다. Main과 Cassidy(1988)의 연구에서는 5년 후에 애착유형이 지속되는 사례가 82%였고, Wartner 등(1994)의 연구에서는 6년 후 지속되는 사례가 무려 87.5%나 되었다. Asendorpf와 Banse(2000)는 애착유형의 지속성은 **환경**의 지속성으로부터 많은 영향을 받는다고 하면서 유년기와 초기성년기 사이에 애착유형의 지속성 정도가 유년기와 현재 사이의 정도보다 적다고 한다. 긍정적 또는 부정적 애착경험이나, 이별과 상실과 같은 뼈아픈 사건을 통해 본래 애착모델은 안정 또는 불안정 방향으로 변화할 수도 있다(Franz et al., 2000). 하지만 내재화된 애착모델은 발달과정에서 견고해진다. 애착유형은 **성격**이 되어 평생 관계선택 및 형성에 영향을 미친다.

성인애착

성인도 특히 불안, 불행 또는 병이 있으면 친한 사람과의 관계에서 정서적 지지와 안정을 필요로 한다. 친밀한 관계는 사람들 앞에서 행동하는 데 밑거름이 된다. 노년기에는 신체적 가까움이 더 중요해지고 애착은 정서적 친근감과 신뢰 깊은 대화를 통해 유지된다(Balmer et al., 2014; Brisch, 2012; Gloger-Tippelt, 2012).

성년기의 관계는 과거 애착경험과 그로 인한 내적 모델과 신경심리스키마에 의해 영향을 받는다고 여러 연구에서 밝히고 있다. Goerke(2005)는 부부 87쌍을 대상으로 한 연구를 통해 배우자에 대한 부정적 평가 및 갈등상황에서 행동과 회피적인 애착패턴 사이에 상관이 있음을 밝혀냈다. Banse(2004) 또한 부부 333쌍을 대상으로 한 연구에서 긍정적 애착유형과 배우자에 대한 만족도 사이의 상관을 검증하였다. 부부 344쌍을 대상으로 한 Witte와 Putz의 연구(2004)에서는 부부가 정서적 애착과 사회적 통합 면에서 서로 일치할수록 관계의 질이 높아진다는 것을 발견하였다. 부부 56쌍에 대한 연구에서는 안정적이고 회피적인 사람은 겁이 많고 양가적인 사람보다 갈등상황에서 배우자에게 더 다정한 것으로 나타났다. 인정된 사람은 상내에게 자신의 감정을 더 자주 표현한다(Wölfer, 2004).

가족에서 애착능력을 촉진하거나 되살리는 것은 다세대치료에서 중요한 관심사이다. 이에 대한 접근법을 구체화하기 위해 우리는 신경심리스키마에 대해 자세히 살펴보고자 한다. **신경심리스키마**는 애착관계나 그 밖의 삶의 영역에서 겪는 경험을 통해 복잡한 **내적 모델**로 발달한다. 이 모델을 통해 전체적인 생활개념이 형성된다.

2. 내적 모델과 생활개념의 기초

스키마는 경험들이 특정 신경심리네트워크에 연결되면서 형성된다. 스키마는 특정 대상, 관계 또는 상황과 그 과정들에 관한 정보들을 담고 있다. 또한 신경, 감각운동, 인지, 지각 또는 정서의 중요 요소들을 다양하게 통합할 수 있다(Holland & Quinn, 1987). 스키마는 구토증, 눈 깜박임 등과 같이 선천적일 수도 있고 애착유형과 같이 후천적일 수도 있다. 후천적 스키마는 실제 상황에 대처하기 위한 경험적 '지식구조'와 연관되어 있다(Kopp & Mandl, 2006). 스키마는 능력들을 하나로 모으고 인지의 선택과 방향을 결정한다(Berbalk & Kempkensteffen, 2000; Kaiser, 1982; Perquin & Pesso, 2005; Piaget, 1979; Schmidt et al., 1995; Young & Klosko, 2006). 또한 스키마는 지식 및 역량을 위한 전제조건이자 수단으로서 목적에도 기여한다. 이를 통해 신경연결망이 형성되고 신경소통작용이 활성화된다.

선천적, 후천적 스키마

기초적인 스키마는 어머니의 삶과 체험이 작용하는 모태에서부터 발달한다. 유아기에 형성된 신경심리스키마는 암묵적으로 작용하며 이후 발달단계에서도 무의식적으로 작동할 수 있다. **긍정적인 욕구**목표를 성취하기 위한 신

접근스키마와 회피스키마

경심리스키마는 **접근스키마**, 피해나 결핍을 피하기 위한 스키마는 **회피스키마**라고 한다(Andreatta, 2006; Grawe, 2004; Grossman et al., 2005; p.16과 p.131의 '1) 다세대가족치료의 역사적 발전과정' 참조). 유아기 또는 트라우마와 같은 경험으로부터 형성된 스키마는 암묵적 과정기억에 저장되어 자극반응 또는 흥분을 일으키고, 이는 잦은 화나 우울로 드러난다.

신경회로들은 스키마를 확대하고 강화시킨다(Eckensberger & Plath, 2006; Grawe, 2004; Znoj, 2005; Grawe et al., 1996; Neisser, 1976; Piaget, 1976). 신경심리스키마에는 다음과 같은 것들이 담겨 있다.

- 욕구와 관련된 목표
- 외부자극과 상징에 관련된 기억
- 문제, 관계, 생활 그리고 상황에 관한 지식
- 스키마를 활성화시키는 인지
- 목표달성을 위한 전략

스키마 분화

상호작용경험이 늘어나면서 신경심리스키마는 인지스키마, 언어-상징스키마 그리고 실행스키마와 연결되어 점차 복잡해진다. 복잡한 신경심리스키마는 추상적인 **내적 모델**로 저장되어 의미론적이고 사건과 관련된 기억을 통해 되새길 수 있고 말로 표현될 수 있다. 언어나 개념으로 해독되는 의미론적 기억을 통해 부모의 역할과 같은 일반적이고 고도로 조직화된 사실적 지식이 가능하다. 시각적 또는 언어적 사건기억에는 평생 겪는 시공간적 사건에 관한 정보들이 저장되어 있다. 후견인과 일상에서 쌓는 개인적으로 중요한 체험들도 이 기억에 저장되어 있다(Gloger-Tippelt, 2012).

동화와 조절

새롭게 획득한 정보는 기존의 스키마에 의해 해석되고 이해된다(**동화**assimilation). 받아들일 수 없는 정보는 기존의 스키마를 변경시킨다(**조절**

accommodation). 조절이 이루어지지 않으면 현실은 왜곡되거나 편협하게 이해되기 때문에 현실과 상호작용이 어려워진다('방어'). 주변 환경과의 상호작용을 통한 심리사회적 발달은 동화적 요소와 조절적 요소를 지니고 있기 때문에 스키마는 지속적으로 변화하거나 보완된다(Piaget, 1976). 스트레스 반응, 애착장애, 외상후 스트레스 장애 등과 같이 관련 신경연결망들이 강하게 연결되면 그만큼 신경심리스키마는 변하기 어렵다(Asendorpf & Banse, 2000; Gloger-Tippelt, 2012; Grawe, 2004; Grossmann et al., 2005; Seidler et al., 2011). 그러나 우리는 유익한 새로운 경험들로 형성된 신경심리스키마를 통해 트라우마 환자를 치료할 수 있다. 이때 기존의 스키마는 삭제되지 않고 단지 비활성화되며 언제든 다시 활성화될 수 있다.

의식적으로 학습되고 지적 지식과 대화로 조율된 행동은 지속적으로 반복하면 자동화되어 바뀌기 쉽지 않다. 일상적 습관은 인지적 · 개념적으로 신호와 상징, 심지어는 감각운동적으로 촉각, 청각 또는 후각을 통해 조정된다(Hacker, 1978/1998; Kaiser, 1982; Petermann et al., 2004). 갓난아이는 심장소리, 냄새 또는 걸음소리로 어머니를 알아채고 울음을 멈춘다. 스키마가 이러한 방식으로 작동하기 때문에 우리는 일상이나 직장에서 무리 없이 효과적으로 활동할 수 있다. 하지만 신경심리스키마와 이상이 서로 다르면 오판이나 실망할 가능성이 높아진다.

스키마가 활성화되면 선택적 인지로 인해 획득한 정보를 스키마에 끼워 맞추게 된다. 부정적 감정스키마들이 촉진되고 서로 연결되면 방어 또는 회피 행동을 하게 된다. 행동과 체험의 결정요인들은 성찰될 수 없으며 관련 감정들도 느낄 수 없다. 그 결과, 당사자는 '수수께끼'처럼, 자신을 속이는 존재가 된다(Grawe et al., 1994). 회피스키마가 강한 사람은 상황을 전혀 알아차리지 못하거나 누군가에게 가까워지고 싶어도 먼저 거절당할 것부터 걱정한다. 그런 사람은 친근감에 대한 욕구도 실망도 모른다. 친근감과 실망 모두 억제

방어

를 통해 이미 어려서부터 의식에서 지워졌기 때문이다. 무의식적으로 자신의 스키마에 맞는 상황만을 찾거나 만든다. 생명체가 구조 분화와 항상성 유지를 통해 자기 스스로 재생산하는 활동을 Maturana는 **자기생성**autopoiesis이라고 하였다. Prigogine은 환경과 상호작용을 통해 발달하는 구조를 소산구조dissipative structure라고 지칭한다(Nicolis & Prigogine, 1987). 자신의 목적을 달성하려는 스키마는 개인의 환경과 상호작용을 통해 분화된 새로운 스키마구조를 형성한다. 그 구조는 개인에게 유리할 수도 불리할 수도 있다. 유아기에 형성된 회피스키마로 인해 정서적으로 쉽게 화를 내는 사람은 그에 상응하는 가족관계나 부부관계를 원하거나 형성하게 된다(p.16과 2장 5절 참조). 하지만 그런 사람도 신경심리스키마에 기초하여 자신도 신뢰할 수 있는 애착상대의 지지를 믿을 수 있다는 것을 알게 된다. 그리고 주위의 보호나 도움이 필요하면 자신도 그들에게 진심으로 대하게 된다(Bretherton, 2001; Gloger-Tippelt, 2012; Cappenbert et al., 1998). 후견인과의 경험이 긍정적이면 위험상황에서도 기꺼이 타인의 보호와 도움을 청하게 된다.

통제 욕구가 좌절되는 경험으로 인한 과잉스트레스는 속성상 위협적이다(불일치). **편도체**가 **뇌하수체**를 자극하여 부신피질자극호르몬corticotrophin-releasing hormone: CRH 분비를 촉진하면 이 호르몬은 혈액을 타고 부신피질로 이동하여 스트레스호르몬인 코티솔을 분비시킨다. 스트레스 상황에서 부신피질로부터 과잉 분비된 코티솔은 혈액과 타액에서 확인할 수 있다. **해마**는 시상하부를 자극하여 코티솔 분비를 중단시킨다. 즉, 시상하부-뇌하수체-부신피질을 잇는 신경내분비축이 스트레스호르몬을 조절한다. 스트레스가 장기간 지속되면 스트레스호르몬은 해마신경세포 내 포도당(에너지) 사용과 수송을 억제한다. 동시에 시냅스 신경전달물질인 **글루타메이트 수치**가 증가한다. 하지만 글루타메이트는 부족하면 해마세포에 독으로 작용하여 신경세포에 달린 신경자극을 중개하는 수상돌기dendrite를 위축시켜 결국에는 해마의 '**톱니 융기 부위**dentate gyrus'와 'CA3' 부위에 있는 세포가 소멸한다(LeDoux, 2003; Sapolsky,

1999). 톱니 융기 부위에서는 성인기에도 가능한 새로운 신경세포 생성이 줄어든다. 해마의 크기도 작아진다. 우울증 환자는 코르티솔 수치가 높아서 해마의 크기가 작다. 해마는 기억내용 저장에 영향을 미치기 때문에 **기억장애**를 초래한다. 신경세포의 생성은 학습 상황에서는 증가하지만 스트레스 상황에서는 감소한다.

우울뇌손상

스트레스 증후군은 단기적으로는 생명체로 하여금 위험에 적절히 대처하도록 돕는다. 하지만 Sapolsky(1999)에 따르면, 야생 동물은 장기간이 아니라 단기간에만 위험에 처하는 반면, 인간은 불일치[incongruence]와 같은 지속적인 스트레스에 처하는 경우가 많다고 주장한다. 지속적인 스트레스 상황에서는 과거에 학습한 행동을 완전히 망각할 수도 있다. 정서적 반응은 스트레스 상황에 대한 통제가능성에 달려 있다. 통제 욕구가 좌절되면 공포심과 '애매한 무력감'이 들고 좌절이 계속 장시간 지속되면 우울증적인 무력감의 신경심리스키마가 형성되어 결국에는 '깊은 우울증'에 빠진다(Alloy et al., 1990). 스트레스는 '뇌'에서 형성되어 뇌에 영향을 미치고 뇌의 구조를 변화시킨다(Grawe, 2004: 239).

상황과 정서적 반응의 통제가능성

예를 들어, 성폭력경험과 같이 자신을 통제할 수 없는 상황에서의 통제력 상실은 **외상후 스트레스 장애**에 특히 중요한 요인으로 작용한다. 신경심리스키마에 의해 지속적으로 골똘히 생각하고 지나치게 조심하며 두려움을 피하려 하지만 이로 인해 증상은 더 지속된다. 이처럼 의도적으로 두려움과 싸우려 하면 오히려 두려움은 더 강하게 지속된다(Schulte, 2000). **우울증** 환자에서도 회피체계가 활성화되고 통제기능과 스트레스를 관장하는 **전측대상피질**은 활동을 멈춘다. 이런 스키마로 인해 강화된 **보호 및 방어자세**에 의해 관련 신경네트워크는 더 확장되고 만성화된다. 편도체와 우측복내측 전전두엽피질은 극도로 부정적 정서에 의해 자극되고 불쾌한 감정이 증가한다.

Baldwin(1992, 1999)에 따르면, **관계스키마**는 ① 상호작용상대스키마, ② 상

관계 및 자아스키마

호작용패턴에 대한 대인관계스키마, ③ 대인관계 상황에서 자아인식을 위한 자아스키마로 구성된다(Hanisch, 2011). 관계스키마는 사회적 학습을 통해 습득되며 사람과 상황에 관련된 신경심리구조들로 구성된다. 관계스키마는 특정 상황에 대한 경험이 유사 상황들로 전이되면서 형성된다. 예를 들어, '아버지'와 '딸' 또는 '사촌형제'와 '사촌자매'처럼 상호작용상대스키마는 상응하는 자아스키마와 결합된다. 상호작용패턴은 사회적 행위(조건규칙if then rule)를 위한 다양한 방안들을 담고 있는 대인관계스키마에 저장된다(Asendorpf & Banse, 2000; Banse, 2004). 관계스키마는 부부, 가족 등 관계에 대한 정신적 표상representation으로서 공동생활에 큰 영향을 미친다. 관계경험들은 관계스키마에 의해 처리된다. 관계에 대해 부정적이거나 긍정적인 경험을 하면 상대와의 미래 만남에 대해 상응하는 기대를 하게 되고 상대에 대해 상응하는 귀인attribution을 하게 된다(Flora & Segrin, 2003; Krüger, 2005).

생활개념

유아기에 형성되어 암묵적으로 작용하는 **접근 및 회피스키마**는 발달과정에서 다른 스키마의 형성, 내용 그리고 구조에 영향을 미쳐서 복잡한 내적 통제모델 및 생활개념을 구성하는 요소가 된다. 이러한 신경심리적 '통제구조들'은 맥락에 따라 **내적 모델, 작동 표상체계**operative representation system 또는 스크립트script 등으로 불린다. Miller 등(1973)에 따르면, 생활개념은 한 개인이 자신의 과거 경험들에 근거하여 일상생활 및 관계에서 하는 모든 실제 활동을 포괄한다. 이러한 생활 활동은 이상과 달라서 종종 중대한 문제를 초래한다. 생활개념은 다양한 생활 영역과 상황에서의 내용, 목표 그리고 절차에 관한 모델로서의 신경심리스키마를 포함한다. 생활개념들은 일종의 '스크립트'로서 모든 신경심리적 기능과 행동을 통제한다. 생활개념들은 위계적으로 조직화되어 있어서 일반성의 정도가 각기 다르다. 생활개념의 도움으로 개인은 체험, 행동 그리고 관계를 예측하고 해석할 수 있다. 내적 모델과 신경심리스키마에서 행동을 통제하는 요소를 '**계획**plan'이라고 한다. 계획은 일상생활에서는 유리하게 작용하지만 새로운 상황에서는 맞지 않을 수 있다. 이에 대해 스키마는 위계적으로 연결된 피드백 고리들을 통해 계속 발달할 수 있다(Goulding & Goulding, 1981; Grawe, 2004; Hacker, 1998; Kaiser, 1982, 1998; Kelly, 1986; L'Abate, 1998; Lazarus, 1991; Miller et al., 1973; Titze, 1979; Znoj, 2005).

스키마와 역량

스키마는 역량을 구성하는 요소이다(p.101의 '(2) 가족구성원의 역량' 참조). 스키마가 작동함으로써 행동이 자동적으로 통제되고 일상들이 지속될 수 있다(Hacker, 1998; Kaiser, 1982). **표현스키마**는 의식적인 학습전략으로서 구조화가 낮은 영역에서, **문제해결스키마**는 의사결정에서 그리고 사건해결스키마는 업무수행에서 각각 방향을 잡는 데 도움을 준다. Kopp(Kopp & Mandl, 2006)의 156명을 대상으로 한 업무수행에 관한 연구에 따르면, 지식스키마와 논거주장 스크립트의 질은 해결책의 질과 의미 있는 상관이 있는 것으로 나타났다. 인지적 의미론cognitive semantics과 '체화된 인지embodied cognition' 접근에 따르면, 이해과정 역시 감각 또는 운동에 기초한 스키마에 근거한다. 추상적인 생각 역시 설계 능력을 가진 구조를 활용하기 때문이다(Gallagher, 2005; Rasch, 2006; Tschacher & Storch, 2015).

가족과 스키마 발달

가족환경이 가족구성원의 개인적 기본욕구를 충족시키면 가족구성원들은 그로 인해 성공경험을 하게 되어 접근스키마가 발달한다. 이러한 체험은 발달, 행복 그리고 건강에 기여한다. 반대로, 기본욕구를 좌절시키고 위협하거나 실망시키는 가족환경에서는 기능적 반응으로서 회피스키마가 발달한다. 강한 회피스키마가 발달하면 위협이 없는 상황에서도 욕구를 긍정적으로 충족시킬 수 없다. 강한 회피경향이 약한 접근경향을 방해하면 목표를 긍정적으로 성취하기 어렵다(**접근불일치**). 접근경향과 회피경향이 동시에 활성화되어 서로 방해하면 **양가갈등** 또는 **동기부조화**를 야기한다. 접근 및 회피목표의 지속적인 실패로 불일치의 정도가 높아지면 부정적 감정과 함께 생리적, 호르몬적 그리고 신경적 반응이 일어나고 삶의 질도 떨어진다(Bettighofer, 2010; Grawe, 2004; Werner, 2011).

욕구와 상황의 비일관성으로 인해 긴장이 커지면 **회피학습**으로 이어진다. 개인은 부정적인 상태를 종료하거나 문제해결을 회피함으로써 안도하려 하지만 부정적인 강화작용으로 형성되는 기제들이 발달한다.

슈퍼스키마로서의 자아

스키마는 현실적으로 작용하는 생활개념이자 내적 모델로서 위계적으로 구조화된 자아의 심리체계로 통합되며 주변에 대해서는 성격으로 표현된다(Epstein, 1979, 1993; Grawe, 2004; Powers, 1973). 자아는 **슈퍼스키마**super-scheme로서 스스로 재생산되고 환경과 상호작용을 통해 지속적으로 발달한다. 가족 및 다른 사회적 체계, 장소 그리고 대상에 대한 애착은 자기규정self-definition에 포함된다(Fuhrer, 2008). 이를 통해 스키마구도는 안정된다. 자기규제적인 자아는 **자아상**과 실제 행동 또는 타인상 사이의 모순을 의식하지 못한다. 하지만 자아와 스키마는 자아경험과 치료를 통해 의식적인 자기규정의 구성요소가 될 수 있다. 이와 같은 방법으로 개인은 새로운 자기규제 수준에서 새로운 행동력을 키울 수 있다(Grawe, 2004; Mummendey, 2006; p.149의 '4) 신경심리스키마 분석 및 최적화' 참조).

3. 요약

신경심리스키마는 특히 잘 구축된 신경연결망에 근거한 반응패턴이다. 내적 모델, 스크립트 또는 생활개념으로서 신경심리스키마는 무의식적으로 행동과 체험을 통제한다. 접근스키마는 뇌구조에 내재한 지향과 통제, 쾌락과 고통회피, 자존감, 애착 등의 기본욕구를 충족하는 데 작용한다. 회피스키마는 욕구좌절의 체험을 줄이는 데 작용한다. 개별 신경심리스키마에는 개념-지각 및 감각운동과 관련된 통제요소들이 포함되어 있다. 스키마는 고유의 신경생리적 토대하에서 발달단계마다 항상 분화되는 기대와 행동들을 통제한다.

우리는 이제 개인이 가족으로부터 어떻게 영향을 받고 가족구성원으로서 가족을 어떻게 형성해 가는지에 대해 살펴볼 것이다. 아울러 개인의 발달과 가족의 발달이 서로 강하게 연결되어 있음을 보게 될 것이다.

제2장

다세대가족과 하위체계들

1. 다세대가족의 삶의 질과 대물림되는 상호작용
2. 가족 대물림과 가족주기
3. 다세대 상호작용과 가족기능성
4. 여러 차원의 외부환경
5. 대물림되는 상호작용의 과정적 질을 위하여
6. 대물림되는 상호작용의 결과

1. 다세대가족의 삶의 질과 대물림되는 상호작용

가족의 기본형태로서 다세대가족

가족은 원칙적으로 여러 세대를 걸쳐 혈연관계로 구성된 사회체계라는 점에서 다른 사회체계들과 구분된다. 다세대가족은 가족의 기본형태로 간주된다. 개별 가족과 그 하위체계들은 전체 다세대가족체계를 구성하는 요소들이다(〈표 2-1〉 참조). 다세대가족의 특성은 세대로 이어지는 변화의 정도, 다양한 외형 그리고 상호작용의 정도 등으로 나타난다. 그 특성은 다음 세대에까지 영향을 미치며 세대 간 관계에도 중요한 의미를 지닌다. 개인은 누구든 세대가족의 구성원이 아닐 수 없다. 일가친척을 알고 있느냐는 중요하지 않다.

여러 지역에 퍼져 있는 하위체계들로 구성된 다세대가족은 개인적이고 사회적인 욕구를 충족시킨다. 다시 말해, 다세대가족은 정서적 안정감을 제공하고 구성원들의 성적 행동을 규제하며 종족보호에 기여하는 가장 중요한 사회화 기관이다. 가족은 각기 다른 특성을 지니고 있지만 모두 가족구성원에게는 건강과 안녕을 위해 매우 중요한 존재이다. 가족의 체계를 위한 기능성은 앞으로 살펴볼 전제조건들에 달려 있다.

다세대가족에 대한 이해는 먼저 어떤 구성원이 얼마 동안 가족관계를 맺고 있거나 맺었으며 누가 생존하는지를 파악하는 것으로부터 시작된다(Kaiser, 1989, 2006a; Mühlfeld, 1984). 다세대 관점에서 보면, 사망한 구성원들도 매우 중요하다. 그들도 가족에 미치는 영향이 크기 때문이다. 다세대가족을 한눈에 보는 가장 좋은 방법은 **가계도**genogram를 그리는 것이다.

생존하는 다세대가족의 실제 외형은 최소 3세대에 걸친 부모-자녀(2세대가족) 관계에 따라 다르다. 중간에 있는 2세대가족은 조부모세대에도 속하고 손자세대에도 속한다(Uhlendorff, 2003; Mühlfeld, 1984; Nave-Herz, 2012). 과거

전생 등으로 번성하지 못했던 다세대가족은 이후 인구학적 발달로 구성원이 증가하고 생존기간도 지속적으로 늘어나고 있다. 한 지역에 모여 사는uni-local 다세대가족도 있고 여러 지역에 흩어져 사는multi-local 다세대가족도 있다.

〈**표 2-1**〉 **부부 및 가족 형태**(시간에 따라 겹치거나 변화할 수 있음)

다세대가족/ 일가친척	–여러 지역: 가족 또는 구성원들이 여러 지역에 퍼져 사는 가족유형 –한 지역: 여러 세대가 한 지역 또는 한 집에서 사는 가족유형(예: 성인 자녀가 조부모와 사는 경우, 조부모가 자녀 또는 손자와 사는 경우)
비혼 동거	–동성 배우자와 동거 –이성 배우자와 동거 –무자녀 동거 –자녀와 동거(원하거나 원치 않거나, 성에 따른 소망/비소망)
무자녀 부부	–의도적인 무자녀(이유는?) –비의도적인 무자녀(이유는?)
수양 및 입양 가족	–동성부부 –이성부부 –자신의 자녀와 함께(원하거나 원치 않거나, 성에 따른 소망/비소망) –자신의 자녀 없음(불임가능성?) –전 배우자와의 사이에 출생한 자녀와 함께(원하거나 원치 않거나, 성에 따른 소망/비소망)
한부모가족	–배우자의 사망 –이혼 또는 별거 –모계가족 –부계가족
복합가족	–이성부부 –동성부부 –배우자 사망 –이혼 또는 별거 –전 배우자와의 사이에 출생한 자녀(원하거나 원치 않거나, 성에 따른 소망/비소망) –자신의 자녀(원하거나 원치 않거나, 성에 따른 소망/비소망) –타인의 정자 기증으로 출생한 자녀
친척 동거	–한 세대 –여러 세대

비친척 유입으로 확대된 가족	
복혼 동거	-일부다처 -일처다부
공동체, 집단부부	-정해진 배우자가 없음

출처: Kaiser, 2002.

다세대가족이 자녀양육에 협력할수록 자녀의 생존 및 발달 가능성도 높아진다. 조부모는 '외할머니 가설'에 따라 진화론적으로 자손번성에 관심이 크기 때문에 딸에 대한 지원을 아끼지 않는다(Buss, 2004; Gaulin, 2003; Hawkes et al., 2000; Lösel & Bender, 2003; Uhlendorff, 2003; Voland & Beise, 2004). 부인은 가임기간에 친청부모를 통한 가족의 지원하에 다산할 수 있으며 자녀 양육에 힘쓸 수 있다. 부모와 조모의 업무분담은 가족뿐 아니라 인류의 존속에 기여한다.

고질적 갈등

어머니들이 아들, 며느리와 자주 다투고 친손주보다는 외손주에 힘을 더 쏟는 것은 이미 잘 알려진 사실이다. 18~19세기 독일 Ostfriesland의 북서 지역에 위치한 Krummhörn의 교회기록 분석 결과(Voland & Beise, 2004)에 의하면, 고부갈등 이면에는 아들의 외도를 통한 자손번식에 대한 부모의 관심이 깔려 있다(2장 4절 참조). 이런 관심은 부부의 정서적 애착이 적고 며느리가 시댁에 유용한 인력으로 일할 경우 더 강하다. 당시에는 손주에 대해 유전적 아버지가 누구인지 알 수 없었다. 진화생물학적으로 보면, 얼마 전까지만 해도 조부모는 상대적으로 유전적 친족관계가 확실한 외손주에게 투자하는 것이 더 유리했다. 이러한 가족모델에서 우리는 딸은 출산의 역할을, 아들은 자손번식의 역할을 그리고 며느리는 가사의 역할을 맡았음을 알 수 있다(Buss, 2004; Pashos, 2000). 며느리는 단지 노동력만 제공함으로써 가족의 재생산과

세대이해관계

가계에 기여하였다(Buss, 2004). 며느리는 가족을 지키는 '수양 자식'이나 다름없었다(Fthenakis, 2005; Krumpholz-Reichel, 2005). Voland와 Beise(2004)

는 이러한 가족패턴이 다른 문화권에서도 찾아볼 수 있을 것이라고 말한다. Ostriesland에는 '시어머니는 가족의 악마다'라는 속담이 있다. Voland와 Beise(2002)의 연구결과에 따르면, 시어머니와 함께 사는 며느리의 사산 위험은 상대적으로 34.0%(p=0.034)나 높았다. 반대로, 시아버지와 함께 사는 경우에는 아무런 영향이 없었다. 이러한 결과는 특히 친정어머니가 없는 젊은 부인에게서 나타났다. 이러한 연구결과에 대해 저자들은 임신 중 고부갈등으로 인한 스트레스 때문이라고 설명한다. 스트레스는 태아에 해를 끼칠 뿐 아니라 신생아의 생존에도 악영향을 미친다(Feldman et al., 2000). 시어머니가 생존한 경우 친손주의 사산 및 조기 사망률이 높았다(Skinner, 1997). 시어머니의 영향력은 공간적 거리가 가까울수록 더 컸다. 시어머니가 동일 지역에 살 경우 상대적 사산 위험은 45%에 달했다. 18~19세기 Ostfiesland는 종교적으로 칼뱅주의적 분위기가 강해서 친부가 아닐 가능성은 낮았지만, 며느리에 대한 '진화론적으로 뿌리박힌 불신'(Voland & Beise, 2002)이 컸음은 분명하다. Ostriesland에 근접한 Nordwesten Niedersachsen에 관한 연구에서도 한 지역에 거주하는 다세대가족에서 유사한 고부갈등이 심한 것으로 나타났다. 320개의 다세대가족을 대상으로 한 연구에서 시어머니와 며느리 간 갈등관계가 상당수 나타났다. 고부갈등의 원인은 대개 가족을 위한 기능성 부족과 경제적 이유에 있었다(Kaiser, 1989; Lee, 2005).

고질적 관계문제

가족관계에 대해서는 친인척관계의 **유형**과 **정도**를 구분하고 그 심리학적 의미를 살펴볼 수 있다(Kaiser, 2006a). 예를 들어, 조부모는 유독 손주에게 더 많은 관심을 쏟는다. 이는 유전적인 관심과 가족을 중시하는 모델표상 때문인 것으로 보인다. 그간의 경험과 연구결과에 따르면, 시어머니와 며느리 간 갈등관계는 시어머니와 남편 간 집착관계와 밀접한 관계가 있다. 남편은 부부관계를 위해 자유로울 만큼 어머니로부터 충분히 벗어날 수 없다. 어머니는 아들과의 밀접한 관계를 위해 며느리를 거부하게 되고 이로 인해 며느리는 아들과 다투게 된다. 손주가 있어 시어머니의 '당연한' 요구들이 커지면 상

집착관계

황은 더 복잡해진다. 손주의 어머니인 며느리가 무시당하면 접근권, 영향력, 애정 등을 둘러싼 갈등이 일어난다. 많은 어머니들은 자녀에 대한 친권이 침해받을 경우 특히 민감하게 반응한다([그림 3-2] 참조). 많은 시부모는 손주와의 교류가 제한되면 심한 상처를 입는다. Lee(2005)의 연구결과에 따르면, 64개 가족 중 49개 가족(76.6%)이 고부갈등을 겪고 있는 것으로 나타났다. 시어머니로부터 거절당한 며느리가 시아버지와 좋은 관계를 맺거나 며느리가 시아버지로부터 능력을 인정받을 경우 상황은 더 악화된다. 아버지와 아들 간에 다툼이 벌어지고 시부모의 부부관계나 아들과 며느리의 부부관계도 악화된다. 일부 가족에서는 시아버지와 며느리, 시어머니와 사위가 성적 관계가 있는 것으로 드러났다. 한 가족에서는 아버지가 과거 자신의 애인을 아들에게 소개하여 며느리로 삼은 경우도 있었다. 일부 사례에서는 아버지가 딸을 임신시켜 딸의 남편이 되는 경우도 있었다. 가족 내 성폭력도 간과되기 쉽다(Haag, 2006; Homes, 2005). 이러한 가족 상황으로 인해 가족구성원 간 관계는 은폐되고 가족을 위한 기능성과 세대 간 상호작용은 악화될 수밖에 없다(Argyle & Henderson, 1986; Conen, 2005; Homes, 2005; Kaiser, 1989; Lévi-Strauss, 1981).

다세대가족의 구성원들이 여러 장소에서 독립된 가구를 꾸려서 하위체계로 살 경우 다지역multi-local다세대가족이라고 일컫는다. 다세대가족의 구성원들은 서로 긴밀하게 연결되어 있다. 1991년 사회경제 패널 데이터에 따르면, 다세대가족은 대개 자녀의 분가 이후에도 부모와 자녀가 근접하여 살고 있지만 교육수준, 직업, 연령 그리고 부모의 배우자 관계에 따라 그 정도가 다르게 나타났다(Lauterbach, 1998). 눈에 띄는 점은 부모가 연로해지거나 생활이 어려워지면 공간적 거리가 줄어든다는 것이다. 16,000명을 대상으로 한 연구(Bertram, 1997)에서는 가족관계가 평생을 통해 위아래 수직방향으로 근접해서 진행된다는 것이 밝혀졌다. 이러한 수직적 관계는 평균수명의 증가와 출생률의 저하로 그 의미가 더 커지고 있다. Busch와 Scholz(2006) 역시 구 서독의 학생 2,000명을 대상으로 한 설문조사에서 응답자들이 자신의 삶의 계획

수직적 관계

에서 원가족에 내한 존중과 원가족의 모델기능을 중요시한다는 것을 밝혀냈다. 대부분의 응답자가 부모, 특히 어머니와 원만하고 긴밀한 관계를 맺고 있다고 응답했다. 하지만 어려운 상황에서 도움은 원가족 밖에서 찾았다(Braun, 2001).

독일에서 부모들은 1.3명의 자녀를 두고 있기 때문에 형제자매의 부족으로 수평적 관계가 줄어들고 그 의미도 약하다(BIB, 2005). 1972년과 2000년의 인구조사를 비교해 보면, 가족하위체계들은 생활방식이 확연히 달라졌지만 대체로 고립되어 살기보다는 친척과 교류가 더 빈번해졌다. 친척과의 교류는 독신자는 4.6%, 무자녀 미혼동거자는 3.9% 그리고 무자녀 기혼자는 3.5% 각각 증가하였다. 전인구의 11.4%를 차지하는 독신자는 부부와 가족에 이어 세 번째로 큰 집단이다. 이들은 주로 직장인이거나 학생 또는 미망인이며 가족이 없는 경우는 거의 없다. 눈여겨볼 점은 자녀 없는 부인이 전체 인구의 26.8%를 차지한다는 것이다(BIB, 2005). 연령조사(Szydlik, 2002)에 따르면, 대부분의 가족은 독립된 가정을 이루고 있지만 서로 밀접한 관계를 맺고 있다. 어머니와 딸의 관계는 강한 반면, 아버지와 아들의 관계는 약하다. 구 동독인과 구 서독인을 비교하면 그 결과는 유사하다. 가장 큰 소외감은 서로 멀리 떨어져 살기 때문이다. 경제적 지원과 유산상속은 관계를 강화하는 경화제이다. Grünendahl(2001)의 연구에 따르면, 세대 간 원만한 상호협조는 서로의 **정서적 관계**에 달려 있다. 이러한 결과는 학제적 성인연구(Interdisziplinäre Längschnittstudie des Erwachsenenalters: ILSE)에서 1930~1932년 사이에 태어난 386명 코호트를 대상으로 한 자녀와의 교류와 만족도 그리고 정서적 · 경제적 지원을 묻는 조사에서도 동일했다.

밀접한 세대관계

세대연대generation solidarity는 조부모와 손주의 관계에도 긍정적인 영향을 미친다. 조부모가 손주를 돌보는 시간은 한 달 평균 41시간이다. 조부모의 25%는 주간에 여러 번 손주와 교류를 갖는다. 부모와 조부모가 서로 잘 이해하는 경우, 조부모는 손주에게 중요한 후견인이다(Herlyn & Lehmann, 1998; BMFSFJ, 2005). 독일연령문제센터(Deutsches Zentrum für Altersfragen: DZA) 조사에 따르면, 40~85세 독일 국민의 18%(여성의 21%, 남성의 15%)가 손주를 정기적으로 돌보고 있으며 이를 위해 한 달에 평균 35시간을 소비한다(DZA, 2002). 55~69세 독일 국민의 24%도 손주를 돌보고 있다. 조부모는 손주를 위해 연간 약 220억 유로를 지출한다.

조부모와 손주

조부모는 모든 손주에게 애정을 갖거나 특정 손주만을 선호할 수 있다. 화합을 강조할 수도, 불화를 조장할 수도 있다. 부모의 무관심이나 문제를 보완할 수도 있다. 조부모 이외에 삼촌, 사촌 등 일가친척이 있으면 자녀와 부모의 자원은 더 커진다. 물론 친인척 간에 복잡한 관계의 역동이 발생할 수도 있다(Fthenakis, 1998; Kaiser, 1993, 2006a; Uhlendorff, 2003).

젊은 세대의 교육기간 연장으로 인해 세대연대가 약해지기도 한다. 유럽 9개 국가의 청년과 부모 1,929명을 대상으로 한 '가족 변화'에 관한 연구프로젝트(Schöngen, 2006)에 따르면, 젊은 세대의 독립이 늦어지고 전 세대에 대한 의존이 커짐으로써 가족관계가 새로운 도전에 처해 있지만 새로운 방법과 교류방식이 발전하면서 극복되고 있다고 한다.

세대연대

세대연대는 특히 평균수명의 증가로 더 강해지고 있다. DZA(2002)의 조사에 따르면, 독일 국민 1,400만 명이 가족의 도움이 필요하다. 약 300만 명은 일상에서 다른 사람의 도움이 필요하다. 40~85세 국민의 11%, 부인의 15%, 남편의 8%가 가족을 돌보고 있으며 돌보는 사람의 51%는 부모를 돌보고 있다.

가족기업

다세대가족의 복합성은 가족구성원들의 생업인 **가족기업**에서 드러난다(Kaiser, 1989; Oetker, 2005; Simon, Wimmer & Groth, 2005). 주로 농업, 숙식업, 수공업 그리고 중소상업에 퍼져 있는 가족기업은 대물림의 패턴을 잘 보여 준다. 패턴은 자녀가 아버지의 직업을 견습하고 아버지와 같은 삶을 사는 직업전통으로부터 시작된다. 가족기업은 가족의 하위체계로서 사업적 필요에 따라 가족생활에 영향을 미친다. 과거 세대의 사업적 목적은 정략결혼으로 이어졌다. 가족의 시간은 농업에서는 추수, 판매 또는 사육 시기로, 숙식업이나 상업에서는 준비 및 영업시간으로 구분된다. 가족기업은 가족과 가족구성원들의 생활방식에 영향을 미친다. 예를 들어, 숙식업에서는 흔히 객실이 가족의 거실이기 때문에 독립된 가족생활이 없다. 이러한 생활패턴은 직업전통이 사라져도 계속 유지될 수 있다. 그 결과, 선원 또는 숙박업 주인의 후손들은 지나치게 밀착된 관계로 인해 문제들을 가지고 있다. 경제적 이익이 가족이나 개인의 이익보다 앞섰기 때문에 가족구성원들은 아프거나 근심할 겨를 없이 '작동'하여야만 했다.

세대관계를 좀 더 자세히 이해하기 위해 가족의 하위체계의 특성을 보여주는 가족형태를 살펴보고자 한다.

1) 핵가족

독일에서 대표적인 생활방식은 부부생활과 가족생활이다. 2015년 통계에 따르면, 독일에서는 부부 100쌍 중 48쌍이 이혼한다. 2015년 통계에 따르면, 결혼한 부부의 23.6%가 재혼이었다. 27~59세 성인 여성 중 59%가 결혼하였다. 자녀를 둔 약 1,200만 부부 중 28.3%는 자녀가 2명이고, 18.9%는 1명이다. 약 1,470만 미성년 자녀의 대부분은 부모와 함께 사는 **핵가족**에서 성장한다. 핵가족은 가장 확산된 가족형태로서 한 지역 또는 여러 지역에 거주하는 다세대가족의 하위체계이다(DESTATIS, 2015; Mühlfeld, 1984; Nave-Herz, 2012). 미성년 자녀의 85%가 부모와 함께 살며, 78%(구 서독 81%, 구 동독 62%)는 결혼한 부모와 7%(구 서독 5%, 구 동독 16%)는 동거부모와 산다.

자녀가 출가하여 배우자와 살거나 가족을 이루면 부부만 남는다. 부부의 자녀와 손주와의 관계는 일반적으로 강하게 유지된다. 따라서 핵가족은 관계로 평생 이어지는 **가족주기**family cycle의 한 단계일 뿐이다.

2) 한부모가족

자녀 240만 명 한부모가족

부모 중 한쪽이 사망하거나 부모가 이혼하면 한부모가족이 생긴다. 한부모가족은 따라서 대체로 과거 **심각한 생활상황**에서 겪은 고통과 상처로 특징지어진다. 결혼한 여성 중 530만 명(15.4%)이 별거하거나 이혼했으며 홀로 자녀를 키운다. 18세 이하 자녀 240만 명(16.2%)이 한부모가족에서 살고 있다. 모든 자녀 중 10.1%가 별거 또는 이혼한 어머니와 살고 있으며 6.1%는 미혼모와 살고 있다(BIB, 2005; DESTATIS, 2015). 자녀들은 대부분 아버지와 교류하고 있다.

심각한 생활상황

과거사로 인해 많은 당사자들이 고통받고 있다. 특히 고통을 극복할 능력이나 자원이 없는 경우 고통은 더 심하다(Amato, 2010; Kaiser, 1981; Lang, 2009; Schmidt-Denter, 2000). 당사자들에게 새로운 지향점이 생기고 새로운 어려움들을 헤쳐 나가면 이런 상황들은 극복될 수 있다. 하지만 과거사로 인한 고통은 스트레스에 의한 신경가소성으로 인해 평생 그늘로 남는다. **심각한 생활상황**은 발달, 건강 그리고 수명에 위험요소로서 생애 과정에서 조기에 발생할수록 더 강하게 작용한다. 이것이 사망과 유병에 미치는 **축적효과**cumulative effect이다(Amato, 2010; Bauer, 2001/2002; Gerhardt, 2004; Schepank, 1987; Schmidt-Denter, 1996; Seidler et al., 2011; Kaiser, 1989, 2006a).

부부는 헤어져도 자녀에게는 여전히 부모이다. 형제자매는 다투고 서로 보지 않아도 형제자매이다. 예를 들어, 어머니가 자녀와 전남편이나 헤어진 형제자매가 만나는 것을 원치 않을 경우 충성갈등이 발생한다. 미혼모는 자녀가 아버지를 만나면 화를 내거나 아예 만나지 못하게 할 수 있다. 자녀가 아버지를 만난다는 사실만으로 그 남자가 생각나기 때문이다. 하지만 이로 인해 자녀는 자존심과 성 정체성에 위협을 받을 수 있다(Kasten, 1998). 이혼 부모의 자녀가 아버지와 어머니 중 한쪽하고만 관계를 맺거나 함께 살면 형제자매 관계는 최악의 경우 단절될 수 있다. 그 이유는 충성문제와 시공간적 거리에서 찾을 수 있다. 이혼하거나 별거한 부모는 전 배우자에 대한 '징벌'의 의미로 자녀와의 만남을 차단하기 위해 최대한 먼 곳으로 이주한다(Amato, 2010; Amendt, 2005; Beelmann & Schmidt-Denter, 2003; Bradbury & Karney, 1998; Kaiser, 1995b; Kaiser, 2006a; Textor & Warndorf, 1995). 미혼 한부모 자녀들이 특히 위험하다. 부모 공동의 양육 및 면접권이 없고 어머니가 '과거 남자'와 자녀의 만남을 원치 않기 때문이다. 어머니는 자녀의 친가 조부모나 일가친척과의 만남도 원치 않는다. 따라서 치료를 통해 자녀의 친인척 만남이 유지되도록 돕는 것이 중요하다. 생부의 가족과 담을 쌓고 지내던 어머니가 자녀의 행복을 위해 생부 그리고 그의 가족을 찾아서 지속적인 애착관계를 유지하는 것이 도움의 핵심이다. 우리는 많은 경우 자녀가 아버지와 어머니를 지속적으로 만날 수 있도록 하기 위해 치료나 갈등조정mediation을 통해 먼 거리에 살거나 외국으로 이주한 아버지나 어머니를 찾아서 자녀와의 만남을 주선한다(Amendt, 2005). 헤어진 아버지나 어머니와 관계를 맺을 수 있는 미혼 한부모 자녀의 행복은 법적으로나 사회적으로나 제대로 보장되지 않고 있다. 최근 연구에 따르면, 교류단절로 인한 애착장애는 일종의 **아동학대**로서 더 큰 피해나 상처를 야기할 수 있다고 한다(Franz et al., 2000; Seidler et al., 2011).

한부모가족에서의 자녀복지

한부모가족은 부 또는 모의 **사망**으로도 발생한다. 2004년 모의 7%, 부의 12%가 배우자를 잃고 미성년 자녀와 함께 생활한다. 배우자와 부모의 사망은 삶의 위기상황이다(Bowlby, 1979; Franz et al, 2000; Grossmann et al., 2005). 한부모가족은 일가친척이나 주변으로부터 사회적 지원을 받지 못하는 경우, 예를 들어 자녀가 배우자 역할을 하게 된다. 고인을 존중하고 함께 애도하면 사회적 지원도 늘어나고 유족들도 더 친근해진다(Bojanovsky, 1986; Kaiser, 2006a).

한부모가족은 독신 여성의 비배우자 **인공수정**이나 대리모를 통해서도 형성된다. 이런 경우, 아이는 익명(비밀)의 생부모와 사회적 관계가 없기 때문에 평생 상상만 할 뿐 친가에 대해 전혀 알 수 없다(Blake et al., 2014; Funcke, 2012; Jadva & Imrie, 2013; Jadva et al., 2015).

3) 복합가족

한부모들이 새로 결혼을 하거나 불임 또는 동성커플이 인공수정이나 대리모를 통해 자녀를 두게 되면 복합가족이 생긴다(Blake & Jadva, 2014; Funcke, 2014; Jadva & Imrie, 2014; Imrie & Jadva et al., 2015). 복합가족은 결혼을 통해 공식화되거나 미혼부부에 의해 비공식적으로 형성된다. 남녀가 각자의 자녀를 데리고 재혼해 꾸미는 가족을 '**짜깁기가족**patchwork family'이라고 한다. 짜깁기가족은 별거와 이혼이 증가하면서 그 의미가 커지고 있다. 자녀들은 의붓아버지 또는 의붓어머니가 데리고 온 자녀들과 이복형제자매로서 함께 산다. 자녀들은 유전자도 다르고 과거 경험이나 문화도 다르다. 복합가족에서 자녀들은 의붓어머니나 의붓아버지가 입양한 경우도 적지 않다(2장 3절 참조). 재혼부모는 의붓자녀에 대해 권한은 없고 단지 의무만 있을 뿐이다(BMSSG, 2006; Kaiser, 1995b). 복합가족에서는 새로운 가족구성원으로 인해 기존의 관계와 경계가 변할 수 있다. 복합가족의 이러한 특성 때문에 일가친척에게도 이해를 구하는 데 많은 시간이 걸리며 간혹 **근친상간 타부**가 깨지는 경우도 있다(Lévi-Strauss, 1981; Ritzenfeld, 1998).

짜깁기가족

동성애자들도 자녀를 데리고 가족을 꾸릴 수 있다(Lähnemann, 1997; Vaskovich, 2000). 이로 인해 부모의 이혼으로 충격을 받은 자녀들은 또 다른 위기에 처하게 된다. 동성애부모가 성적으로 자신과 다른 자녀를 거부하면

취약성

자녀는 성역할 모델과 이성애적 역할 모델도 갖지 못한다. 자신의 성역할을 이해하는 것은 자녀의 정체성 형성과 역할 모델에도 중요하다(Döring, 2006; Thorn, 2001).

남자가 전 부인이 외도로 낳은 자녀를 알리지 않고 재혼한 가족도 있다. 이런 복합가족은 추측컨대 매년 40,000건 정도 된다(Fthenakis, 2005; Krumpholz-Reichel, 2005). 그런 자녀와 친부에 대한 비밀은 그 폭발력이 매우 크다. 비밀이 밝혀지면 자녀와 수양아버지 간 부자관계가 깨지게 되고 자녀양육이 문제가 될 수도 있다.

복합가족은 구조적으로 많은 이해가 필요하고 전문가의 도움 없이는 극복하기 힘든 가족구조를 지니고 있다. 이러한 문제들은 면밀한 전문적인 검토를 통해 해결되어야 한다. 의붓부모가 친부모 역할을 하려 하면 문제가 발생한다. 자녀는 친부나 친모와 관계를 유지하여야 한다. 복합가족은 자녀의 생부모와 양립할 수 있는 새로운 생활개념과 의붓부모의 역할개념을 개발하여야 한다. 의붓부모는 자신을 자녀의 친부모가 아니라 친구와 같이 가까운 친척으로 생각하고 친부모를 존중하는 것이 좋다. 복합가족도 사회적 유산을 다음 세대로 대물림한다(Schulz, 2009).

의붓부모의 역할 이해

4) 수양가족과 입양가족

수양가족은 부부나 독신자가 혈연관계가 없는 아이를 제 자식처럼 맡아서 일정 기간 기르는 가족이다. 조부모, 사촌 등 가까운 일가친척에 의한 수양가족도 적지 않다. 이들은 가족충성family loyalty으로 부모 역할을 맡는다. 낯선 아이의 수양은 대개 청소년 관련 기관을 통해 이루어진다. 친권과 정서적 애착은 아이의 원가족에 있기 때문에 친부모와 수양부모 간에 적잖은 경쟁이나 갈등이 종종 발생한다. 입양가족도 이와 유사하다.

친부모와 형제자매의 문제

아이의 친부모는 수양이나 입양 보내는 것을 부모 역할의 실패로 여겨 평생 고통스러워한다. 입양된 아이는 기존의 자녀와 형제자매관계가 되어 함께 성장한다(Kaiser, 1995b; Kasten, 2004). 수양아 또는 입양아의 친형제자매는 원가족에 남아 있거나 다른 가족이나 시설로 보내진다. 이로 인해 헤어진 친형제자매 간 관계는 공간적 · 사회적 상황에 따라 매우 다양하게 발전한다. 형제자매와의 이별과 낯선 환경에 대한 적응은 큰 스트레스다. 서로의 교류가 단절되지만 혈육관계는 유지되며 태아기 및 주산기 효과 또는 내적 표상들mental representations도 그대로 남는다.

수양아 및 입양아는 두 가족과 형제자매 하위체계의 구성원이 된다. 이러한 현실은 수양가족 및 입양가족에 의해 주도되고 수양 또는 입양된 아이에게 강요된다.

수양아 및 입양아는 처음부터 부담감이 크기 때문에 수양가족 또는 입양가족과 형제자매체계의 특별한 지원이 필요하다. 이런 지원은 특히 정신적 외상을 겪는 아이들에게 중요하다(Scheuerer-Englisch, 2012). 수양아 및 입양아가 친자녀보다 나이가 많은 경우, 손위 형 또는 누이로서 지원, 통제 또는 모범을 보이는 역할을 수행하기 어렵다. 형제자매 위계는 나이뿐 아니라 가족소속 기간과 가족구성원으로서의 역할수행에 기초한 **근속원칙**에 따른다. 원활한 가족기능성을 위해서는 수양아 및 입양아가 최소한 네 살 정도 어린 막내인 것이 좋다. 이유는 역할갈등도 예방할 수 있고 아이를 손위 자녀들이 함께 돌볼 수 있기 때문이다(Griebel & Ristow, 2004; Kaemmler, 2006; Kasten, 1998, 2004). 입양 및 수양의 동기는 대개는 불임, 부부관계의 위기 등의 미문제에 있으므로 수양 또는 입양 전에 치료적인 도움이 필요하다.

부부 위기

수양아 및 입양아 대부분은 까다롭기 때문에 수양부모 및 입양부모와 형제자매 하위체계는 부정적인 **시너지효과**synergy effect와 씨름하여야 한다. 이에 관해서는 전문적인 도움이 필요하다(Kaiser & Gabler, 2014; Nelson et al., 2013; Suwalsky et al., 2008a/2008b). 그렇지 않으면 문제가 다음 세대로 대물림되는 위험이 따른다. 가족형태가 복잡하고 낯설면 가족구성원들은 그로 인한 가족구조에 적응하기 어려울 뿐 아니라 가족기능성도 저하된다. Gabler 등(2014)의 장기연구에 따르면, 수양아들은 여러 면에서 치료가 필요한 문제들을 가지고 있으므로 전문적인 지원이 요구된다. 하지만 수양아들은 전체적으로 수양가족에서 건강하고 유복하게 성장하는 것으로 나타났다. Linderkamp 등(2009)과 Gassmann(2010)의 연구에서도 유사한 결과가 나왔다.

5) 장애가족 또는 병자가족

가족관계는 가족구성원의 장애와 만성질병으로 인해 변할 수 있다. 아이가 장애를 가지고 태어나면 부모는 대개 충격과 죄책감 속에 상대 배우자에게 책임을 전가한다(Wagatha, 2006). 아이가 심하게 아프면 건강한 형제자매는 그로 인한 스트레스에 상응하는 가족모델을 내재화한다. Boeger와 Seiffge-Krenke(1996)는 당뇨병을 앓고 있는 청소년 108명을 대상으로 한 종단연구에서, 그들의 형제자매들에서 특이한 스트레스 해소방식이 발달한다는 사실을 발견하였다. 이와 유사한 연구결과는 부모의 특별한 지원과 자원이 필요한 식이장애 또는 암질환을 앓고 있는 아이들의 형제자매에서도 나타났다. Tröster(2000)에 따르면, 장애아의 형제자매는 ① 어려서부터 질병과 스트레스에 맞서야 하고, ② 부모로부터 지원이나 사랑을 적게 받으며, ③ 어려서부터 책임을 져야 하고, ④ 장애인에 대한 사회적 차별을 경험하게 된다. 형제자매는 장애아와 경쟁이나 갈등을 할 수 없기 때문에 공격성을 억제하면서 쉽게 죄책감을 갖게 된다. 이러한 죄책감은 장애아에 대한 더 많은 돌봄으로 상쇄될 수 있지만 우울, 공격성 그리고 학업포기로 이어질 수 있다(Papastefanou, 2002). 장애아의 형제자매는 부모에게 부담을 주지 않으려고 쉽게 철회한다. 그리고 스스로 자신을 홀대한다(Eckert, 2008; Hackenberg,

건강한 형제자매에 대한 위험요소

2008; Kasten, 1998, 2004; Tröster, 2000). 이러한 형제자매관계는 대개 대등하지 못하며 형제자매 위계도 장애 정도에 따라 뒤바뀌기도 한다. 장애아의 형제자매는 이러한 스트레스를 적절한 도움으로 해소하지 못하면 성인이 되어서 원가족을 원망할 수 있다.

다시 한 번 강조하지만, 가족형태가 복잡하고 낯설면 가족구성원들은 그로 인한 가족구조에 적응하기 어려울 뿐 아니라 가족기능성도 저하된다. 그만큼 가족관계도 복잡해지고 쉽게 와해될 수 있으므로 적절한 전문적 지원을 통해 개선되어야 할 것이다.

6) 일부다처가족

일부다처가족은 **일부다처** 또는 **다자연애**polyamorous 관계로 특징지어지는 가족형태로서, 아시아와 아프리카 이슬람 문화권에서 자주 볼 수 있지만 유럽이나 한국에서는 드물게 나타나는 비공식적인 가족체계형태이다. 코란에 따르면, 남자는 아내를 4명까지 둘 수 있다. 티베트에서는 여자가 여러 남자와 결혼할 수 있다. 일부일처제를 채택하고 있는 한국에서도 과거 일부다처관계가 있었고 다른 나라들에서도 사회적으로 다자연애관계가 선호되거나 용인되었다(Anapol, 2010; Blau, 1995; Buss, 2004; Lösel & Bender, 2003; Matyjas, 2015; Sheff, 2014). **스윙어커플**swinger couple은 예외적인 경우로, 남녀가 지속적인 파트너관계를 형성하지만 서로 상대의 혼외정사를 자극적인 여가로 인정하는 관계이다(Mees & Schmitt, 2000).

일부다처관계는 한 가정에서 공동체community 또는 '집단결혼' 형태로 또는 개별적인 가정multi-local을 통해 유지된다. 일부다처관계에서는, 예를 들어 혼외정사, 정부 또는 첩도 사회적 체면 유지를 위해 **비밀리**에 허용된다. 일부다처관계는 구조적으로 삼각 또는 다각 구조와 상호작용패턴을 보인다. 개별 양자

관계는 독립적으로 분리되지 않지만 일부다처 질서하에 하위체계를 이룬다.

Matyjas(2014)는 독일어권에서 일부일처 또는 일부다처 관계로 사는 여성 410명과 남성 142명을 대상으로 한 연구에서 개방적 관계(일부다처 지향)에 있는 응답자 대부분이 자유와 함께 성과 친밀을 분리하려는 욕구가 크다는 것을 밝혀냈다. 이들은 자율성과 부부 정체성보다는 개인 정체성 그리고 정서적 친밀감을 회피하는 욕구가 강했다. '사랑 없는 성관계'에 대해 개방적이었고 관계만족도가 높은 경우에 애착불안과 애착회피가 적었다. 반일부일처 지향은 배우자와 부부애착을 '안전한 항구'로 여기는 내적 노동모델을 동반한다. 애착에 자신 있는 사람은 배우자의 성적 외도에 대해 호의적이다. 이는 상실에 대한 두려움이 크면 있을 수 없는 일이다. 일부일처로 사는 사람들의 8.5%가 일부다처 생활방식을 선호한다고 응답하였다. 이들은 성적으로 개방된 관계로 사는 응답자와 마찬가지로, 일부일처로 사는 사람들보다 더 강한 회피적 애착유형을 보였다. 비록 개방적 관계에 있지만 배타적인 양자관계에 대해 개방적인 사람은 애착불안이 높았다.

이들이 배타적 관계보다 개방적 관계를 선호하는 이유는 바로 애착불안 때문이다. 이들은 한 배우자에게 종속되고 싶어 하지 않는다. 애착불안자와 애착회피자는 개방적 관계에 더 만족한다. 상실불안이 많은 애착불안자는 친밀감에 대한 소망이 크며 배타적인 일부일처 관계를 선호하였다. 불안한 관계에서 성관계는 친밀감을 표현하는 중요한 수단이다.

여러 파트너와 **연속적인 일부다처관계**를 형성하는 것도 일부다처제의 변형이라고 할 수 있다. 일부일처관계가 생애에서 여러 번 바뀌는 것이다. Nave-Herz(2004)의 동거커플에 관한 연구에서는 응답자의 1/4가량이 현재 파트너가 아닌 다른 사람과 결혼할 것이라고 했다. 이러한 사실에 대해 동거커플이 서로 어떤 의견을 보이는지는 밝혀진 바가 없다. 연속적인 관계에서는 또한 과거 관계 또는 과거 파트너가 다음 관계에 어느 정도 영향을 미치는지 그리고 파트너가 그 영향을 어떻게 다루는지가 불명확하다. '과거 배우자들'은 자녀, 사업, 이해관계 등을 통해 계속 교류하기 때문에 가족체계는 '이혼'과 새로운 결혼만으로도 확대된다. 가족체계가 새로 형성되고 새로운 구조가 발전하면서 문제들이 발생할 수밖에 없다(Schmidt-Denter, 2005).

구조적으로 볼 때, 일부다처 관계의 특징은 삼각 또는 다각 상호작용패턴이다. 각각의 양자관계는 서로 경계가 명확하지 않지만 일부다처제의 하위체계를 이룬다.

7) 요약

대개 여러 지역에 흩어진 하위체계들로 구성된 다세대가족은 정서적 안정 등 여러 욕구들을 충족시킨다. 다세대가족은 종족번식에 기여하며 구성원들을 위한 가장 중요한 사회화 기관이다. 각기 다른 특성을 지닌 가족형태들은 건강과 안녕을 위해 매우 중요하다. 가족형태마다 체계를 위한 기능성에 필요한 전제조건이 있다. 예를 들어, 한부모가족에서 복합가족으로 변화하는 것과 같이, 낯선 가족형태로 변화하기 위해서는 개인이나 집단 차원에서 새로운 생활개념이 개발되어 이미 내재화된 삶의 설계도를 대체하여야 한다.

낯선 가족형태로 인한 위험요소

쉽지 않은 이 같은 변화 과정은 **자아개념**이 이미 형성되거나 신경적으로 고착화된 경우에는 **저항**을 불러일으킨다. 가족체계의 기능성과 가족구성원의 삶의 질은 모든 구성원이 자신의 삶의 영역을 위한 새로운 생활개념과 그에 적합한 모델표상을 공유하고 하위체계들의 높은 복합성을 적절히 처리할 수 있는가에 달려 있다. 체계가 복잡해지면 그에 따른 **추가적인 규칙**과 자원이 필요하지만 저항도 따른다. 저항을 잠재우기 위해서는 구성원 간 대화와 갈등해결을 위한 능력이 필요하다.

2. 가족 대물림과 가족주기

1) 대물림 효과: 생물학적 유전과 사회적 유전

가족은 전세대로부터 생물학적이고 사회적인 유산을 받아서 다시 다음 세대로 물려준다. 이 유산은 개인 및 가족의 삶의 질에 중요한 구조적 결정요소 중 하나이다. 유전학적 행동요소는 구체적인 행동에 직접 영향을 미치지 않지만 발달과정이나 특정 외부환경하에서 작용한다(Birbaumer & Schmidt, 1996; Hamer & Copeland, 1998; Hofer, 2014; Lang & Neyer, 2008; Petermann et al., 2004; Petzold et al., 2003; Rowe, 1997). 유전학적 특성 역시 항상 직계 자손에게 직접 유전되지 않지만 세대를 넘어서 유전될 수 있다(열성 유전). 부모의 유전자가 새롭게 배열됨으로써 새로운 창발적[emergent] 특성이 발현할 수 있다. 이런 특성은 유전학적인 것이지만 전세대의 특성과는 다르다. 가족의 삶의 방식은 문화적 능력이나 무의식적 습관, 즉 아비투스[habitus]로서 대물림된다. 아비투스는 가족역사 속에서 발달한 모델로서 대물림되어 인지, 지각, 사고 그리고 행동에 영향을 미친다(Broudieu, 1983, 1984; Martin & Olson, 1996; Vierzigmann, 1993).

새로운 유전자 배열

아비투스

생활개념과 가족, 부부, 부모 등에 관한 모델은 부수적이라고 할 수 있지만 가족구성원들을 위해 한 세대에서 다음 세대로 이어진다. 가족대물림은 단지 언어뿐만 아니라 가족구성원들이 자녀들과 함께 서로 교류하고 애착을 형성하면서 살아가는 방법을 통해 이루어진다. 가족의 협력, 전통과 의례, 역사 그리고 상징을 통해 형성되고 대물림된 가치와 모델은 다음 세대에서 패턴으로 드러난다. 패턴 중에는 폭력 및 성폭력 패턴도 있다(Mayer et al., 2012; Pfeiffer, 2005). 이미 애착연구에서 살펴보았듯이, 부모의 애착유형을 물려받은 자녀는 그에 상응하는 경험을 하게 된다. 이로 인한 애착의 질은 애착유형(구조)으로 굳어진다. 애착유형은 다시 애착행동으로 이어져 결국에는 자녀에게로 흘러간다(Faimberg & Vorspohl, 2009; Gloger-Tippelt, 2012; Petzold et al., 2003; Vierzigmann, 1993).

가족문화

대물림은 여러 변화과정 속에서도 일관성을 유지하며 **가족문화**의 특징으로 나타난다. 320개의 다세대가족을 대상으로 한 연구에서 부부관계뿐 아니라 부모-자녀관계가 3세대에 걸쳐 유의미한 상관관계가 있음이 밝혀졌고 정상 다세대가족과 환자 다세대가족 사이의 차이도 발견되었다[그림 2-1], [그림 2-2] 참조; Lee, 2005). 부모의 애착유형이 자녀의 반응으로 이어지고 자녀는 다시 부모와 유사한 애착유형을 갖게 됨으로써 세대를 넘어 대물림되는 관계패턴이 발달한다.

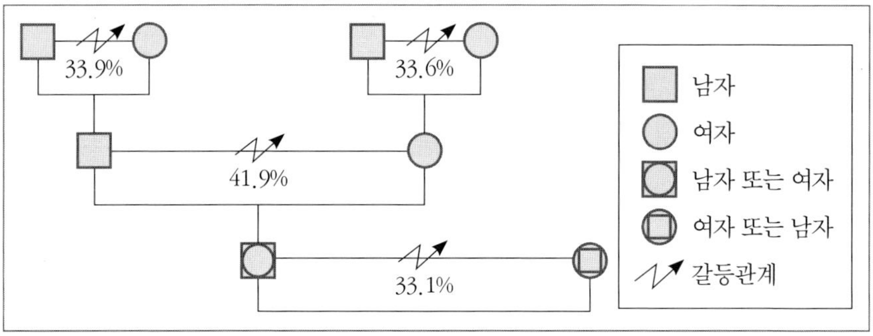

[그림 2-1] 세대별 부부관계의 질(n=320)

출처: Lee, 2005: 78.

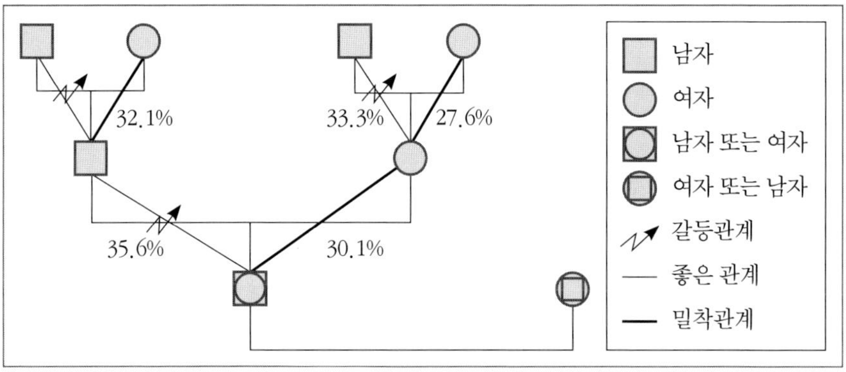

[그림 2-2] 세대별 부모-자녀관계

출처: Lee, 2005: 84.

자녀 발달조건은 가족이 생애 및 가족주기에 따른 도전적 과제들을 극복하기 위해 어떤 자원과 능력이 있는가에 따라 다르다. 도전 과정에서 자녀들은 각 상황들이 어떻게 다루어지는지 체험할 뿐 아니라 자신들의 미래 행로도 부분적으로 정해진다.

2) 가족주기별 발달

가족은 가족구성원의 **생애주기**와 **가족주기**에 따라 계속 변하기 때문에 가족생활은 항상 과정적 속성을 지니고 있다(chase-Lansdale & Votruba-Drzal, 2004; Fthenakis & Textor, 2004; Petzold et al., 2003). 가족관계의 변화는 배우자 선택과 결혼, 출생 또는 입학, 취업 또는 퇴직 등과 같은 규범적 변화와 이사 또는 이혼과 같은 비규범적 변화를 통해 이루어진다. 이러한 변화에 따른 도전적 과제들은 **발달과제**이다. 발달과제는 자원과 능력에 따라 매우 다르게 극복되며 경우에 따라서는 치료를 요하는 질병을 야기한다(〈표 2-2〉 참조; Kreppner, 2002). 여기서 관건은 가족구성원들이 새로운 변화에 맞서야 하는 과제들을 어떻게 처리하거나 해결하는가이다.

새로운 핵가족의 형성은 배우자 선택으로 출발하는 부부관계로부터 시작된다.

〈표 2-2〉 가족주기 단계별 발달 예

가족주기 단계	발달과제
부부	-배우자 탐색 및 선택 -부부관계 형성 -과거 관계 청산
부부관계	-개인적 생활세계, 생활개념 그리고 모델표상에 대한 상호 탐색 -외부와 경계 설정 -원가족 유산의 자원과 취약점 이해 -원가족 일가로 통합
부모로 이행	-임신과 출산 -부모에 관한 모델표상 개발 -자녀와 부부의 경계 -원가족과 새로운 관계 설정
어린 자녀와 함께하는 가족	-자녀양육에 관한 모델표상 개발 -자녀의 인격과 특성 존중 -조부모 및 일가친척과 협력 -일상생활 계획 -자녀 중심의 주거환경 마련
다음 자녀 출생	-발달단계에 적합한 자녀양육 -원만한 형제자매관계 형성 -일상생활 재계획
부 또는 모의 재취업	-가족구성원 간 업무분담 -부부관계 및 부부경계 보장 -시간관리
사망 또는 이혼에 의한 가족구성원 상실	-죽음에 대한 애도 -사회적 지원 모색과 수용 -새로운 생활개념 개발 -가족체계의 재구조화
자녀의 결혼과 가족 형성	-세대 간 공동생활 계획 -가족역할 재규정: 부모는 조부모가 되고 조부모는 증조부모가 되기
만성질병 가족구성원 부양	-병자에 대한 사회적 지원 -새로운 (공동) 생활개념 개발 -특정 가족구성원에 대한 무시 및 부담 예방

배우자 선택

배우자 선택을 통해 부부뿐 아니라 가족과 후세의 행로가 정해진다. 대부분의 문화권에서 요즘은 원가족이 자녀의 배우자를 선발하지는 않지만 유전적 유산뿐 아니라 사전 가이드라인을 통해 배우자 선택에 영향을 미친다. 원가족은 자녀들이 어떤 문화적 배경과 사회경제적 조건을 가진 배우자를 만나고 어떤 개인적 특성, 성향 그리고 이해관계를 가지며 어떤 학력을 가질 것인지를 결정한다. 배우자 선택이 인터넷이나 먼 타지에서 이루어진다고 해도 원가족의 영향력은 여전히 크다(예: Skopek, 2011).

원가족은 자신의 유전자가 대물림되길 바라기 때문에 자녀의 배우자 선택에 영향을 미친다. 따라서 원가족은 가족구성원의 재생산을 위해 능력 있고 순종적인 배우자를 찾는다. 원가족은 손자가 후손의 번창을 위해 건강하게 자라길 바란다(Buss, 2004). 부모는 손자를 원하기 때문에 동성애 자녀를 거부한다(Kobs, 2009).

아이를 낳고 양육할 수 있는 재생산이 가능하도록 건강한 배우자를 구하기 위해 인간에게는 유전학적으로 정해진 배우자 선택 기준이 있다. 어떤 문화권이든 허리와 엉덩이의 비율이나 여인의 가슴 크기와 같이 선호하는 외모적 특징이 있다(Buss, 2004). 남자의 넓은 어깨, 빼어난 얼굴, 페로몬 그리고 자신감 넘치는 행동은 테스토스테론 수준과 기능이 활발한 면역체계를 가늠케 한다. 건강과 '우수한 유전자'는 깨끗한 살결, 균형 잡힌 체형, 빛나는 눈과 윤기나는 모발로 드러난다. 이러한 매력 요소들은 뇌에서 스키마에 따른 성적 관심을 활성화시킨다. 생산 잠재력이 높은 남녀가 만나면 순간 서로 무의식적으로 상대방이 배우자로 적절한지 점검한다. 가임기 여성은 특히 성능력과 '우수한 유전자'를 상징하고, 그래서 성적으로 매력 있는 튼튼하고 주도적인 남자에게 시선을 보낸다. 가임기가 아니거나 '피임약'을 복용하는 경우에는 아버지와 반려자로 적합한 친절하고 믿을 만한 남자를 선호하며 무의식적으로 '친절한' 표정에 매력을 느낀다. 신체적 매력은 그리 중요하지 않다(Pollet et al., 2013; Rhodes & Zebrowitz, 2002; Roberts et al., 2012). 일부 연구에 따르면, 배우자 선택 시 조건에 따라 부부관계가 다르다고 한다. 피임약을 복용한 시기에 선택한 배우자와 사는 부부는 성생활 만족도는 낮지만 부부관계가 좋고 이혼율도 낮다(Cobey et al., 2013; Klusmann & Berner, 2011; Roberts et al., 2012). 배우자 선택은 주변 환경으로부터도 영향을 받는다. 시기와 조건에 따라 맞는 배우자를 만날 기회가 다르다. 스트레스가 있거나 여자가 가임기에 있으면 배우자 선택에 실패한다(Lass-Hennemann et al., 2010).

마마보이와 파파걸

무의식적인 배우자 선택은 호르몬 작용뿐 아니라 또 다른 배우자 선택기준들에 의해 이루어진다. 예를 들어, 원가족의 가족구조와 상호작용패턴에 따라 유사한 배우자 선택이 반복된다. 다시 말해, 대부분의 사람들은 자신의 원가족에 익숙한 (공동)생활 **패턴과 모델**을 재생산할 수 있는 배우자를 (무의식적으로) 구한다. 예를 들어, 마마보이는 파파걸을 배우자로 선택하거나 한부모가족, 중독가족 또는 폭력가족의 애착불안 자녀는 자신과 유사한 배우자를 선택한다. 남녀가 이혼가족의 자녀인 경우 이혼할 확률이 1~4배 정도 높다(Diekmann & Engelhardt, 1995; Hazan, 2000; p.123의 '2) 별거와 이혼의 영향' 참조). 전쟁, 소련과 동유럽의 붕괴 등도 배우자 선택에 영향을 미친다. 외부환경으로 인해 어쩔 수 없이 자신의 기준과 다른 배우자를 선택하게 되면 불만족과 갈등이 빈번하다(Amelang, 1995; Diekmann & Engelhardt, 1995; Heekerens, 1987; Hehl, 2002; Kaiser, 1989; Klein, 2001; Schmidt-Denter, 2000; Zwenger, 1996).

자손을 성공적으로 양육하기 위해서는 부모로서 건설적으로 협력하고 가족을 물질적으로 안전하게 보호하여야 하기 때문에 사회적 지위가 배우자 선택에 중요한 역할을 한다. 합심하여 후손을 양육하기 위해서는 성격이 유사하고 삶과 공동생활에 대한 생각이 일치해야 한다. 따라서 원가족은 대개 가치체계와 종교와 관련하여 공통된 신념을 강조한다. 이러한 기준들은 가족과 개인에 대한 자아상과 연관되어 있다(Blossfeld, 2010; Rammstedt, 2010). 예를 들어, 손자가 출신, 외모, 사회적 지위 등에서 못마땅하면 분란이 발생할 수 있다. 부부는 서로 원가족과 충성갈등에 휩싸이고 양 원가족도 대립하게 된다(Kaiser, 2013). 따라서 배우자 선택은 부부 및 가족문제를 예방하기 위한 중요한 출발점이다.

부모로 이행

부부가 부모가 되는 것은 부모에 대한 모델표상과 그에 따른 기대 그리고 부부의 **지향**과 **통제**의 욕구에 영향을 받는다. '정상' 부부도 처음으로 부모가 되면서 겪는 새로운 도전들로 인해 첫아이 출생 후 반년 동안은 부부관계에 대한 만족도가 떨어진다(Hofer et al., 2002; Kreppner, 2002; Schwab & Vaskovics, 2011). 따라서 이러한 이행 위기를 원만히 극복하기 위해서는 전문적인 준비와 지원이 필요하다. 이러한 준비와 지원은, 예를 들어 부인의 성욕 저하로 인한 남편의 외도 등과 같은 문제들을 예방하기 위해서도 중요하다(Sydow et al., 2001). 부부단계에서 부모단계로 이행이 잘못되면 부정적인 결과를 초래할 수도 있으므로 신중한 대처가 필요하다. 부인이 너무 어리고 학교를 다니거나 남편이 다른 여자와 결혼을 하는 등 부부가 자녀를 원치 않는 상황에서는 임신으로 인해 갈등은 물론 자신에 대한 회의나 임신중절 또는 자살까지도 할 수 있다. 이러한 위기 상황은 경우에 따라서는 지속적으로 발생할 수 있다. 산모가 불편하면 태아도 스트레스를 받는다(Garstick, 2013; Leithäuser et al., 1990; Oeter & Wilken, 1981; Petermann et al., 2004).

조산

산모와 아이는 조산으로도 **심한** 스트레스를 받는다(Hagedorn, 2006). 2004년 출생한 아이 48,983명 중 6.9%가 조산아였다(Statistisches Bundesamt, 2006). 조산아의 주산기 사망률은 30%이고 출생 후 사망률은 70%이다(Friese et al., 2000). 조산의 위험요인은 전염병, 생식의학적reproductive medical 치료, 산모의 높은 연령, 다산, 자궁기형, 과도한 커피 소비, 약물 및 니코틴 중독 등이다(Hagedorn, 2006; Linderkamp, 2005; Rass, 2011; Treyvaud et al., 2011). 부부갈등, 임신거부, 위기상황, 어려운 사회적 관계 등과 같은 가족문제도 조산의 위험요인이다(Künzel & Wulf, 1997; Sydow et al., 2001). 초저체중 조산아의 70%와 저체중 조산아의 15%에서 뇌출혈이 일어난다. 따라서 조산아의 10~15%가 평생 장애를 지닌다.

거절당한 자녀

아이가 원치 않는 특징을 가지면 예후도 좋지 않다. 아들을 원했지만 딸이, 딸을 원했지만 아들이 태어나면 그 아이는 부모가 원했던 성역할을 하느라 자신의 성역할을 발달시키지 못한다. 거절당한 아이는 자기부정과 열등감에 빠지기 쉽다(Esser et al., 2001; Janus, 1994; Leithäuser et al., 1990; Schepank, 1987).

자녀가 둘 이상인 경우 부모의 가사분담은 더 세분화되고 '재전통화 retraditionalisation'되어 부인의 남편과 가족에 대한 만족도를 떨어트린다. 이 시기에는 남편의 협조가 매우 중요하다. Kreppner(2002)의 종단연구에 따르면, 부인들은 남편의 협조가 미흡하면 자녀에게 더 억압적으로 대함으로써 가족분위기까지 악화된다고 한다. 이에 반해, 협조적인 남편들은 자녀에게 좋은 모델로서 영향을 미칠 뿐 아니라 가족관계도 원만해진다. 자녀들이 스스로 서로 도와서 부모의 부담을 덜어 주면 부부의 만족도는 높아진다(BMFSFJ, 1998; Papastefanou, 2002; Wagner et al., 1996). 이처럼 사전 문제인식 방법과 향후 발달장애 예방 방법은 모든 발달위기 상황의 결과로 이루어진다고 할 수 있다(Dathe, 1998; Duvall, 1997; Kaiser, 1989; Textor, 1998).

3) 요약

세대에서 세대로 그리고 생애주기 및 가족주기의 각 단계로 이행과정에서 가족과 가족구성원들도 변한다. 이 변화과정에서 가족은 가족의 유전학적 ·

사회적 유산을 다음 세대로 대물림한다. 가족유산 대물림은 상응하는 전제조건들이 충족될 때만 가능할 뿐 아니라 변형될 수도, 세대를 건너뛸 수도 있다. 가족의 전통은 이야기 형식으로 모델이나 조건화를 통해 대물림된다. 가족주기 단계별로 따르는 도전적 과제들은 발달과제로서 다음 단계로 이행하는 데 위기를 초래할 수 있다. 이행위기를 극복하기 위해서는 가족체계와 가족구성원의 자원이 필요하다.

3. 다세대 상호작용과 가족기능성

가족생활의 영위와 가족구성원에 대한 영향은 다세대가족체계의 체계를 위한 기능성에 달려 있다. 가족기능성은 일반적으로 가족의 맡은 바 책임과 과제 수행 역량을 의미한다(Kaiser, 1989; L'Abate, 1998; Schneewind, 2006). 가족과 그 하위체계들은 자녀 양육 및 교육, 사회보호, 부부관계 등 이들 과제를 감당할 능력과 자원이 필요하다(Vierzigmann, 1993). 이에 덧붙여 외부 자원뿐 아니라 미시, 중간 그리고 거시 차원에서의 편안한 생활 및 환경조건도 필요하다. 이들 역량이 부족(역량장애)하거나 능력 발휘를 위한 여건이 미흡하면 가족기능성과 가족생활은 제한을 받을 수밖에 없다(Amato, 2000; BMFSFJ, 1998; BMFSFJ, 2005; Kaiser, 1982, 1989; L'Abate, 1998; Schneewind, 2006; Schwarzer, 2004; Wissenschaftszentrum Berlin, 2005).

자녀를 위한 기회로서 가족기능성

삶의 질과 자녀의 발달에 가족기능성이 갖는 의미는 많은 연구에서 입증되었다. 아동 및 청소년 정신건강의학과 환자를 대상으로 비정상적인 심리사회적 환경이 가족에 미치는 영향에 관한 연구가 실시되었다. 심리사회적 스트레스에 관한 다중심적 연구multicentric study에서는 비정상적인 심리사회적 환경으로 인한 스트레스 정도가 구 동독지역 환자들은 평균 6.4이고, 구 서독지역 환자들은 평균 3.7로 나타났다(Burk & Postka, 1993). Möllmann 등(1998)

의 연구에서도 유사한 결과를 보였다. 1,014명 환자를 대상으로 한 Becker와 Schmidt(2003)의 연구에서도 가족환경에 의한 스트레스 정도가 평균 2.8이었으며, 이들 요소로 인해 입원과 장기치료가 이루어졌다. 환자들이 받는 심리사회적 스트레스는 사회적 행동과 정서가 혼합된 장애(스트레스 정도 3.8)와 사회적 행동장애(스트레스 정도 6.6) 등으로 나타났다. 유전학적 요인에 의한 거식증 환자들에게서는 심리사회적 스트레스 정도가 평균 1.8이었다. Burk와 Poustka(1993)에 따르면, 구 동독지역 충동장애 환자와 공포장애 환자의 스트레스 정도는 각각 7.7과 5.8이었다. 구 동독지역과 구 서독지역 조현병 환자의 심리사회적 스트레스 정도는 각각 3.8과 6.6이었다. 양 지역 환자들에게 스트레스 요소로는 '낮은 온도'와 '가족 내 대화 부족'에 이어 '부모의 일탈'이 가장 많았다. 가족생활이 원만하지 못하면 양육은 주로 제한, 통제, 징벌 등으로 이루어진다(Gerris et al., 2000).

가족은 그 하위체계와 가족구성원들이 삶의 영역들에서 주요 목표를 달성하고 다양한 상황들을 만족스럽게 관리할 수 있을 때 기능을 발휘한다(Bradbury & Karney, 1998; Braukhaus et al., 2000; Framo et al., 2003; Fthenakis & Textor, 2004; Gottmann & Silver, 2002; Grossmann et al., 2005; Kaiser, 1989; Norcross et al., 2006; Perrez, 2000; Schneewind, 2006; Steinmetz & Peterson, 2003; Wallerstein & Blakeslee, 1996). 가족기능성의 토대는 가족을 구성하는 요소들이 서로 그리고 가족구성원들의 생활개념과 신경심리스키마와 조화를 이루는 것이다.

1) 가치, 규범 및 규칙

가족의 공동생활을 위해서는 가족구성원 모두에게 유리한 **가치**, **규범** 그리고 **규칙**을 세우는 것이 중요하다(Möllers, 2015). 이들은 서로 모순되지 않으며 인간적이고 쌍방대화를 중시하는 **가족문화**에 기여하여야 한다. 번영된 (공

〈표 2-3〉 국민 가치지향 (단위: %)

응답 '매우 중요' 비율에 따른 가치지향 순서	
1. 배우자와 조화로운 공동생활을 한다.	63.9
2. 자녀에게 충분한 사랑과 관심을 준다.	63.9
3. 자녀가 양질의 교육을 받도록 한다.	63.6
4. 내 직업에 만족한다.	48.1
5. 경제적으로 여유 있는 생활을 한다.	45.0
6. 가까운 주변 사람들을 보호한다.	38.0
7. 자신과 자신의 이익을 위해 충분한 시간을 할애한다.	34.1
8. 최소 1년에 한 번이라도 휴가를 간다.	28.9
9. 친구와 충분한 시간을 보낸다.	21.4
10. 아름답고 넓은 집에서 산다.	20.6
11. 가사를 공평하게 분담한다.	20.4
12. 가족 이외에서도 인정받고 존중받는다.	18.1
13. 자기발전을 위해 노력한다.	17.5
14. 남편과 부인은 각자 자기 돈을 번다.	21.1
15. 직장에서 출세한다.	11.8
16. 가사에 충분한 시간을 할애하고 전일제 직장생활도 한다.	13.0

출처: Bundesinstitüt für Bevölkerungsforschung, Population Policy Acceptance Study 2005.

인간상

동)생활을 위해서는 가족에서 실제로 적용할 수 있는 **가족상**family image**과 인간상**human image이 필요하다. 부부와 가족은 국민 대부분이 손꼽는 삶의 내용과 의미의 근원이다(BIB, 2005; [그림 3-1] 참조). 하지만 자기결정, 사고의 자유 또는 신체적 안전 등은 일반적으로 존중되는 인권이지만 가족에서도 그럴 것이라고 장담할 수 없다(Pfeiffer, 2005; Zwenger, 1996). 특히 아동, 노약자, 병자 그리고 장애인에 대해 취약하다. 가치의 측면에서 보면, 가족의 **우선 과제**는 생활양식과 삶의 목표(교육, 경력 등; Schaffner et al., 2013) 그리고 윤리적 기준을 감안하여 정해져야 한다. 예를 들어, 부부가 원가족으로부터 위임받은 가치들이 서로 충돌하면 적응문제와 갈등 위험이 커지므로 서로 이해하는 노력이 필요하다(Brandstätter & Kronberger, 2003; Sautermeister, 2014). 부부가 자신들의 관계에서 강조하는 가치는 원만한 부부관계를 위해 매우 중요하다. 이 가치는 부부관계가 가족의 가치체계에서 차지하는 비중과 직결되어 있다. (수평적) 부부관계가 부모 또는 자녀 간 수직적 관계보다 우선시되지 않거나 가족규칙에 의해 보호받고 옹호되지 않으면 부부는 쉽게 실망하거나 부부관계에 충실하게 임하지 않는다(Bertram, 1997; BIB, 2005; Boszormenyi-Nagy & Spark, 1982; Buber, 1979; Kaiser, 1989; Levinas, 1983; Schmitz, 2000; Sydow et al., 2001; [그림 3-1] 참조). 미에 대한 기준 또한 문제를 초래할 수 있다. 젊은 여성 500명을 대상으로 한 연구(Geissner & Schary, 2005)에 따르면, 식이장애를 앓고 있는 딸을 둔 어머니들은 날씬하고 균형 잡힌 체형을 강조하는 사회문화적 분위기에 맞춘 태도 및 행동과 언어 패턴을 가지고 있다. 이들 어머니는 건강한 딸을 둔 어머니와 사뭇 다르다.

질병 유발 모델표상

공정성에 대한 표상은 세대들의 공동생활을 위해 매주 중요하다. 가족구성원들은 이와 관련된 모델표상과 자신을 동일시하기 때문에 공정성에 관한 다양한 해석으로 인해 갈등 위험이 높아진다(Bayard et al., 2014; Bechert & Quandt, 2013; Sautermeister, 2014).

많은 실제 가치들은 일상적 행동을 통해서만 **재구성되어야 한다**. 가족구성원들은 종종 실제 자신의 가치에 대해 충분히 의식하지 못하기 때문이다. 많은 부모들은 자신의 자녀들을 동등하게 사랑하고 대우한다고 주장한다. Ferring 등(2003)이 40~54세 남녀 1,208명을 대상으로 한 연구에서 13%가 어린 시절 부모로부터 홀대받았다고 응답했다(Boszormenyi-Nagy, 1986; Kaiser, 1982, 1989; Steinbach & Nauck, 2005; Trommsdorff et al., 2004).

2) 가족지식

가족구성원들이 서로의 안녕, 욕구, 체험, 사고 등에 대해 충분히 알아야 가족의 공동생활이 가능하다. 가족구성원들은 **객관적 상황**이나 **심리사회적 자원**에서의 사실과 인과관계에 대해서도 서로 알아야 한다. 이 지식은 서로 최선을 다해 행동하고 협력하기 위해 항상 갱신되어야 한다. 이를 위해 활발한 교류도 필요하다. 가족구성원들은 또한 대화, 건강과 영양, 부부관계와 성생활, 자녀 양육 및 보호 등에 대한 지식도 필요하다. 자녀양육에 관한 지식과 방법이 부족한 부모는 자녀를 공감하지 못한다. 특히 자녀의 성격이나 발달로 부모와의 관계가 어려워질 때 더 공감하지 못한다. Saarni(2002)에 따르면, **정서**와 정서의 무의식적인 측면에 관한 지식, **비언어적 신호의 의미**에 관한 지식, **정서표현 방법**에 관한 지식, **정서조절**과 정서적 문제해결을 위한 방법에 관한 지식 등이 정서적 능력에 속한다(Trommsdorff & Heikamp, 2013).

가족과 건강

3) 가족의 생활개념과 모델표상

가족에서 실제 적용되는 **생활개념과 모델표상**은 가족생활의 구조적 질과 다세대 상호작용을 위해 특히 중요하다. 가족의 생활개념과 모델표상은 **가족문화**이기도 하다. 생활개념은 가족 **전체**와 가족**생활**의 각 **영역, 부분 또는 시기**와 관련되어 있다. 생활개념은 가족생활과 관련된 핵심 문제들에 대해 사회문화적인 영향을 받은 가족해석을 포함한다. 시나리오처럼 생활개념은 가치, 상위목표, 역할, 임무, 위계 그리고 의례를 통합한다. 실제 적용되는 개념과 **미래소망**을 표현하는 **비전**은 구분된다. 일관된 행동과 체험이 가능하기 위해서 모델은 가능한 모순적이지 않아야 하고 동시에 탈근대적 생활에서 피할 수 없는 양면성에 대처하는 방법을 제시하여야 한다(Rorty, 1989; Sennett, 2007). 가족에서 **실제 적용되는 인간상**은 가족구성원들 간 **관계문화**와 관심을 결정한다. 생활개념은 원만한 공동생활과 모든 가족구성원의 기본욕구 충족에 기여하는 정도에 따라 그 **유용성**이 평가된다. 생활개념이 이런 목표에 적합할수록 가족구성원의 안녕과 가족의 삶의 질도 전체적으로 높아진다(결과의 질; Trommsdorff, 2015).

모델표상과 관계문화

비전

사회문화적인 모델과 국가의 법규는 가족의 생활개념에 영향을 미치지만 간혹 상반되기도 한다. 간혹 법적으로는 금지되어 있지만 가족의 양해하에 신체적 징벌이나 '명예살인honor killing'이 용인되고 가족구성원들을 위협할 수도 있다(Pfeiffer, 2005; Trommsdorff, 2015).

가족의 생활개념은 **가족전통, 의례, 유언, 위임**delegation, **비밀**이 되거나 대체로 일상에서 이야기를 통해 한 세대에서 다음 세대로 되물림된다. 부모-자녀관계 모델도 세대를 이어 대물림된다. 200가족을 대상으로 한 16년 종단연구(Schneewind & Ruppert, 1995)에 따르면, 양육 목표, 태도 그리고 실천이 세월이 흐름에 따라 경시되는 듯하지만 실제 특성은 전세대로부터 영향을 받는 것으로 나타났다(Boszormenyi-Nagy & Krasner, 1986; Kaiser, 1989). 청소년과 청장년 2,000명을 대상으로 한 조사(Busch & Scholz, 2006)에서는 친밀한 부부관계와 가족형태에 대한 찬성 응답이 높았다. 응답자 대부분이 부부의 기본적 토대를 낭만적인 사랑이라고 답하였다. 응답자 3명 중 1명은 전통적인 교회결혼을 원했지만 이혼은 가능한 것으로 응답했다. 대다수가 약 2명의 자녀를 원했다. 신앙심이 깊은 응답자를 제외하고는 갈등이 있을 경우 임신중절이 정당하다고 하였다. 응답자들은 '두 사람 또는 자녀와 함께 살면 모두 가족'이라는 가족개념을 매우 넓은 의미로 정의하였다(2장 4절 참조). 가족에 대해서는 형태과 상관없이 모두 중시하였다. 좋은 부부의 기준은 관용, 상호 존중, 상호 관대 그리고 정서적 · 성적 정조뿐 아니라 부인이 직장을 가질 수 있는 부부관계이다. 사회적 지위가 낮은 응답자들은 성적 정조, 금전적 의견일치 그리고 주거환경을 높이 평가하였다.

가족개념

가족의 생활개념과 모델표상은 가족구성원 개인의 생활개념과 모델표상과 관련성이 높지만 그렇다고 동일하지는 않다. 여러 세대의 가족구성원들은 학교, 직장 등 서로 다른 체계맥락에서 활동하기 때문에 생활개념과 모델표상이 각각의 삶의 영역과 상황에 맞게 형성된다. 하지만 하위체계 또는 가족구성원들은 가족의 생활개념으로부터 쉽게 벗어날 수도 없다. 가족의 생활개념을 어기면 금방 **갈등**이나 **수치심**이나 **죄책감**이 든다(Bossong & Nussbeck, 2004; Grawe, 1998, 2004; Imber-Black et al., 2003; Kaiser, 1998; Kelly, 1963/1986; Stierlin et al., 1977). 역으로, 가족의 생활개념이 다음 세대에 맞게 적절히 분화되는 정도는 가족구성원들이 가족의 생활개념을 얼마나 발전시키고 이행하는지에 달려 있다. 가족문화가 분화되지만 발달 시기는 오히려 정체되거나 퇴화할 수도 있다.

체계관리

기능성이 높은 가족은 가족의 생활개념에 공동의 욕구와 목표를 위한 **행동방식**과 전체 가족체계 및 하위체계 **관리**를 위한 **모델들**이 포함되어 있다. 가족 내 그리고 외부환경에 대한 **적응능력**이 높은 것은 그 때문이다. 가족은 필요에 따라 유연하게 대처할 수 있는 내부구조가 필요하다(Trommsdorff, 2015; Trommsdorff & Heikamp, 2013). 능력 있는 가족에서는 권력관계, 역할구조 또는 의례가 실제 일상에서나 장기적인 가족주기에 따른 다양한 사건이나 어려운 상황에 맞게 적절히 작동한다. 예를 들어, 병을 앓는 경우, 역할을 위임하기도 하고 청소년 자녀의 경우 성장하고 자율성도 높아진다. 그러나 새로운 관계가 형성되었다고 기존의 생활 및 역할개념이 자동적으로 변하거나 폐기되는 것은 아니다(2장 2절 참조). 따라서 부부가 원가족에서부터 서로 다르거나 심지어는 상반된 생활개념과 모델표상을 부부관계와 새로 형성된 가족에 적용하기란 쉽지 않다. 개인적 기본욕구, 생활개념, 내적 모델 그리고 신경심리 스키마가 가족의 생활개념 및 모델표상과 충분히 일치하지 않거나 상반되면 관계와 안녕이 심하게 훼손될 수 있다. 가족 공동생활은 공동의 생활개념과 모델표상 그리고 그로 비롯된 **기대**와 서로 연관되어 있다. 기대는 가족 임무수행의 **질을 가늠하는 기준**이다. 예를 들어, 부부는 사랑과 정조를, 부모와 자녀는 충성과 지지를 서로 기대한다. 서로에 대한 기대 충족은 '마음속에 기록으로 남는다.'

사례

X가족(〈표 2-4〉 참조)에서 손주에 대한 조부모의 권한과 책임, 부부관계와 핵가족의 분리를 위한 부모의 권한에 관한 서로 다른 모델표상으로 인한 세대갈등이 발생하였다. 시어머니는 전문가정교사로서 양육에 관해서는 가장 능력이 있다는 표상을 가지고 있다. 이런 표상으로부터 시어머니는 아들 내외가 젊은 부모로서 조언을 요청해 주길 바랄 뿐 아니라 '지침'을 주면 존중받기를 원한다. 시어머니는 한 집에서 아들 내외와 손주와 함께 사는 것을 다세대가족공동체로 여긴다. 시어머니와 시아버지는 주택의 일부를 아들 내외에게 상속할 것이지만 현재는 저렴한 금액으로 세를 주고 있다. 이에 대해 시부모는 아들 내외의 고맙다는 말과 함께 예의 바른 행동을 기대하였다. 이용당했다는 느낌도 없고 손주에게 전적으로 몰입하고 있기 때문에 아들 내외에게 부탁할 필요 없이 손주와 매일 충분히 함께 지내고 싶을 따름이다. 이러한 소망은 며느리가 출근하거나 아들 내외가 외출할 경우 손주를 정기적으로 돌보기 때문에 당연한 반대급부다. 하지만 며느리는 자녀에 대한 권한은 부모에게 있다는 모델표상을 가지고 있기 때문에 시어머니가 좀 자제해 줄 것을 원한다. 며느리의 모델에 따르면, 시부모는 핵가족에 속하지 않으며 남편은 부모와 한 집에서 함께 살고 있지만 분명히 분리된 공간에서 독립된 가족을 꾸리고 사는 것이다. 며느리는 경계를 분명하게 하고 싶다. 시어머니가 정기적으로 무보수로 아이들을 돌보는 것은 자신과는 상관없는 아들과 손주에 대한 충성일 뿐이다. 며느리는 시어머니에 대한 의무에서 벗어나고자 돈을 주고 보모까지 두고 싶지는 않다. 시부모는 마음에 상처가 크고 아들도 어쩔 수 없는 상황이다.

가족구성원들이 대화를 통해 자신들의 생활개념 및 모델표상을 원만히 조율하면 서로에 대한 실망이나 갈등을 줄일 수 있다. 내담자 및 연구대상 가족들을 보면 대체로 가족구성원들은 서로 쌍방대화를 통해 서로의 다른 생활개념과 모델표상을 나누거나 이해하지 못한다. 이는 **의례**를 통한 가족생활관리와 관련이 깊다. 의례는 쌍방대화를 대체할 뿐 아니라 가족구성원들로부터 '당연한' 것으로 인정받아야 한다(Müller, 2013).

〈표 2-4〉 X가족의 가족연대기

연도	가족 사건	가족을 위한 의미	중간 차원의 사건	거시 차원의 사건
1901	외증조부 부산 출생			조선시대
1902	외증조모 부산 출생			
1909	증조부 서울 출생			
1916	증조모 김포 출생		작은 시골 마을	
1918	외증조부 서울로 이사			한일합방 이전
1934	증조부모 '결혼'	위기/치욕	집안어른의 강요	일제강점기
1935	증조부 선원으로 근무	인적 손실 증조부 이혼	경제적 궁핍	
1936	조부 출생 증조모 질환: 조부 '부모역할'	스트레스하에서 임신과 출산 아들 타향살이 애착불안		
1938	조모 출생			일제강점기
1943	외증조부 경찰 간부 증조부 일본 징용(7년)	정치적 이유로 가족 분열 가족 별거		일제강점기
1945				해방
1953	증조부모 폭격으로 사망	인적 손실 위기		
1956	조부모 결혼	새로운 하위체계		
1957	조부 민주당 당원	가족의 만류	사회적 인정	정치적 혼란기
1957	부 출생	새로운 세대		
1957	모 출생	새로운 세대		
1963	부 민주당 당원	조부의 지시		
1968	조부 사고로 사망–부 반고아	인적 손실		
1974	증조모 사망	인적 손실		
1977	모 아동학과 입학 부 정치학과 입학			

1981	모 유치원 교사 부 민주당 직원	취업 사회적 지위 상		
1982	부모 결혼	새로운 하위체계		
1983	딸 출생	새로운 세대		
1985	아들 출생	새로운 세대		
1995	부 3층 주택 구입			
1998	부 교통 사고	위기, 아들 13세		
2000	부 명예 퇴직-부부갈등			
2010	아들 결혼, 부모와 동거 딸 암으로 사망	즐거움보다 슬픔		
2011	손녀 출생	새로운 세대 고부갈등		
2012	손주 출생	고부갈등		

가족의례

의례는 실제 가족문화의 표현방식으로서 가족 공동생활에 중요하다. 가족의례에서는 가족구성원 모두에게 **의미 있는** 반복적인 관행으로서 항상 유사한 방법으로 정해진 스키마에 따라 실행된다. 식사 또는 취침과 같은 수단적 일상들이 가치와 관련된 모델표상과 연결될 때 의례가 생성된다. 의례 행동은 수단적 의미에 '더 심오한 의미'가 덧붙여져서 생활개념으로 자리 잡으면 **상징성**을 지닌다(Bax, 2010; Bell, 1997; Carrico, 2011; Grimes, 2014; McCorkle & William, 2010). 개별 상징적 행동들이 결합하여 의례가 된다. 가족의례는 규범적인 행사로서 일련의 격식에 따라 연출된다. 이는 가족의 공동체적 의미를 강조하기 위함이다(Audehm, 2006; Fiese & Howell, 2003; Imber-Black et al., 2003; Müller, 2013; Wulf, 2001). **의례의 규범적 내용**과 **연출적 요소**는 서로 밀접한 관련이 있다. 의례는 사회문화적으로 또는 종교적으로 대물림되지만 가족의 전통으로도 자리 잡는다. 의례는 구분점interpunction으로서 가족주기 각 단계마다 또는 평생을 통해 1년, 1개월 또는 1일 단위로 또는 특정 기회마다 행해진다. 의례는 행사의 진행 방식과 참가자의 권한과 의무에 관한 구체적인 규정에 따라 진행된다. 의례는 참가자에게 가족공동체의 삼성과 화합, 안전 그리고 온정을 전달한다. 의례는 세대 간 또는 세대 내 가족위계와 권력구조를 전달하는 데도 기여한다. 부모는 의례의 조건과 규칙을 정한다. 의례는 가족구성원에게 내재화되어서 의식적 · 무의식적으로 가족구성원의 가족생활에 대한 기여를 규제한다. 이를 통해 가족구성원에게는 의례 관련 강한 신경스키마가 형성된다. 의례를 통해 규범적 대물림(예: 결혼; Nave-Herz, 2012)과 가족의 중요한 변화(예: 입학, 이별, 부모가족으로 전환; Fiese et al., 2002, 2003; Schnabel, 2005)가 원만히 이루어진다. 의례는 새롭고 긍정적인 목표에 집중하도록 하고 의무감을 고취하며 새로운 일상들routines이 형성됨으로써 학습과 새로운 신경심리스키마가 촉진된다. 의례를 통해 되물림되고 사회문화적으로도 친숙한 상징들을 활용하여 인지 · 개념적인 이해와 관리를 용이하게 함으로써 문화적 기량과 태도를 손쉽게 익힐 수 있다(예: 식사예절; Audehm, 2006). 의례의 중요성이 지속됨으로써 지향점이 명확해지고 안위와 안정을 찾는다. 의례를 통해 지향과 통제, 자존감 그리고 애착 및 쾌락 욕구가 충족된다. 의례와 연관된 상징을 통해 신경심리스키마가 자극된다(생일잔치, 아침 · 저녁 문안 인사 등; Audehm, 2006; Maetzler, 2000; Wulf, 2004). 의례는 부부관계의 만족도, 성장하는 자녀의 자존감 그리고 가족구성원의 건강을 촉진한다. 의례는 자녀의 학업성적과 가족구성원의 소속감에도 기여한다. 규칙적인 수면습관을 가지고 취침의례를 하는 아동은 일찍 자고 밤에 깨지 않는다(Fiese et al., 2002).

의례의 기능

하지만 의례는 관련 모델표상과 행동이 가족구성원의 욕구나 현실에 적절치 않거나 역기능적이면 피해를 야기할 수도 있다. 의례 관련 신경심리스키마가 강해질수록 가족구성원들은 서로 더 경직되고 실망이나 분노가 커지게 되면 가족기능성이 약해지고 가족구성원들도 피해를 입는다. 명절 등 대물림되는 의례들은 많은 가족에서 스트레스나 갈등으로 여겨진다.

의례는 스키마를 활성화시킨다

의례 악화

가족의 **토론능력** 및 **쌍방대화문화**가 독특하거나 유연하지 못하면 의례와 생활개념이 경직되거나 편협하게 적용된다. 가족 내 갈등이나 가족 외 체계맥락과 갈등이 발생할 가능성이 커진다(Bourdieu, 1987; Imber-Black et al., 2003; Schnabel, 2005).

의례가 경건하게 지켜지고 보호되지 않으면 개별 하위체계들이나 가족구성원들을 실망시킬 수 있다. 예를 들어, 성인 자녀가 어버이날에 부모님께 감사의 표시를 잊으면 부모는 상실감을 느낀다. 의례를 잊으면 가족에 미치는 단합효과가 감소하거나 사라진다(Imber-Black et al., 2003; Schnabel, 2005).

4) 대화, 의사결정 및 관리구조

대화의 질은 가족관계와 가족만족도에 깊은 영향을 미치기 때문에 가족에서 대화, 의사결정 및 관리구조가 얼마나 적합한지 살펴보아야 한다. **상호작용**은 객체들 간 상호 영향을 의미하는 상위개념인 반면, **대화**는 **실재구성**에 있어 **상호 자극**을 위한 정보교환을 뜻한다(Baadte, 2006; Graumann, 1967). 가족구성원들은 서로 간 상호작용과 대화를 통해 함께한다는 것과 그에 상응하는 상호 기대에 관해 안정적인 개념을 갖게 된다. 기본욕구 충족의 유형과 정도에 따라 특정 감정이 생긴다. 이런 감정은 모델표상과 스키마와 관련되어 있어 항상 더 촉진된다. 대화로부터 관계가 되고 관계로부터 관계패턴이 되고 관계패턴은 다음 세대로 대물림된다(Baadte, 2006; Bowen, 1960/1978; Grawe et al., 1994; Hinde, 1993; Massing et al., 1992).

개인이 실재를 어떻게 구성하는지는 한편으로는 개인의 **인지**와 다른 한편으로는 타인을 이해시키는 데 있어서 규칙, 상징 그리고 신호의 명료성과 기능성에 달려 있다(Thomae, 1992). 여기서 정보의 **선택**이나 특정 **관점** 및 귀인패턴이 중요한 역할을 한다. 기억은 정보를 분류하고 의식적으로 선정하는 데 골몰한다. 가족구성원들이 어떻게 **이해하는지**는 바로 기억작업과 직결된다(Ansermet & Magistretti, 2005; LeDoux, 2002/2003; Luhmann, 1984). 따라서 사람들은 현실을 다르게 **설명**할 수 있다(인과귀인). 귀인오류는 특정인이나 특정 상황에 책임을 돌리거나, 자신의 오류는 상황 때문이고, 성공은 자신 때문이라고 하는 것이다(Kalicki, 2003).

뇌의 분류작업

치료연구에서 강조하듯이, 특히 **정서적 존중**, 언어적 신호와 비언어적 신호의 **일치** 그리고 **공감적 이해**는 인간관계에 유용하다(Lambert, 2004; Norcross, 2010, 2011; Weinberger, 2004). 긍정적인 관심, 정직, 사랑, 회의 그리고 정서적인 지지와 연관된 대화패턴은 특히 건설적이며 관계에 유익하다(Argyle & Henderson, 1986; Bodenmann, 2004; Grau & Bierhoff, 2003; L'Abate, 1998; Schindler et al., 1998; Schneewind, 2006; Sussmann et al., 2000; 〈표 2-5〉 참조).

〈표 2-5〉 부부관계 증진을 위한 대화패턴

긍정성	다정한 말투, 경청, 상대방에 집중, 신체적 · 성격적 매력에 관심, 유머와 농담, 인정과 감사 표시, 불평하지 않음
개방성	사고와 감정, 관계와 공동 관심사에 대해 흉금 없이 말하기, 상대방과 함께 결정하기
애정	사랑과 애정의 표현, 성관계, 관계와 미래 강조, 편지, 전화, 선물, 호의
지지	정서적 지지와 지원, 정조와 충성, 재량권 존중

출처: Argyle & Henderson, 1986; Gottman, 2013, 2014; Gottman & Silver, 2002; Schneewind, 2006.

Gottman에 따르면, 잦은 부정적인 경험으로 부부관계가 악화된 경우에는 긍정적 상호작용과 부정적 상호작용을 최소한 5:1 비율로 하여야 부부의 대화패턴이 호전된다고 한다. Gottman과 그의 동료들은 종단연구에서 이혼 위험에 영향을 미치는 일련의 대화패턴을 발견하였다(Gottman, 1998; Gottman & Silver, 2002, 2014; [그림 2-3] 참조). 부부갈등은 부부 스스로 약화시키거나 진정시키지 못하면 점점 더 고조된다. 부정적인 감정들이 분출되고 분노가 극에 달하면 **회피스키마**가 강하게 활성화된다. 폭포수 같은 하락추세로 인해

대화 5:1 규칙

비난				
	경멸			
		방어		
			마음 닫기	
				투쟁

[그림 2-3] Gottman의 이혼으로 가는 계단모형

출처: Gottman, 1998.

부부관계는 파국으로 치닫는다. Gottman이 6년 이상 전망한 종단연구에서도 볼 수 있듯이, 이혼 위험은 점점 더 높아진다.

부모-자녀 대화에서 자녀의 정서능력을 향상시키기 위해서는 두 가지 요소가 중요하다. 부모는 자녀에게 다정하고 공감적으로 대하면서 비행에 대해서는 **자녀가 스스로 깨닫고 상대방의 입장에 서서 친사회적 행동을 하도록 지도하는 것**이 좋다(Ulich et al., 2002). 이와 달리 냉정하게 대하면 자녀에게 '무정함'과 공격성이 커진다(Isley et al., 1999). Keppler 등(2002)의 종단연구에 따르면, 생후 2년에 이르렀을 때 아버지와 놀이를 통한 감수성은 자녀의 관계능력에 지속적으로 영향을 미친다고 한다. 자녀가 부모 또는 가족구성원들과의 상호작용에서, 예를 들어 심리적 장애로 인한 문제를 갖게 되면 가족 분위기가 냉랭해진다(Saarni, 2002). Scott 등(1991)이 8개 국가 11~20세 학생 2,699명을 대상으로 한 국제비교연구에서도 부모 대화와 자녀 발달 사이에 의미 있는 관계가 입증되었다. 아울러 부모의 장려 및 가족화합과 자녀의 자존감 및 대담성도 관계가 있음이 입증되었다. Mayer 등(2005)이 터키 학생 206명과 독일 학생 236명, 터키 출신 어머니 135명과 아버지 117명 그리고 독일 출신 어머니 179명과 아버지 152명을 대상으로 한 설문조사에서 터키 출신 가족에서는 폭력이 3세대를 거쳐 대물림되고 있는 것으로 나타났다.

아버지의 놀이감수성

가족의 의사결정구조도 가족구성원의 기본욕구 측면에서 중요할 뿐 아니

라 치료의 맥락에서도 검토되어야 한다. 문제해결을 위한 의사결정에 필요한 **전략**의 질과 어떤 가족구성원이 어떤 분야에서 어떻게 **영향력**을 행사하는지가 검토 대상이다. 참여적 의사결정 모델이 가장 좋은 것으로 입증되었다(Dewberry et al., 2013; Dhami et al., 2012; Krings, 2013). 문제해결이 어떤 절차에 따라 이루어지는지는 역할과 권한 그리고 관련 당사자들의 소망에 달려 있다. Kirchler(2005)의 연구결과에서도 볼 수 있듯이, 문제해결은 대체로 가족전통적인 절차를 따른다. 의사결정에 참여하는 당사자의 **능력**과 **이해관계**도 중요하다. 예를 들어, 장난감이나 주전부리를 아이와 함께 사러 가는 것도 의사결정구조를 보여 주는 일례이다.

부채와 **소득**도 가족구성원의 영향력에 영향을 미친다. 영향력은 또한 가족구성원의 과거 경제적 기여도와 최근 의사결정 권한에 따라 다르다(Boszormenyi-Nagy & Spark, 1982). Kirchler 등(2000)의 구매결정에 관한 연구에 따르면, 갈등예방, 설득 및 권유, 협상 등을 위해 18개 기법을 쓴다고 한다. 남자들은 대개 여자들보다 요령이 부족하기 때문에 흥정할 줄 모른다. 이러한 연구결과를 바탕으로 Kirchler는 공동으로 의사결정하는 데 있어 구사되는 협상기법을 다음과 같이 분류한다.

가족통장

① **갈등예방기법**: 소관 및 역할분담의 측면에서 가족구성원들은 누가 어떤 결정에 어느 정도 권한을 가질 것인지를 정한다. 이 권한은 다른 가족구성원들의 소망이 적절히 반영될 때 가능하다.
② **문제해결기법**: 흔히 사용되는 기법이다.
③ **조작**manipulation: 가치문제에 대해 서로 다른 해석을 하는 경우, 자신의 입장 강화를 위한 객관적 근거 주장보다는 책임에서 벗어나기 위해 강요, 동맹형성, 위협 등과 같은 방법을 쓰며 비난이나 불평을 한다.
④ **협상**: 자원분배의 경우, 가능한 양보하는 수준에서 협의한다(Dignath, 2014).

관계분위기, 상호 신뢰 및 협력 정도에 따라 가족구성원들은 다양한 기법들을 구사하고 구사된 기법은 다시 분위기에 영향을 미친다. 분위기에 따라 협상은 다양하게 이루어진다. 협력과 양보는 특히 관계향상을 위한 협상기법으로 통한다. 타협과 호의는 상황에 따라 선호하는 대안을 포기하도록 한다. 가족의 의사결정에서 **합의원칙**에 따른 해결책을 찾는 데 있어서는 대개 객관적인 논의보다는 관계유지가 중요한 기준으로 작용한다. 장기적으로 볼 때, 관계를 유지하기 위해서는 구사하는 전략들의 **공정성**과 서로 **주고받는** 상호 양보의 균형이 중요하다(Boszormenyi-Nagy & Spark, 1982; Dignath, 2014; Fisher et al., 2000; Kirchler, 2005; Rohmann, 2003).

합의원칙의 중요성

가족구성원들이 자기생산적 구조와 과정을 가진 가족 전체의 복합성을 충분히 간파하고 관리하기 위해서는 가족의 의사결정 절차에 필요한 **체계론적 사고와 문제해결**이 중요하다(Dewberry et al., 2013; Dörner, 1989; Krings, 2013). 가족구성원들도 가족체계를 생산적으로 관리할 수 있는 체계역량 system competence이 필요하다(Paukert, 2011). 체계역량은 의사결정의 질과 직결된다. 자녀는 부모로부터 의사결정이 어떻게 이루어지는지를 학습하기 때문에 모델효과도 중요하다. 문제해결에 관한 연구들에 의하면, 의사결정이 성공적으로 이루어지기 위해서는 상황분석으로부터 가능한 방안 수집을 거쳐 기대되는 행동결과에 대한 성찰로 이어지는 일련의 과정이 전제되어야 한다(Goldfried & D'Zurilla, 1969). 의사결정은 관련 상황을 충분히 반영하여야 한다. 가족에서 의사결정은 모든 가족구성원의 욕구와 관심사를 반영할 뿐 아니라 **미시, 중간 및 거시 차원에서의 가족 외적** 체계, 사람 그리고 상황을 고려하여야 한다(Bronfenbrenner, 1976/1981; Kaiser, 1982, 1989). 아울러 다양한 영역, 차원 그리고 시간관점 time perspective에서 직간접적 효과뿐 아니라 위험요소와 부작용을 감안하여야 한다. 결정의 효과는 다양한 시간관점에서 검토되어야 한다. 검토 작업은 사안의 복합성으로 인해 전문적인 도움이 필요한 경우도 많다. 가족구성원들은 단지 **단기적**이거나 잘해야 **중기적** 관점에서만 결

상황조사와 의사결정

정의 효과를 검도한다. 장기적 발전과 대물림 효과는 거의 보지 못한다. 예를 들어, 애착불안 부모는 애착불안이 애착행동을 통해 신경스키마와 내적 모델과 함께 자녀에게 대물림된다는 것을 거의 인식하지 못한다. 부모는 또한 자신들이 부부갈등이나 이혼과정에서 보여 준 나쁜 행동들이 자녀에게 두려움과 공포심을 주고 평생 지속되는 회피스키마까지 촉진한다는 것을 거의 생각하지 않는다(Hazan, 2000; Hoger, 1999; Lehmkuhl, 2004; Seidler et al., 2011). 모델효과와 편짜기로 불거진 충성갈등에서 자녀는 부부, 배우자 그리고 자신에 대해 양가적으로 평가한다. 이런 자녀는 향후 이혼할 가능성이 높다(Schmohr, 2003; p.123의 '2) 별거와 이혼의 영향' 참조). 나쁜 모델로는, 예를 들어 가족구성원들이 도울 수 있는 능력이 없어서 비밀을 유지하거나 침묵하는 것이다. 나치 가족인 경우, 가족이 곤경에 빠질 수 있으므로 친나치 행적에 대해 발설하지 않는다. 과거 상처가 도질 수 있으므로 외상이나 치욕은 비밀에 부친다. 하지만 침묵만으로는 위기를 극복할 수 없다. 문제는 계속 유지된다(Kaiser, 1998).

부정적인 정보를 듣고 침묵하거나 비밀유지 의무를 위반하는 것은 가족기능성이 약하며 가족구성원의 상처와 피해가 크다는 것을 의미한다. 침묵과 비밀유지 위반은 죄책감과 수치심을 불러일으키며 결국에는 가족의 분위기와 공동생활에까지 악영향을 미친다(Kaiser, 1998). 이는 또한 모델로 작용하며 스트레스로 인한 신경심리적 영향까지 동반한다.

5) 역할, 권한 및 과제분배

어떤 가족이든 남편 또는 부인, 아버지와 어머니, 형제 또는 자매, 조부모 등 일련의 역할과 권한이 있다. 가족에서는 어떤 과제가 어떤 역할수행자에게 맡겨지는지가 고려된다. 이와 관련해서는 사회학과 조직심리학(Büssing, 1992; Goffman, 1980/2005; Kaiser, 1989; Kindler & Grossmann, 2011; Mead, 1934;

Minuchin et al., 2006; Schuler & Moser, 2014; Stierlin et al., 1977; 〈표 2-6〉 참조)에서의 관련 개념들을 참조할 수 있다. 역할과 과제와 관련하여 가족기능성을 위해 중요한 질문은 다음과 같다.

- 어떤 **과제들**이 있는가? 과제가 있지만 충분히 인지하지 못하는 가족들이 많다. 교육에 무관심한 부모는 자녀의 학교 진학이나 건강을 등한시한다.
- 과제가 어떤 역할에 속하는가? 역할이나 권한에 속하지 않은 과제는 쉽게 무시된다. 권한과 의무가 없는 역할은 제대로 수행되지 않는다.
- 역할에 필요한 요건들은 무엇이며 그 요건들은 어떻게 충족되는가? 자녀를 혼자 키우는 아버지는 딸에 대해 여성역할 모델이 될 수 없다. 맞벌이 부부는 보모가 필요하다.
- 역할에 필요한 **요건들**과 **과제분배**가 적절한가? 중요한 것은 역할수행자의 역할 및 과제에 대한 동의와 과유불급이란 말처럼 적절한 과제다.
- 중요한 역할과 과제가 분배되었는가? 합의된 권한이 없으면 역할은 제대로 수행되지 않는다. 구조적인 역할분배를 통해 일상에서 상호 이해를 증진시킬 수 있다.
- 권한의 경계가 분명한가? 권한이 불분명하면 역할 불이행 및 중복 수행 또는 권한 갈등 등이 발생할 수 있다.
- 역할수행을 위한 요건과 기준이 불분명하거나 역할을 비공식적으로 맡게 되어 중복되면(예: 자녀가 비밀리에 가족의 대표가 된다), 역할 불분명과 역할갈등이 발생할 수 있다.

역할요건

가족에서의 **역할요건**은 가족구성원이 자신의 역할을 위해 필요한 형식적·내용적 전제조건이 무엇인지를 규정한다. 예를 들어, 많은 경우 자녀가 결혼 하려면 성년이어야 하고 학업을 마쳐야 하며 경제적으로 독립해야 한다. 역할수행자는 가족의 관례에 따라 자신이 맡은 과제를 소정의 기준에 따라 수행하는 권한과 '의무'를 지니게 된다(〈표 2-6〉 참조). 그리고 권한과 의무를 인식하여야 하

〈표 2-6〉 가족역할 요구사항과 역할수행

요구사항 가족역할에 대한 명칭…	역할수행에 대한 평가기준
공식적 요구사항$_{1\text{-}n}$	예: 성년, 근친상간
가족적 과제$_{1\text{-}n}$	–역할수행의 완성도와 차별성 –가족지식의 완성도와 차별성 –분야 지식의 완성도와 차별성 –가족구성원의 기본욕구 고려 –인권 고려 –가족문화 및 전통 고려
역할수행자의 역할 이해에 대한 요구사항$_{1\text{-}n}$	가족, 사회 그리고 준거집단의 요구에 상응하는 역할수행자의 친사회적 역할 이해
역할수행자 개인에 대한 요구$_{1\text{-}n}$	역할수행자의 개인적 특성은 역할수행에 영향을 미친다.
생활여건에 대한 요구	역할수행자의 생활역할은 역할수행에 영향을 미친다.

며 역할수행(예: 자녀 교육 및 양육, 건강관리)을 위해 필요한 능력과 동기를 가져야 한다. 예를 들어, '좋은 어머니' 역할을 수행하기 위한 사회적, 법적 그리고 가족의 기준들이 있다. 역할수행자의 역할에 대한 해석과 모델표상도 중요하다. 이것들은 역할수행자에 대한 기대들과 다를 수도 있다. 역할수행자에 대한 가족구성원들이나 사회의 구체적인 기대들도 일관되지 않아서 논란이 되기도 한다. 예를 들어, 부모가 법적 역할요건을 충족시키지 못하면 가족법에 따라 부모 권한이 박탈될 수 있다. 역할요건은 가족주기나 가족 상황에 따라 변한다. 부모와 사춘기 자녀 사이에 흔히 볼 수 있듯이, 역할수행자들은 다양하고 서로 상반된 역할기대에 직면할 수 있다.

역할해석

가족에서 역할수행자가 자신의 역할에 부여된 과제들을 적절히 수행하기 위해서는 **전제조건들**을 갖추어야 한다. 즉, 능력이 있어야 하며 신체적으로 건강하고 심리적으로 안정적이며 **쾌적한 주거환경**에서 생활하여야 한다.

빈곤과 열악한 주거환경, 낮은 교육수준 또는 외적 위협요소는 가족에서의 역행수행을 어렵게 만든다(BMFSFJ, 2006; Kaiser, 1989, 1995b; Kury & Kern, 2003). 선원, 장거리 운전수, 군인, 장기수 등과 같이 역할수행자가 장기간 부재하면 역할을 제대로 수행할 수 없다(Burchardt, 2006; Kidman & Palermo, 2016; Kury & Kern, 2003; Schneewind, 2005). 지근거리에서 수행되어야 하는 배우자 및 부모 역할은 역할수행자가 부재하면 거의 수행될 수 없다. 아버지가 부재한 한부모가족에서는 아버지의 과제들이 다른 가족구성원에게 맡겨지고 아버지 역할은 '잊힌다.' 이에 따른 결과로 갓난아이 또는 어린 자녀는 아버지가 한시적으로 부재하는 것인지 아니면 없는 것인지 구분할 수 없으며 그 결과 아버지에 대한 애착단절을 겪게 된다.

아버지 부재

사례

A는 아이 두 명과 부모님 근처에 살고 있다. A의 남편은 선장으로 일 년에 세 달 정도만 가족과 함께한다. 남편이 부재하는 동안 A는 친정아버지와 함께 모든 일을 도맡아 처리한다. A의 가장 중요한 후견인은 남편과 경쟁관계에 있는 큰아들이다. 남편이 집에 오면 첫날부터 남편이 해야 할 일과 하고 싶은 일을 놓고 말다툼이 벌어진다. 남편은 즐겁게 맞아 주고 편히 쉬길 바란다. A는 오랜만에 쉴 수 있도록 남편이 밀린 일들을 처리해 주길 바란다. 아이들, 특히 큰아들에게 남편은 '낯설고 모든 것을 혼란스럽게 만드는' 사람이다. 남편으로서는 장인이 가족 일에 깊이 관여하는 것이 정말 마음에 들지 않는다. 장인은 '없는 것이나 마찬가지인' 사위가 야속할 뿐이다.
이 사례에서 거의 작용하지 않는 공식적 가족개념과 그에 따른 역할구조가 비공식적 가족모델과 새로운 역할들로 인해 전혀 기능하지 못하는 것을 볼 수 있다.

가족에서의 과제와 역할이 가족구성원의 발달단계, 능력 그리고 심신 상태와 조화를 이루면 역할수행은 원만히 이루어질 수 있다. 원만한 역할수행은 가족기능성을 향상시킨다. 따라서 예를 들어, 자녀가 배우자 또는 부모를, 배우자가 자녀를 대신하여 기능하는지가 파악되어야 한다. 이런 경우 실망, 충성갈등, 발달 부족 등이 발생하고 주요 역할이 간과된다(Kasier, 1989; Stierlin et al., 1977). 가족구성원들이 과제와 역할에 대해 같은 생각을 가지고 실제로 과제와 역할을 수행하는 것도 중요하다. 미래세대를 위해 좋지 않은 신경심리적 강화와 모델효과를 예방하기 위해서는 치료에서 가족구성원들의 생각을 이해하는 것이 중요하다.

6) 경계

경계는 가족구성원, 가족 하위체계 또는 역할에 주어지는 권한과 책임을 규정한다. 체계는 경계를 통해 외부와 교류한다(Luhmann, 1984). 경계는 체계를 하나로 묶어 분열을 방지한다. 경계는 체계를 구조화하고 정리하며 환경과 체계를 분리하는 동시에 연결한다. 경계는 역할과 전체 체계를 보호한다. 이를 위해서는 누가, 언제, 어디서, 어떤 행동을 할 것인지에 관한 규칙이 필요하다(Argyle & Henderson, 1986; Kaiser, 1989; Simon & Stierlin, 1984). 규칙을 둠으로써 관리 가능한 방법을 찾을 수 있다. 규칙 여부는 규범과 문화와 관련이 깊다. 서구문화권에서의 인간관에 따르면, 개인은 외부환경과 분리된 '자율적인 존재'이다. 개인은 규칙과 경계로 구성된 생활 및 가족모델을 내재화한다. Minuchin 등(2006)은 개인은 경계와 함께 타인과의 거리, 자신의 영역 그리고 프라이버시가 정해진다고 강조한다(Buchholz, 2000; Kaiser, 1989, 1998). 경계에 따라 역할도 정해지고 역할에 대한 '협상'도 가능하다.

경계는 가족 공동생활에서 존중되어야 할 장소, 영역, 시간, 주제 등을 규정한다. 경계는 **터부** 또는 **가족비밀**로 이어질 수 있다(Kaiser, 1998). 경계위반은 가족 공동생활과 가족구성원의 개인적 발달을 방해한다.

만족스럽고 조화를 중시하는 부부와 가족은 사생활을 존중하는 경향이 강하다. 이들은 서로 함께하는 시간도 많지만 서로 방해하지 않는 것을 주요 가치로 여긴다. 따라서 경계와 가족 및 양자관계가 어떻게 만족스럽게 관리되는지가 파악되어야 한다(Kaiser, 1989; Minuchin et al., 2006; Schneewind, 2006;

시간분배

Stierlin et al., 1977). 경계는 일과 생활의 균형(work and life balance)을 비롯한 다양한 삶의 영역들과 관련이 깊다(Burchardt, 2006; Schneewind, 2005). 가족 외 생활이 가족에 부담을 주거나 시간분배, 여가시간 또는 휴가 중 전화가능성 등으로 가족경계가 무너지면 가족기능성과 삶의 질이 문제가 된다. 이는 자녀와 대물림되는 가족모델에 직접적인 영향을 미친다.

근친상간 터부

많은 학자의 견해에 따르면, 가족경계는 지향점으로서 추상적인 규칙을 따를 수 없는 어린 자녀에게도 중요하다. 어린 자녀에게는 일상에서 이행할 수 있는 구체적인 조작화가 필요하다. 예를 들어, 식사시간, 취침, 위생 등을 의례 형식으로 조작화하면 경계를 공간적으로, 시간적으로 그리고 상징적으로 경험할 수 있다. 모든 문화권에서 볼 수 있는 **근친상간 터부**는 자녀와 자손 번성을 위한 가족의 이해관계를 보호하는 데 중요한 경계로서 **우생학적** 의미를 지니고 있다(Bertram, 1997; Gloger-Tippelt, 2005; Hehl, 2002; Homes, 2005; Lévi-Strauss, 1981; Lösel & Bender, 2003; Szydlik, 2002). 근친상간 터부를 어기면 부부관계는 대개 파국을 맞는다(Maaß, 1997). 부부 중 한쪽이 성적 욕구를 충족하지 못하면 자녀를 배우자로 삼는다. 이에 대해 상대 배우자는 그 배우자의 외도나 가출을 막기 위해 암묵적으로 그런 식의 '문제해결'을 묵인한다. 가족과 부부가 형식적으로만 유지되는 가운데 부모로 인한 연합적 학대와 사디스트적인 학대가 벌어진다. 이런 경우에는 부모로부터 자녀를 격리시키는 것이 고려되어야 한다(Hensen, 2005; p. 90의 '7) 관계와 애착의 질' 참조).

가족주기에 따른 경계 변화

생애주기에 따른 구조적 변화와 함께 경계도 변한다(3장 2절 참조). 과제 및 역할분담이 변하면 그에 따른 경계 변화를 다루기 위한 유연성과 적응력이 중요하다. **가족주기**상 자녀가 출생하여 가족의 일원으로 자리를 잡으면 경계의 변화가 생긴다. 자녀가 출가하고 부모만 남아도 경계는 변한다. 자녀가 가족을 이루고 부모가 조부모가 되면 새로운 경계가 형성된다(Herlyn & Lehmann, 1998).

경계는 정적이고 역동적이며 규제와 구조의 속성을 지닌다. 경계는 삶의 질을 위해 그 중요성이 크다. 경계가 지나칠 정도로 분명하면 관계 또는 건강 측면에서의 위험과 함께 고립현상이 발생할 수 있다(Argyle & Henderson, 1986; Franz et al., 2000; Minuchin et al., 2006). 이에 반해 경계가 불분명하면 개인과 하위체계의 행동반경이 좁아져 자유와 발달을 저해한다. 가족에서 경계가 없는 것에 대해 Minuchin 등(2006)은 '밀착관계', Bowen(1978)은 '미분화된 가족', Boszormenyi-Nagy(1986)은 '상호주관적 융합'이라고 각각 지칭하였다. 밀착, 과잉보호, 경직, 문제회피 등으로 표현되는 가족은 가족구성원, 하위체계 그리고 세대 사이의 경계가 미약하다. 가족 내에서 자아인식과 타인인식도 충분히 구분되지 않는다(Boszormenyi-Nagy & Krasner, 1986; Goldklank, 1986; Kaiser, 1989; Munichin et al., 2006). 그런 가족에서는 자녀의 심리적 장애가 더 많이 발생했다. 자녀는 다음과 같은 방식으로 부모의 갈등에 관여된다.

불분명한 경계의 위험요소

- 삼각관계(triangulation): 자녀는 부모 중 한쪽의 편을 들거나 반대하지 않고서는 자신의 의견을 말할 수 없다.
- 자녀가 부모 중 한쪽에 밀착되면 다른 한쪽은 배제된다.
- 갈등우회: 부모는 자녀를 돌보거나 괴롭히는 방식으로 자신들의 갈등을 회피한다(Goldklank, 1986; Minuchin et al., 2006)

가족구성원 간에 거리감이 크거나 관계가 약한 가족은 자녀를 가족 밖으로 내쫓는 방식으로 대화한다. 이러한 가족의 자녀는 범죄행위를 저지를 가능성이 높다(Reiss et al., 1995; Swenson & Henggeler, 2005).

가족경계개념은 조작적 정의가 쉽지 않다. 따라서 가족구성원을 대상으로 하위체계, 시간, 영역 등과 관련된 경계에 관한 개념정의 기준을 파악하는 것이 중요하다. 가족구성원이 다른 체계(학교, 회사 등)에도 속했는지도 고려

역기능적인 경계

되어야 한다. 가족 외 다른 체계들도 경계가 있기 때문에 한 개인이 여러 체계에 구성원이 될 수 있고 그에 따라 경계가 겹칠 수도 있다. 체계구성원에게 시간, 비용 등과 관련된 요구가 많아지고 구성원 자격 요건이 높아지면 개인은 경계를 지키기 어렵다(Boszormenyi-Nagy, 1986; Burchardt, 2006; Kaiser, 1989). 이러한 어려움은 가족구성원들이 서로 반목하는 종교 및 민족집단에 속한 가족에서 볼 수 있다. 예를 들어, 일제시대에 한 가족 내에서 독립군과 친일파가 서로 대립하면서 생긴 가족의 경계는 가족 **분열**, 불신, 수치심, 분노 등을 유발한다. 경계만을 강조하게 되면 전체 상황을 조망하기 어렵고 경계 갈등이 발생할 가능성이 높아진다(Seidler & Froese, 2006). 따라서 경계는 상황과 사안 그리고 가족구성원이 정하는 우선순위에 따라 명확히 하는 것이 바람직하다. 아울러 가족의 경계들을 어떻게 다룰 것인지도 명확히 해소되어야 한다.

7) 관계와 애착의 질

관계는 사람들 사이에서 일정 기간 동안 일어나는 규칙적인 상호작용이다(Argyle & Henderson, 1986). 관계의 특징은 고유한 경계 안에서 서로 존중하는 사람들이 서로 교환하거나 영향을 미치는 것이다. 관계에서는 과거 함께한 **경험**뿐만 아니라 관계에 관한 **모델표상**을 통한 미래 상호작용에 대한 **기대**가 중요하다(Hinde, 1993). 관계는 다음과 같은 차원에서 기술할 수 있다(Argyle & Henderson, 1986; Hinde, 1993; Sroufe et al., 1993).

- 상호작용의 **내용**은 가족의 생활개념과 모델표상에서 전형적으로 제시된다. 상호작용 내용은 가족구성원에게 심리적 기본욕구를 충족시키는지에 따라 그 가치가 정해진다.
- **관계의 질**은 관계의 구조적 · 과정적 차원들을 고려하여 평가할 수 있다.
- 상호작용 **빈도**와 패턴: 상호작용의 빈도와 패턴은 가족구성원에게 얼마

나 유리한지가 관건이다.

–**호혜** 또는 **상호보완성**: 호혜적 또는 대칭적 관계에서는, 예를 들어 함께 하는 식사, 기도, 취침 등과 같이 서로 동시에 또는 연속해서 동일한 것을 행한다. 상호 보완적 관계에서는, 예컨대 지지, 양육 등 서로 보완되는 행동을 한다.

–**권력**은 보상과 처벌, 정보, 권한부여, 권력인정 등과 같은 자원의 재량권에 관한 사항이다(Hinde, 1993; Simon & Stierlin, 1984). 부모–자녀 사이처럼 권력관계는 일정 부분에서 한쪽의 우세와 다른 한쪽의 의존을 의미한다. 권력이 당사자들과 관계를 위해 어떻게 행사되는지에 따라 **권력 욕구**와 권력 **사용**도 관계에 중요한 의미를 지닌다. 자녀에게 권력으로 대하면 성격발달에 악영향을 미친다(Elder et al., 1984; Gerris et al., 2000).

–**친밀**은 애착의 한 측면으로서 사랑과 이해를 통해 서로 자신을 노출하고 확인하는 것이다(Argyle & Henderson, 1986; Buchholz, 2000; Reiss et al., 1995). 친밀 욕구가 좌절되면 고독을 느낀다. 친밀을 위해서는 규칙과 경계, 비밀과 타부가 중요하다. 따라서 친밀한 관계에서는 관계 그 자체가 대화의 대상이 되지 않는다. 친밀에 따라 주제, 분야 그리고 관계의 경계가 정해진다. 외부인에게 비밀을 지켜야 하며 허락 없이 발설할 수 없다.

–관계 및 가족역사를 기반으로 한 가족구성원 간 상호**인식**: 가족의 역사를 통해 특정 주제를 고유한 방법으로 지각하고 대처하는 전통이 형성된다(예: 성생활, 종교).

–가족에 대한 **헌신**, 동일시 그리고 충성은 협력과 신뢰의 토대가 된다. 가족에 많은 것을 투여하는 사람은 자신의 이익을 위해 가족과 더 동일시한다. 가족에 대한 헌신은 가족관계를 대신하는 대안의 존재 여부에 따라 다르다(Moser, 1997; Schneewind, 2006). 가족관계는 **공동체지향적이고** 가족구성원들은 서로 공동의 행복에 책임감을 느낀다. 교환관계와 다르게, 가족관계에서는 직접적인 반대급부를 요구하거나 기대하지 않는다. 가족 내에서는 주고받음이 암묵적인 **회계장부**에 기입된다. 수지

타산을 계산하는 방법은 가족 생활개념 및 모델표상에 따라 좌우된다 (Boszormenyi-Nazy & Spark, 1982; Kaiser, 1989; p.68의 '1) 가치, 규범 및 규칙' 참조)

–가족상호작용의 **경험**을 기반으로 형성된 내면세계의 표현은 미래 상호작용에 대한 기대로 이어진다. 이 기대는 가족 이외의 관계로도 전이된다. Linardatos과 Lydon(2011)에 따르면, 부부관계에 대해 확신을 가지면 외도 가능성이 낮아지고 부부관계를 보호하려는 경향이 높아진다.

–관계**만족도**는 관련 기준들의 충족 정도에 따라 다르다. 관련 기준은 모델표상(scripts)과 가치표상 그리고 당사자의 개인적 특성(분노, 우울 등; Finn, 2013)으로부터 영향을 받는다.

가족치료에서 관계는 가족구성원의 기술이나 치료자의 관찰을 바탕으로 다음과 같이 분류한다(Kaiser, 1989, 2015; McGoldrick & Gerson, 2002).

가족관계 유형

–원만
–소원
–갈등
–밀착
–관계 단절
–이혼(부부)
–무응답

가족구성원 간 관계의 질에 대하여 가족구성원들은 대개 같은 내용으로 기술한다. 이는 기술내용의 신뢰성이 높다는 의미이다. 하지만 기술내용이 어떤 **시점**과 **생애주기**에 관한 것인지 고려되어야 한다. 예를 들어, 형제자매는 생애주기에 따라 나빴던 관계가 나이가 들면서 좋아지거나 그 반대가 되거나 하는 경우가 많다.

가족에서 관계의 질은 개별 관계뿐 아니라 관계연결망이라는 체계맥락에서 종합적으로 평가되어야 한다. 두 사람 간 관계는 다른 관계들과도 복잡하게 연결되어 있다. 복잡하게 연결된 관계들은 그 영향력이 장기간 지속된다.

가족관계에 대한 기대

가족구성원들은 가족 및 애착관계가 건설적이고 신뢰할 수 있으며 호혜적이고 안정적이길 바란다. 이런 바람이 좌절되면 삶의 질이 떨어지고 어리거나 청소년기인 자녀들은 불안해진다. 특히 부부 또는 형제자매와 같은 하위체계 내 관계도 마찬가지다. 하위체계의 기능성은 관계의 질에 좌우된다. 하위체계에 대해서는 '8) 하위체계와 가족구성원'에서 자세히 다룰 것이다.

이미 앞에서 상세히 논의하였듯이, 원가족에서의 애착경험은 향후 애착유형과 다음 세대의 관계능력에 영향을 미친다(Zach & Künsemüller, 2005). Elder 등(1984)은 이미 1984년에 4세대를 아우르는 종단연구를 통해 대물림되는 패턴을 밝혀냈다. 원가족에서 세심한 배려보다는 증오에 찬 통제를 받으며 성장한 사람들은 과민성과 감정실금emotional incontinence을 보였으며 부부관계도 좋지 않았고 직장에서도 문제가 많았다. 이들은 부부문제와 행동장애를 많이 보였으며 자녀에 대한 공감능력이 부족했다. 이러한 패턴은 **증손세대**로까지 이어져 부부문제와 행동장애가 많았으며 자녀에 대한 공감능력이 부족했다. 이러한 연구결과는 Quinton과 Rutter(1988)가 고아원에서 성장한 부인들을 대상으로 한 연구에서도 밝혀졌다. 이와 반대로 부모가 아닌 다른 후견인이나 동료로부터 상처를 보상할 만큼 긍정적인 영향을 받으면 대물림되는 효과는 약화되었다. 대물림되는 좋지 않은 패턴은 강압적인 기제coercive mechanism로만 간주할 것이 아니다. 가족기능성 부족과 그에 따른 가족구성원들의 부정적인 내적 모델과 신경심리스키마를 보여 주는 중요한 단서이다(1장과 2장 3절 참조, Kaiser; 1989, 2015).

관계기능

대부부의 가족에서는 **서로 주고받음이** 원만히 이루어지는 것으로 나타난다.

독일청소년연구소(Deutschen Jugendinstitut)가 479가족을 대상으로 한 다세대 연구에 따르면(Alt, 1994), 여러 세대에 걸친 가족구성원들은 상당한 수준에서 서로 도움을 주고받는 사이였다. 40~50년 전 상황과 비교해 보면 가족관계의 중요성에는 변함이 없다. 하지만 Bertram(1997)의 연구결과에 따르면 가족기능은 **변화**하였고 **확대**되었다. 자녀에 대한 관계가 부부관계보다 더 중요해졌다고 한다. 그러나 이런 결과는 배우자를 가장 중요한 후견인으로 여기며 우선시하는 낭만적 사랑과는 모순된 결과이다. 부부관계가 나빠지면 자녀를 가장 가까운 후견인 또는 대리배우자로 만드는 경향이 높다. 그 결과, 부부관계는 경계가 모호해지고 문제가 야기된다. 이러한 삼각구도에서는 자녀가 부모 중 한쪽의 경쟁자가 됨으로써 충성갈등이 발생한다. 부부는 직접적으로가 아니라 자녀를 통해 간접적으로 갈등한다. 그 증상은 발전하여 자녀를 속죄양으로 만드는 결과를 낳는다. 함께 아무것도 할 수 없는 처지에 놓인 부모에게는 그 '문제적' 자녀가 공동의 주제가 된다. 열세인 쪽은 자녀의 암묵적인 '중개'로 자신의 지위를 강화하고, 그 자녀는 부모의 관계를 되살리는 구원자가 된다(삼각관계; Minuchin et al., 2006).

극단적인 경우, **근친상간** 또는 **학대** 관계가 되기도 한다. 이럴 경우 자녀는 부모로부터 보호받지 못할 뿐 아니라 기본욕구가 좌절되고 애착장애와 외상 후 스트레스 장애를 겪는다. 일가족 내에서 잠재적 가해자들은 항시 자녀에게 쉽게 접근할 수 있다. 따라서 경계가 기능적으로 작동하는 것이 중요하다(BMFSFJ, 2005; Gloger-Tippelt, 2012; Hehl, 2002; Hensen, 2005; Kaiser, 1989; Kidman & Palermo, 2016). 부부와 부모와 관련된 신경심리스키마와 내적 모델, 애착 그리고 개인성격은 학대경험을 통해 불리한 방향으로 발전한다. 부부관계와 성적 표현은 접근스키마보다는 회피스키마로부터 활성화된다. 피해자들은 향후 성관계를 회피하거나 양가감정으로 대한다(Gloger-Tippelt, 2005; Grawe, 2004; Jangam et al., 2015). 이성애적 성폭력을 당한 피해자 중 일부는 동성애자가 되기도 한다. 이들은 안정된 부부관계가 되어도 과거 상처로 인한 **전이갈등**과 싸워야 한다. 성관계가 암암리에 작동하는 신경심리스키마와 결부되기 때문이다. 외상환자의 배우자는 끊임없는 거절과 의심을 참기 힘들다.

정리되지 않은 과거관계가 충성갈등을 야기하거나 공동생활을 방해하면 부부 및 가족 간의 친밀감이 약화된다. 예컨대, 복합가족의 경우 자녀들은 과거 '정상' 가족을 되살리기 위해 아버지 또는 어머니의 새 배우자를 배척하고 벗어나려 한다(Giesecke, 2006; [그림 2-4] 참조). 이와 유사하게 이혼하거나 사별한 사람의 부모와 형제 역시 새 배우자를 반대하거나 심지어 전 배우자와 연대하는 경우가 많다. 새로운 질서로 향하는 위기적 변화에 대해 가족체계는 신중히 반응한다. 이에 따라 배우자 선택의 자율성은 제한을 받는다. 구조가 불분명하기 때문에 복합가족 자녀들은 근친상간과 같은 성폭력에 쉽게 노출된다. 이런 경우 세대, 부부 또는 개인의 **경계**가 무너짐으로써 관계와 가족기능성, 그리고 개인적 안녕도 악화된다(2장 2절 참조; Homes, 2005; Wilk et al., 2004).

방해 근원

가족의 삶의 질과 일상세계를 이해하기 위해서는 각 세대의 가족구성원들이 **관계**와 **애착**을 얼마나 건설적으로 그리고 믿을 수 있을 만큼 실행하고 경험하는지를 검토해야 한다. 예를 들어, 조부모와 부모 간 갈등은 부모와 자녀, 자녀와 손자 간 **상호작용패턴**으로 반복되듯이, 세대 내 그리고 세대 간 문제들은 대물림 과정에서 또 다른 문제들을 재생산한다(Boszormenyi-Nagy & Spark, 1982; Framo et al., 2003; Gloger-Tippelt, 2002; Herlyn & Lehmann, 1998; Kaiser, 1989; Kerr & Bowen, 1988; Sperling, 1965; [그림 2-4] 참조).

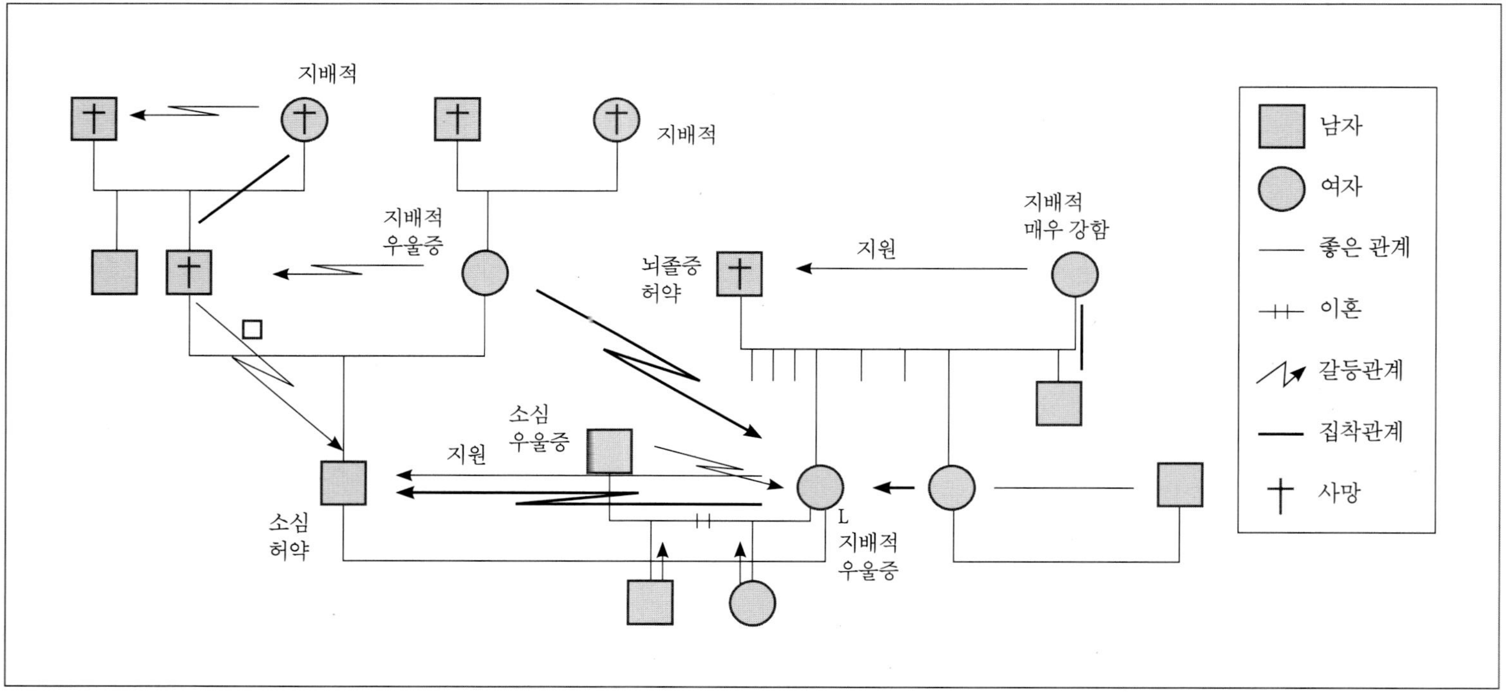

[그림 2-4] 부인 L의 가계도

–부인 L은 이혼했으며 두 아이가 있다. 전남편과 정기적으로 만나 크리스마스, 생일 등을 함께한다. 지배적인 어머니로부터 분리되지 않은 남자와 재혼했다. 남편도 부인 L처럼 부부관계에 자신이 없다. 시어머니는 부인 L을 싫어한다. 어머니는 아버지 없이 자녀들을 모두 키웠다. 약한 남편을 지원하는 강한 부인이 L가족의 특징이다. 남자들은 어머니와의 집착관계로 인해 부부문제를 가지고 있다. 부인 L은 우울할 때면 여동생의 도움을 받고 있다.

8) 하위체계와 가족구성원

가족을 구성하는 가장 중요한 요소는 하위체계와 가족구성원이다. 가족의 대물림되는 상호작용 및 신경심리스키마 그리고 그에 따른 삶의 질을 개선하도록 도우려면 구조적 측면들을 생생하게 그려 내는 것이 중요하다. 예컨대, 자녀들이 향후 좋은 부부관계를 준비하기 위해서는 부모와 다른 가족구성원들이 중요한 삶의 영역(예: 부부관계, 자녀양육, 건강관리) 그리고 환경과 교류(예: 이웃, 학교, 직장)에서 적절히 행동할 수 있는 **능력**이 있어야 한다. 하위체계의 기능성 또는 가족구성원의 능력이 **부족**하거나 **저해**되면 가족체계가 불안해질 뿐 아니라, 자녀가 배우자를 선택하는 데 문제가 생기거나 아이를 낳지 않거나 이혼하는 등 모델 및 신경심리효과가 미래세대에까지 작용할 수 있다([그림 2-2] 참조). 따라서 가족구성원들이 가족에서 맡은 역할들을 가족주기 단계에 따라 적절하게 발휘할 수 있는 **능력**이 있는지를 조사하는 것이 중요하다. 조사결과가 정확할수록 모델표상 규명 및 비교 또는 능력훈련 등과 같은 치료적 개입도 더 세밀하게 계획할 수 있다.

(1) 부부와 부모의 체계를 위한 기능성

가족기능성과 세대 간 관계를 위해 중요한 **구조적 전제조건**은 부부와 부모의 체계를 위한 기능성이다. 생애주기와 관련해서 논의하였듯이(2장 2절 참조), 부부에 있어 중요한 것은 **배우자 선택**이다. 배우자가 부부관계에 투여하는 자원과 위험요소를 비교해 보면 부부관계의 예후를 평가할 수 있다(Hazan, 2000; Neumann & Tress, 2005; Schmohr, 2003).

부부관계와 삶의 질

부부관계가 좋으면 집안분위기, 안녕 그리고 건강도 좋아진다. 심지어 평균수명까지도 높아진다(Höhn & Pollard, 1992; Hu & Goldmann, 1990; Murphy et al,, 1997). 대표표본을 대상으로 한 12년 이상 종단연구에 따르면(Amato & Rogers, 1997), 성공적이지 못한 부부는 불신과 대화문제, 편협함과 무분별한 낭비, 중독행동과 질투, 잦은 화와 나쁜 습관, 잦은 부재와 금전적 갈등 등으로 문제가 많으며 그만큼 이혼 위험도 높다. 부인은 남편에 비해 더 많은 문제들을 언급했다. 기혼자 54명과 이혼자 73명을 비교한 연구에 따르면 (Kemmler-Drews & Sewerin, 1989), 이혼자의 부모는 부부로서 함께하는 여가 활동이 적었고 친밀도도 낮았다. Hehl(2002)은 별거 여성 40명과 결혼 여성 40명을 비교하였다. 별거 여성은 원가족에 대한 영향력과 책임감이 컸다. 어머니를 대신하는 대리배우자로서 아버지와 가까웠고 어머니에 대해선 아버지와 연합하여 대항하였거나 부모 사이를 중개해야만 했다. 어머니들은 배우자에게 애정을 느끼지 못했다. 이런 가족에서 부부관계는 분열되었고 서로 이해하지 못하고 각자 독자적으로 행동하였다. 부부가 갈등관계에 있으면 대개 아버지-딸 또는 어머니-아들 관계가 지나치게 친밀해진다(Jürgens & Norpoth, 1986; Kaiser, 1989; Kemmler-Drews & Sewerin, 1989; Lee, 2005). 부부관계의 체계를 위한기능성이 떨어지면 자녀는 자제력과 회복탄력성이 약하고 행동장애를 보인다(Belsky, 1996; Belsky et al., 1995; Schneewind, 2006). 부부관계가 기능적인 어머니들은 자녀를 긍정적으로 바라보고 권위적이지 않게 보살핀다(Belsky et al., 1995; Gerris et al., 2000).

부부관계 문제로 인한 피해

부모의 갈등은 부부관계를 악화시키고 이어서 부모-자녀 관계를 친밀하게 만든다. 충성갈등과 경계침범으로 다시 부부관계가 위태로워지는 것이다(Kaiser, 1989; Lee, 2005). Belsky 등(1995)의 연구결과에 따르면, 부모 사이가 멀어지면 어머니-자녀 관계는 더 친밀해지고 아버지-자녀 관계는 더 나빠진다.

자녀의 피해

부부갈등이 잦아지면 자녀양육이 소홀해지며 부모-자녀 **애착관계도** 악화된다(Amato, 2010; Cox et al., 1992; Grawe, 2004; 1장 참조). 갈등의 종류, 빈도 그리고 강도뿐 아니라 부모의 갈등스타일과 갈등관리도 자녀에게 지대한 영향을 미친다(Mahoney et al., 1997). 부모와의 싸움은 자녀에게 스트레스뿐 아니라 고질적인 문제가 되어 **외재화 또는 내재화 장애**를 초래한다(Cummings,

1994; Frosch & Mangelsdorf, 2001). Gottman(1998)에 따르면, 자녀의 외재화 장애에 대한 부모의 적대적인 태도, 아버지의 분노와 철회는 자녀의 내재화 장애와 관계가 있다(Braune-Krickau et al., 2005; Gonzales et al., 2000). Mchale와 Rasmussen(1998)의 연구결과에 따르면, 부모로부터 적대적이고 경쟁적인 대우를 받은 8~11세 자녀들은 3년 후 공격성이 더 높았다. 부부갈등은 자녀를 두렵고 혼란스럽게 만든다(Margolin, 1998). 여기에는 정서적 불안증상을 조장하는 유전적 요인들도 작용한 것으로 보인다(Fincham, 1998; Plomin & Rutter, 1998; 3장 1절 참조). Braune-Krickau 등(2005)은 3~3.5세 자녀를 둔 69가족을 대상으로 심리적 스트레스와 갈등적 부부관계가 자녀 발달에 미치는 영향에 대해 연구하였다. 부모와 자녀의 상호작용을 조절변수로 사용하였다. 어머니의 심리적 스트레스, 갈등적 부부관계 그리고 자녀의 행동문제와 능력결핍 간에 유의미한 관계가 나타났다.

자녀와의 관계

부모가 자녀를 대하는 방법이 자녀행동에 결정적인 영향을 미치는 것으로 입증되었다. 개인과 부부의 장애는 부모와 자녀 간 상호작용 행동을 어렵게 만든다. 이는 자녀의 안녕과 발달에 부정적인 영향을 미친다. 아동정신건강의학과 환자 1,014명을 대상으로 한 Becker와 Schmidt(2003)의 조사결과에 따르면, 빈도가 가장 높은 요인은 '불충분한 부모의 보호감독과 관리'(47%)였고, 이어서 '비정상적인 부모 상황'(41%), '부모 한쪽의 일탈행동과 심리장애'(28%) 순으로 나타났다. 과잉행동장애와 사회적 행동장애를 가진 환자집단에서는 거의 70%가 '불충분한 부모의 보호감독과 관리'라고 응답하였다. 사회적 행동 및 정서장애를 가진 환자집단에서는 '비정상적인 부모 상황'이 61%로 가장 많았고, 이어서 '불충분한 부모의 보호감독과 관리'(55%), '부모 한쪽의 심리장애'(43%) 순으로 나타났다. 식욕부진증 환자들에서는 '불충분한 가족대화'가 38%로 가장 많았고, 이어서 '부모의 과잉보호'(33%), '가족 불화'(26%) 순으로 나타났다. 다른 진단 집단들에서 빈번했던 '비정상적인 부모 상황'은 12%에 불과했다. Lee(2005)가 320가족을 대상으로 한 다세대가족 연구결과에 따르면, 조부모, 부모 그리고 연구대상자 각 세대 부부관계 사이에 유의미한 관계가 나타났다. 갈등적 부부관계와 밀착된 부모-자녀 관계도 서로 관계가 높았다. 한쪽 부모가 자녀와 너무 가까우면 배제된 부모 한쪽은 쉽게 자녀와 경쟁하게 되고 부부갈등도 발생한다. 이와 관련하여 내담자 가족과 '정상 가족' 사이에 차이가 있었다. 내담자 가족에 비해 보통 가족에서는 부부가 문제가 있으면 형제자매, 조부모 그리고 다른 일가친척이 더 많은 도움을 주었다. 특히 자녀와 관련된 도움이 컸다. 하위체계의 체계를 위한 기능성이나 가족구성원의 능력은 약해지더라도 일가친척의 도움으로 만회될 수 있다. 다음 세대에 미치는 부정적인 영향과 대물림되는 역기능적인 패턴도 예방할 수 있다.

회복탄력성 요인들

위험요인들을 밝히는 연구와 함께 회복탄력성을 높이는 보호요인들을 찾는 종단연구들도 활발하다. 부모는 자녀의 회복탄력성을 높이는 모델이자 촉진자이며 대화상대이자 관리자이다(Holtz, 2006; Petermann & Schmidt, 2006; Retzlaff et al., 2006; Salisch, 2002; Schär & Steinebach, 2015). Löhr-Heinemann(2005)은 여성 기업인을 대상으로 한 질적 연구에서 직업 활동을 하는 어머니들이 자녀의 직업성공 및 능력에 역할 모델이 될 수 있다는 점을 밝혀냈다.

부모-자녀 상호작용은 일방통행로가 아니다. 부모의 부부관계도 자녀로부터 영향을 받는다. 외향적인 자녀는 대화에 취약한 부부의 대화에 긍정적인 영향을 미친다. 특히 외향성의 측면에서 어머니와 자녀의 성격 차이는 부부의 파괴적인 대화와 관련성이 높다. Geriss 등(2000)의 연구에 따르면, 부모는 정서적으로 불안하지만 자녀는 안정적인 경우나 가족구성원 중 최소한 두 명이 불안한 경우 가족의 대화는 가장 파괴적이었다(Cummings, 1994; Fincham, 1998).

치료적 결론

결론적으로 부부치료에서는 원가족으로부터 기인된 문제와 패턴이 부부관계에 영향을 미친다는 것을 망각해서는 안 될 것이다. Heekerens(2006a)는 치료평가연구들에 관한 메타분석에서 부부문제에 대한 개인치료의 효과가 부부치료에 비해 나쁘지 않았다는 결과를 제시하였다. 이런 결과는 또한 다양한 부부치료 방법들이 있지만 효과 측면에서는 별다른 차이점이 없다는 것을 암시한다. 따라서 많은 전문가들은 부부 각자가 부부관계에 투여하는 원가족 유산에 관한 작업은 부부관계 및 가족기능성을 촉진하는 작업과 함께 이루어져야 한다고 주장한다(Bodenmann, 2004; Buss, 2004; Grau & Bierhoff, 2003; Heekerens, 2006a; Schär & Steinebach, 2015; Schindler et al., 1998; Schmohr, 2003).

(2) 가족구성원의 역량

가족이 잘 기능하기 위해서는 능력 있는 가족구성원이 필요하다. 동시에 자손의 발달은 가족기능성에 달려 있다. 가족구성원은 가족의 영향하에 성장하고 신경심리스키마와 기타 자원을 개발한다(1장 참조). 역으로, 가족관계는 가족구성원의 개인적 특성에 의해 영향을 받는다. 이 두 관점은 치료에서 중요하다. 가족구성원이 개인적으로 발달하면 가족과 하위체계의 체계를 위한 기능성도 향상된다. 역으로, 능력 있는 가족구성원과 하위체계 없이 능력 있는 가족체계란 상상할 수 없다. 그 이유는 가족에서의 역할과 과제가 적절히 수행되지 않고 자손이 충분히 지원받지 못하기 때문이다(p. 83의 '5) 역할, 권한 및 과제분배' 참조).

가족에서 가족구성원이 자신의 역할을 수행하기 위해 어떤 자격을 갖추어야 하는지는 역할 요구사항을 살펴보면 알 수 있다.

개인 역량의 구조적 요소

- 신체적 적합성
- 성격 특성[빅 파이브(Big Five), 지능]
- 개인적 특성(예: 낙관주의, 분노표출, 스트레스)
- 회복탄력성
- 건강상태
- 지식(전제조건, 구조, 절차, 개입점, 위험 등에 관한 지식)
- 가치, 규범, 규칙, 도덕적 판단 수준
- 역할, 과제, 경계 다루는 방법
- 신경심리스키마와 모델표상
- 체계론적 사고와 문제해결
- 사회적 능력(대화, 공감, 관계형성)
- 자기관리(예: 시간분배, 속도, 건강관리)
- 헌신
- 세심함, 계획된 접근법
- 역량인식

역량개념

역량이란 선천적 재능하에서 역할, 생활 영역 및 상황을 조망하며 만족스럽고 사회적으로 용인된 방법으로 꾸려 나가거나 관리할 수 있는 학습된 능력을 의미한다(Büssing, 1992; Hacker, 1978/1998; Kaiser, 1982; Löwisch, 2000; Schmohr, 2003; Schneewind, 2006). 경험적으로나 치료적으로나 역량은 내용, 방법, 사회 등의 측면에서 기계적으로 구분하는 것보다는 당사자의 생활 현실을 중심으로 하여 구체적인 **역할 또는 생활 영역과 적용범위**에 요구되는 역량을 살피는 것이 더 중요하다. 애착연구 사례에서 보았듯이, 자녀에게 안정애착유형이 형성되도록 하는 것이 부모역할의 한 부분이다(Saarni, 2002). 이에 더해 성격특성, 긍정적 애착유형, 적정한 지식과 능력 등을 전제로 하는 역량이 필요하다. 이러한 역량과 조건을 충분히 갖추지 못한 부모에게는 역할수행을 위한 지원이 필요하다(3장 참조). 지원을 위해서는 이미 가족기능성과 관련하여 언급한 중요한 구조적 요소들이 고려되어야 한다. 성격과 사회적 능력에 관해 더 자세히 살펴보기로 하자.

성격

배우자의 성격과 능력이 부부관계에 미치는 영향은 많은 연구에서 이미 밝혀졌다. 성격은 다른 사람들과는 구별되는 개인의 안정된 심리적 특성들의 총합이다(Asendorpf & Banse, 2000). 발달과정에서 형성된 신경심리적 구조와 스키마는 성격의 가장 중요한 요소이다. 5요인모델('Big Five'; McCrae & Costa, 1999)은 오늘날 가장 잘 알려진 성격모델로서 모든 문화권에서 개인의 성격을 기술하는 데 활용되고 있다.

—신경증neuroticism
—외향성extraversion
—개방성openness
—호의성agreeableness
—양심성conscientiousness

성격특성은 성별에 따라 차이가 크지 않다. Costa 등(2001)이 23,000명을 대상으로 한 연구에 따르면, 여성은 정서적으로 신경질적이고, 회의적이며, 온정적이고, 감정 표현을 잘하지만, 남성은 아이디어에 적극적이고 개방적이다. Rubinstein(2005)의 연구결과에서는 여성이 남성보다 더 호의적이고 양심적인 것으로 나타났다. 국제비교연구에서도 여성이 더 외향적이고, 감정적으로 신경질적이며, 호의적이고, 양심적인 것으로 입증되었다(Schmitt et al., 2008). 1,663명을 대상으로 한 Lang(2008)의 조사에서도 여성이 외향성, 양심성, 개방성 그리고 호의성이 높았고, 남성은 정서적으로 안정적인 것으로 나타났다. 이 조사에서는 외향성이 사회적 책임(b=.331**), 대화능력(b=.369**) 그리고 리더십능력(b=.331**)과 의미 있는 관계(p>.001)를 보였다. 사회적 책임과 대화능력(r=.84**), 사회적 책임과 리더십능력(r=.75**), 대화능력과 리더십능력(r=.74**)이 상관이 있었다. 정서적 안정성은 자율성(b=.393**)과 갈등해결능력(b=.395**)과 상관이 있었고, 자율성과 갈등해결능력 간에도 상관이 있었다(r=.437**). 호의성은 협력능력(b=.479**), 갈등해결능력(b=.410**), 대화능력(b=.583**), 사회적 책임(b=.570**) 그리고 리더십능력(b=.4348**)과 상관이 있었다. 양심성은 자율성(b=.478**), 상황에 맞는 행동(b =.426**), 협력능력(b=.350**) 그리고 사회적 책임(b=.343**)과 상관이 있었다. 개방성은 자율성(b=.325**)과 리더십능력(b=.312**)과 상관이 있었다.

성격특성은 가족과 부부의 기능성에 중요한 갈등해결능력과도 관계가 있다. Suls 등(1998)은 호의적인 사람은 갈등상황에서 정서적으로 더 많은 상처를 입는다는 것을 밝혀냈다. Bono 등(2002)에 따르면 이들은 갈등을 업무보다는 관계 차원에서 해석한다고 한다. 호의적이지 않고 정서적으로 신경질적이거나 내성적인 사람은 갈등을 스트레스나 불행으로 여긴다(Dijkstra et al., 2005).

Antonioni(1999)에 따르면 외향적이고 양심적이며 호의적이고 개방적인 사람은 쌍방이 이득을 보는 통합적 갈등스타일(Rahim, 1983)을 보인다. 외향적인 사람은 신경질적이고 호의적인 사람에게는 드문 지배적 갈등스타일을 보인다. 일기 연구(Jensen-Campbell et al., 2003)에 따르면, 호의적인 사람은 관계유지에 관심이 많고 건설적으로 행동하며 공격성이 약하고 타협하려 한다.

불공정성에 민감하면 갈등가능성이 높아진다. 불공정성에 예민한 사람은 이리저리 궁리도 많다. 그 결과, 보복심도 크고 공격성도 강하다(Bondü & Esser, 2014).

외향성, 개방성 그리고 양심성은 회피적 갈등스타일과 부적 상관이 있다. 호의성과 신경증은 회피적 갈등스타일과 정적 상관이 있다. 관리자 249명을 대상으로 한 Moberg(2001)의 연구에서는 비대립적 갈등스타일이 외향성과 양심성과는 상관이 적었고 신경증과는 상관이 높은 것으로 밝혀졌다. 호의적이고 개방적이며 신경질적인 사람은 타협적 갈등스타일을 보인다. 호의성이 낮은 사람은 지배적 갈등스타일을 보인다.

어린 시절 신경심리스키마와 함께 발달한 성격특성은 이후에도 지속되지만 평생 변할 수 있는 가소성도 지니고 있다(Roberts et al., 2006). 지속성은 불변을 의미하는 것이 아니다. 변화를 위해서는 그에 상응하는 동기와 자원 또는 환경이 중요하다. 성격발달은 특히 가족기능성과 동년배와의 관계가 중요하다. 다시 말해, 만족스런 경험을 하면 좋은 스키마구조가 형성된다(Branje et al., 2004; Donnellan et al., 2005; Robins et al., 2001). 20~30대의 배우자 선택과 최초 부부관계는 신경증과 외향성과 같은 성격특성으로부터 영향을 받는다. 신경증, 내향성 그리고 소심함이 큰 사람은 배우자 선택과 부부관계에 실패할 가능성이 높다(Asendorpf & van Aken, 2003; Karney & Bradbury, 1997; Kelly & Conley, 1987; Neyer & Lehnart, 2007). 부부관계로 긍정적인 성격발달이 지속되면 선순환적으로 다시 부부관계도 좋아진다(Neyer & Lehnart, 2007). Neyer와 Asendorpf(2001)의 연구에 따르면, 결혼한 젊은 성인은 신경증과 수줍음이 감소하고 외향성, 양심성 그리고 자존감이 증가하였다. 이러한 효과는 별거 이후에도 유지되었다. 이에 반해 관계가 부족하고 불만스러우면 성격은 불안해지고 신경증이 증가해서 **건강과 수명**에도 악영향을 미친다(Hu & Goldmann, 1990; Höhn & Pollard, 1992; Horwitz et al., 1996; Murphy et al., 1997).

성격발달과 가족

30년 종단연구에서 Kelly와 Conley(1987)는 배우자의 신경증이 불행한 부부관계 또는 이혼을 예측할 수 있는 중요한 변수임을 밝혀냈다. Caspi 등(1989) 또한 유사한 연구결과를 발표하였다. 후속 연구들에서도 신경증과 부부관계 불만족의 관계는 일관되게 입증되었다(Karney & Bradbury, 1997). 자원이 많고 학력이 높으며 대화 및 문제해결 능력이 크고 인지복합성cognitive complexity이 높은 부부는 긍정적인 부부관계를 형성한다(Gottman, 1998). 배우

자기중심과 신경증 질환

자 중 한쪽이 호의성이 적고 정서적 안정성이 낮으며 새로운 경험에 대해 개방적이지 못하면 부부관계의 만족도는 낮다. 호의성은 강한 이기심과 신경증적 모욕감과 충돌한다(Botwin et al., 1997; Neumann & Tress, 2005; Schmohr, 2003).

성격과 관계의 질 사이의 관계는 성별에 따라 다르다. 부부의 외향성과 정서적 안정성은 대화스타일에 중요한 반면, 남성에 있어서는 추가적으로 호의성과 양심성도 중요하다. 따라서 건강증진과 치료를 위해서는 성격특성과 관련된 스키마를 파악해서 역량 있는 행동과 체험을 할 수 있도록 변화시키는 작업이 필요하다. 자아는 안정된 특성들로 이루어져 있으므로 항상 동기부여적 여건들이 조성되어야 한다. 사람들은 대체로 자기개발을 위해 스스로 노력할 만큼 현명하지 않다(Gerris et al., 2000; Grundmann et al., 2005; Neyer & Lehnart, 2007; Salisch, 2002).

성격과 부모됨

부모의 행동은 부모의 성격에 따라 다르다. 부모의 행동은 자녀가 성년이 되기까지 성격발달에 영향을 미친다(Belsky, 1996; Gerris et al., 2000; Werner 2011). Belsky(1984)의 부모양육행동의 결정요인에 관한 과정모델을 바탕으로 한 Gerris 등(2000)의 연구에 따르면, 부모기능의 세 가지 결정요인은 치료에서도 의미하는 바가 크다고 한다.

- 부모의 성격특성과 심리적 안녕
- 자녀의 특성
- 부부관계, 사회적 연결망 그리고 부모의 직업 등 부모-자녀 관계의 사회적 맥락

역량 있는 부모-역량 있는 자녀

부모의 성장역사, 사회적 관계 그리고 자원은 자신들의 안녕과 함께 양육 실천에도 영향을 미친다. Belsky(1996)의 연구에 따르면, 성숙하고 심리적으

로 건강한 성인이 가장 능숙하게 자신의 부모역할을 지각한다고 한다. 이들은 공감능력이 높아 자녀에게 온정적이고 책임감 있으며 민주적이고 일관적이며 성장촉진적인 양육을 한다(Belsky et al., 1995; Gerris et al., 2000). 이에 반해 우울증 어머니들은 과민하고 흥분하기 쉽기 때문에 자녀에게 공감하지 못한다. 이들은 역량 부족과 스트레스 때문에 자신의 자원을 활용하지도 못한다. 따라서 일관된 행동을 하지 못하고 징벌만 하려 한다. 자녀와 대립하면 철회 행동을 하며 자녀와 상호작용하면서 나쁜 기분이 든다. 이에 대해 자녀는 불만스러워하고 화를 낸다. 이들에 대한 치료의 측면에서 보면, 개인적 장애치료는 물론이거니와 아울러 부모의 역량과 삶의 질을 최적화하는 작업이 병행되어야 할 것이다. 힘을 중심으로 하는 양육방식을 방지하기 위해서는 **자율성과 자의식**을 강화하는 것이 중요하다.

외향성은 지지적인 양육행동과 긍정적 정서 그리고 공감력과 관련이 깊다(Belsky et al., 1995). 안정애착유형의 아버지들은 불안애착유형의 아버지들에 비해 더 외향적이고 인내력이 높았다(Belsky, 1996). 아버지와 어머니의 정서적 과민과 신경증은 보살피지 못하고 격려하지 못하는 양육행동과 관련이 깊다(Belsky et al., 1995). Kendler 등(1996)의 연구에서는 신경증적인 어머니들은 자녀를 과잉보호하는 경향을 보였다. Peterson 등(1997)은 **경험에 대한 개방성**이 낮으면 권위적인 태도와 함께 징벌적 양육방식을 보인다는 것을 밝혀냈다. 정서적으로 과민하고 **인내력이 약한 어머니들**은 힘만 쓰려할 뿐 잘 보살피지 못한다. 그 결과, 자녀와 안정된 **애착**이 약했다. 이에 반해 역량 있는 어머니는 자녀와 안정된 애착을 형성했다.

스트레스가 쌓인 부모가 더 억압적이다

인내력이 있는 **아버지들은** 인지적 자극을 통해 자녀를 강하게 격려한다(Belsky, 1996). Caspi 등(1989)의 종단연구에 따르면, 유년 시절 무절제하고 우울했던 소녀는 어머니가 되어서도 유사한 특성을 보였다. **정서적으로 불안정한** 아버지들은 양육에 있어 억압적이고 대화가 긍정적이지 못하며 자녀를

아버지의 중요성

징벌하고 무시한다(Gerris et al., 2000). 하지만 가족구성원들의 개인적 특성들도 중요하다. 배우자와 자녀의 **양심성**이 높으면 아버지의 양육행동은 덜 억압적이다. 따라서 부모치료는 단지 자녀의 삶의 질만을 위해 중요한 것이 아니다. 자녀와 그 자녀의 자녀가 부담을 덜고 더 바람직한 방향으로 발달하면 좋지 않은 **대물림 효과**를 방지할 수 있다.

부모의 심리적 스트레스, 나쁜 행동패턴 그리고 심리장애는 자녀의 행동문제를 야기할 위험성이 높다(Schubert & McNeil, 2013; Beardslee et al., 1998). Isely 등(1999)은 부모의 자녀에 대한 부정적 감정표현과 자녀의 부모에 대한 행동 간에 유사점을 발견하였다. 부모의 심리장애는 자녀의 발달 및 성장에 중요한 위험요인이다(Schepank, 1987; Werner, 2011; Wiegand-Grefe et al., 2010).

심리사회적 스트레스의 영향은 **성별**에 따라 다르다. 일부 연구에 따르면, 아버지의 스트레스는 아들에게 더 영향을 미치고 어머니의 스트레스는 딸에게 더 영향을 미친다고 한다(Poustka & Schmeck, 1993). Ferring 등(2003)의 40~54세 부모 1,208명을 대상으로 실시한 '원가족에서 어머니, 아버지의 양육방식에 대한 회고적 평가조사'에서는 아버지와 어머니의 지지와 엄격함이 달랐다는 결과가 나왔다. 클러스터분석(cluster analysis) 결과, 아버지로부터 '동등한 대우를 받았다'(80.4%), '불이익을 당했다'(13.2%) 그리고 '총애 받았다'(6.4%)로 나타났다. 어머니로부터 '동등한 대우를 받았다'는 87%이었고 '불이익을 당했다'는 13%였다. '불이익을 당했다'고 응답한 사람들은 '동등한 대우를 받았다'와 '총애 받았다'고 응답한 사람들에 비해 부모와 형제자매들에 대한 애정, 친근감 그리고 지지의사가 적었다. 부모에게는 자녀의 **기질**이 중요한 것으로 보인다. 부모의 기대가 좌절되고 자녀와의 관계가 혐오적이면 애착장애와 같은 문제를 야기할 수 있다(Gerris et al., 2000). Hetherington과 Kelly(2003)는 자녀의 까다로운 기질과 어머니의 부정적인 반응행동 사이의 연관성은 어머니가 성격문제 또는 스트레스가 심한 경우에만 나타난다고 한다.

자녀의 기질과 부모의 무기력

신체조건과 건강상태

가족과 부모의 기능을 위해서는 건강, 연령에 적합한 발달상태, 그리고 그 밖에 생애주기와 삶의 영역에 필요한 자원이 필요하다. 질병이나 장애는 생식 또는 가임 능력에 악영향을 미치며 발작장애 또는 보행장애는 자녀 또는 노인 돌봄을 어렵게 할 수 있다. 자녀가 집안일에 참여하려면 신체적으로 성숙하고 신체통제가 가능해야 한다. 신체적 여건과 그에 적합한 요구사항들은 개별 사안에 따라 따져 보아야 한다.

대화 및 관계형성 능력

사회적 능력은 가족구성원들과, 특히 세대 간에 민감한 대화와 관계형성을 위해 중요하다. 이미 언급하였듯이, 다음과 같은 능력은 가족구성원과 적절한 관계를 맺는 데 중요하다(Argyle, 1979; Gottman, 1998; Saarni, 2002; Schulz von Thun, 1989, 2005; 1장 1절과 p.78의 '4) 대화, 의사결정 및 관리구조' 참조).

- 적절한 감정표현과 무의식적인 요소 고려(p.161의 '3) 효과요인들' 참조)
- 비언어적 신호의 의미 파악
- 감정표현 용어 숙지
- 효율적인 대화(Sachse, 2002; p.194의 '1) 설명중심 치료' 참조)
- 긍정적이고 비판적인 균형 잡힌 관심, 다섯 번 긍정적 상호작용 후 비판적 상호작용(5:1 원칙; p.161의 '3) 효과요인들' 참조)
- 자기관리(예: 시간계획, 속도, 건강관리), 감정조절(예: 화, 분노)을 위한 전략
- 헌신(가족/관계를 위한 노력)
- 신중, 계획적인 절차
- 역량의식(역량-자아상, 효능감 체험)

이러한 능력들은 가족의 요구사항들에 맞춰 개별적으로 훈련될 수 있다(p.202의 '3) 역량훈련' 참조). 가족기능성을 이해하기 위해서는 가족 및 개인

역량뿐 아니라 과거와 현재에 효과적인 외부 조건들도 고려되어야 한다.

9) 요약

다세대 가족 및 하위체계들의 기능성은 일관된 가치와 규범, 생활개념과 모델표상, 가족구성원들이 이상적으로 관계를 맺는 수준(과정의 질) 등 구조적 전제조건들에 좌우된다. 가족기능성은 생활개념으로서 다음 세대로 대물림된다. 이에 중요한 가족구성원의 역량은 신경심리스키마, 가족 및 부부관계에 대한 모델표상 그리고 가족에 중요한 역량에 의해 영향을 받는다. 가족구성원들이 건강하면 가족의 하위체계들, 특히 부부관계가 더 잘 기능한다. 성공적인 부부관계는 가족의 체계를 위한 기능성, 개인의 생활만족 그리고 자녀 성장을 위한 중요한 전제가 된다.

4. 여러 차원의 외부환경

대물림되는 상호작용과 가족의 삶의 질은 정치・경제적 구조, 역사적 상황과 과정 등 여러 차원의 맥락에서 살펴볼 수 있다. 직장 및 공동체 구조와 구성형태constellation 역시 배우자 선택, 가족유형, 자녀 수, 양육방식 등에 영향을 미치므로 가족에 중요한 의미를 지닌다. 가족기능성, 상호작용 그리고 발달도 환경적 요인으로부터 영향을 받는다(Kaiser, 1989; Nave-Herz, 2012; Vinokur et al., 1996).

1) 거시 차원: 독일 역사의 대물림 효과

거시 차원의 상황들이 세대를 초월하여 가족에 미친 영향력의 정도는, 특히 20세기에 나치 시대, 제2차 세계대전, 그리고 소련의 붕괴가 끼친 영향에서 볼 수 있다.

전쟁과 나치시대

제2차 세계대전에서 숨진 사망자는 약 6천만 명에 이른다. 이는 가족의 고통이자 상실을 의미한다. 1,200만 명이 추방되거나 피난을 가야 했다. 이들은 가족, 자산 그리고 고향을 잃었다. 공습으로 750만 명이 집을 잃었다(Kaiser, 1989; Martin & Schoppmann, 2006; Müller-Hohagen, 2000; Opher-Cohn et al., 2000). 포로가 된 군인들이 석방되기까지 전쟁기간은 1939년부터 1956년까지였다. 그 기간 동안 가족은 아들, 남편, 아버지, 형제 없이 살아야 했다(Geschichtswerkstatt Göttingen, 2006; Opher-Cohn et al., 2000; Spiegel, 2012). 또한 나치의 유대인 학살로 약 6백만 명이 목숨을 잃었다. 반체제 인사나 불만자들은 박해받고 재산을 몰수당하고 고문에 시달려 살해되었다. 많은 사람이 외국으로 탈출하거나 사라졌다. 생존자 대부분이 정신적 외상을 입었고 많은 가족이 해체되거나 뿔뿔이 헤어졌다(Aly, 1998; Götz, 2006; Hanebutt, 2003; Moller, 2001).

사례

A의 어머니는 만성 우울증에 시달렸다. 아버지는 1939년부터 1956년까지 전쟁 군인이었고 이후 소련의 포로가 되었다. A가 16세가 되어서 아버지는 귀향하였다. 이야기로만 아버지를 알게 된 A는 병들고 낯선 아버지와 관계 맺는 것이 매우 어려웠다. A는 부인과 이혼 후 어머니와 두 여동생과 함께 한부모가족으로 살고 있으며 어머니에게는 아버지를 대신하는 '유일한 가족의 남편'이었다. 동네에서 '늙은 나치'라고 불리는 아버지는 대화상대가 없었고 말을 거는 사람도 없었으며 시청 공무원으로서 복직하지도 못했다. 가족 전체가 차별을 받았고 A와 어머니의 보잘것없는 수입만으로 살아야 했다. 우울증을 앓는 어머니는 아버지와 가까워지지 못했으며 결국 아버지는 몇 년 후 포로생활 후유증으로 사망하였다. A는 딸, 아들과 교류가 없다. 그도 직업상 집에 있는 날이 적었으며 부인은 '없는' 아버지를 늘 비난하는 자녀와 함께 살고 있다. 그는 아들로서 원가족을 돌봐야 한다는 의무감이 강하다. 사회적으로 성공하여 명성도 높지만 친구나 직장 동료들은 '냉정하고 엄격하기만 한' 그를 피한다. 아들과 딸은 학업도 중단하고 직업도 변변치 못하며 부모의 지원에만 의존한 채 겨우 입에 풀칠만 하는 생활을 하고 있다.
심층면담 결과, A는 애착장애가 있는 어머니가 있으며 전쟁 때문에 아버지로부터 사랑이나 관심을 받을 수 없었다. 게다가 아버지의 나치 경력으로 인한 수치심도 크다. 그 결과, 그에게는 양가적 애착이 형성되었으며, 그로 인해 부인과 자녀와 원만한 관계도 맺지 못하게 되었다.

나치 독재, 전쟁 그리고 전쟁 후 사건들은 장시간에 걸쳐 가족기능성에 대물림되는 영향을 미쳤다. 많은 가족이 가족구성원이 나치 친위대원으로서 가해자가 되거나 반체재 인사로서 유대인 또는 피해자가 됨으로써 해체되었다. 예컨대, 강제수용소에 화장 장비를 공급하는 회사에 유대인이 숨어서 경리로 일했다(Morgenroth & Releaux, 2004). 강제소집 전, 휴가 중 또는 배우자가 불참한 가운데 결혼을 하였고 노상에서 아이들이 태어났다. 남편이 전쟁터로 가면 부인은 곧바로 과부가 되었고, 아이들은 아버지도 모른 채 고아가 되었다(Kolbatz, 2005; www.kriegskinder.de; Keilson, 2005). 집에 남은 사람들은 포격과 가족구성원의 사망, 대피 그리고 식량부족으로 고통을 받았다. 배우자, 아버지, 아들이나 친구의 장기간 부재는 엄청난 고통이었다. 특히 부인과 자녀들은 가족의 부재를 원망한다(Geschichtswerkstatt Göttingen, 2006; Martin & Schoppmann, 2006; Spiegel, 2012). 문제가 되는 것은 고통받는 가족에 대한 강간과 그로 인해 태어난 아이들이나 낙태였다. 베를린만 보아도 전쟁 중에 만 건 이상의 강간이 있었고 소련에서는 독일 병사로 인해 태어난 아이가 만 명이었다(Geschichtswerkstatt Göttingen, 2006; Scheele, 1998). 독일과 점령지역에서 점령군과 여성 주민 사이의 연애와 불륜관계도 민감한 문제였다. 이들 사이에 태어난 자녀들은 대개 아버지를 알지 못하며 주위로부터 인정받지 못하고 차별당했다. 이와 반대로 종전 후 아메리칸 드림이 퍼져 독일 여성들은 결혼 상대로 미군을 선호하였다(Keilson, 2005; Scheele, 1998).

강간의 결과

전쟁 통에 많은 부부가 사라졌다. 그들은 다시 결혼해서 새로운 가족을 꾸렸다. 그렇지만 그 부부들도 대개 이혼하였다(Kaiser, 1989). 파란만장한 도피와 추방이 있었고 그로 인해 많은 가족이 질병과 죽음으로 내몰렸다. 도피로 가족을 잃었고 이산가족이 생겼다(Albertz, 1986; Geschichtswerkstatt Göttingen, 2006; Keilson, 2005;). 난민수용이 제대로 이루어지지 않아 난민과 지역주민 간 갈등과 차별이 심했다. 아울러 결혼도 열악한 조건에서 이루어졌다(Geschichtswerkstatt Göttingen, 2006; Kaiser, 1989). 남성 사망률이 높았기 때문에 결혼적령기 여성들은 배우자 선택이 제한적일 수밖에 없었다. 이들 여성은 정상 상황이라면 자신의 사회경제적 지위, 연령, 건강상태 등과 맞지 않은 배우자를 선택해야만 했다. 따라서 많은 부부가 신혼 초기부터 불화가 많았고 자녀들은 열악한 발달조건하에서 배우자 선택 모델을 제대로 형성하지 못했다. 당시 연령대 부인들은 대개 다시는 남편과 같은 사람과는 결코 결혼하지 않을 것이라고 말한다. 이들의 자녀들은 가족에서 불리한 위치에 있다. 처음부터 불행했던 부부관계는 재건기에도 지속되어 이혼율이 1950~1960년대에는 급속히 줄어들었지만 70년대부터는 다시 상승하였다(Kaiser, 1989; Kelly & Conley, 1987; Nave-Herz, 2012). 많은 남성은 나치 시기와 전쟁 중에 많은 죄를 지었다. 그들은 전쟁과 포로생활 그리고 그 이후도 수많은 좌절을 이겨 내야 했지만 마음의 상처와 죄의식 속에 가족이나 사회로부터 도움을 받지 못하였다. 그러는 사이에 가족에서 자신들의 위치와 기능은 다른 가족구성원으로 대체되었다(Hanebutt, 2003; Jetter, 2006; Kaiser, 1989; Müller-Hohagen, 2000; Pontzen, 2002; Westernhagen, 1987). 자녀들은 아버지를 사랑하고 가까이 다가서고 싶었지만 경멸과 분노도 컸기 때문에 내적 갈등이 심했다(Hanebutt, 2003; Jetter, 2006; Kaiser, 1989; Krovoza, 2005; Mitscherlich, 1975; Westernhagen, 1987).

전쟁 후 결혼시장

역사적 상황은 많은 문제를 야기했고 그 흔적은 오늘날까지도 가족의 발달과 구조에서 고스란히 남아 있다(Heinl, 2006; Jacobi et al., 2004; Kaiser, 1989; Pontzen, 2002; Sachsse et al., 2002). 전쟁과 같은 고난의 시기를 겪은 세대들의 정신적 외상, 부모 상실, 성장 등은 다음 세대로까지 그 영향을 미친다. 예를 들어, 70년대부터 이혼율이 계속 상승했는데 그 이유는 불행하거나 별거 또는 이혼한 부모의 부부관계가 대물림되었기 때문이다.

반체제 인사 추적과 박해 그리고 그들 자녀에 대한 강제입양 등도 장기적으로 영향을 미쳤으며, 이는 동독의 독재 시기에도 빈번하였다(Berth et al., 2004; Grulke et al., 2004; Jacobi et al., 2004; Plänkers et al., 2005; Starke, 2005).

동독 독재의 결과

동독의 변화된 정치 · 경제적 상황에 따라 '변혁기' 이후부터 세대 간 관계가 눈에 띄게 악화되었다(Genz, 1994). Halle 시 거주 고령자를 대상으로 한 4차 조사에 따르면, 응답자 77.3%가 그 이유를 실업이라고 보았고, 71.1%는 직장생활로 인한 시간 부족과 교류의 어려움이라고 지적하였다. Genz(1994)에 따르면, 1992년에는 젊은 세대와의 관계를 부정적으로 평가한 응답자가 33.4%였지만 2년 후에는 69.5%로 증가하였다. 그 원인은 가족에서 젊은 세대의 차별대우와 가족관계의 변화였다. 구체적으로 언급은 하지 않았지만 68세대(민주화, 반파시즘 운동을 주도함)에서 볼 수 있듯이, 전세대에 대한 책임비난이 작용하였다. 구 동독에서 세대 문제는 교류 감소, 가족 불화 그리고 외로움이다. 노인들은 자녀 및 손주와의 관계가 악화되는 것에 괴로워한다. 이런 문제는 특히 돌봄이 필요한 노인들 대부분이 가족의 도움을 원하고, 그에 따라 기능적인 세대관계에 의존하고 있기 때문에 더 심각하다.

중간 차원의 조건들도 가족과 대물림되는 사안들에 영향을 미친다. 이에 대해서는 직업생활과 관련하여 살펴볼 것이다.

2) 중간 차원: 직업생활의 대물림 효과

노동은 생애 대부분에 필요로 하는 활동으로서 가족의 생존 및 안전과 삶의 질을 위해 중요하다. 직업에서의 역할의무(p. 83의 '5) 역할, 권한 및 과제분배' 참조)가 우선시되어야 하는 경우에는 가족에서의 역할의무와 충돌할 수밖에 없다(Satir, 1973; Kaiser, 1989; Jopt & Behrend, 2004, 2005; Schneewind, 2005). 가족구성원들의 일과 가족 사이의 갈등은 가족에 영향을 미친다.

- 노동시간으로 인해 집에 있는 시간이 적어진다. 야근과 교대근무, 초과근무 또는 군인, 선원, 장거리화물 운전수, 관리자 등의 장기간 부재로 인해 가족에서의 애착과 과제는 소홀해질 수밖에 없다. 이로 인해 부부관계와 자녀 발달에 부정적인 결과가 야기된다. 핵가족은 점차 **한부모가족**

으로 변해 간다(Kaiser, 1989; p. 50의 '2) 한부모가족'과 p. 97의 '8) 하위체계와 가족구성원' 참조).

- 배우자 선택보다 회사의 이익이 앞서고 원가족으로터 환영받지 못한 배우자 선택은 제재를 받는다. 제재의 대표적인 수단이 상속권 박탈이다(Kaiser, 1989; Klein, 2001; Starke, 2005; p. 97의 '8) 하위체계와 가족구성원' 참조).
- 회사는 가족생활을 허락하지 않는다. 숙박업 또는 수공업인 경우, 자녀들은 음주, 사고, 약물 남용 등의 위험요소에 노출되기 쉽다(Kaiser, 1989; p. 87의 '6) 경계' 참조).
- 직업으로 인한 스트레스나 건강악화로 가족에서의 역할수행을 제대로 하지 못하면 가족기능성과 삶의 질이 낮아진다(Schneewind, 2005).
- 직업 및 경제적 이유로 인한 이주는 정든 집을 떠나는 서운함, 관계단절 등을 야기한다(Berth et al., 2004; Grulke et al., 2004; Pfeiffer, 2005).
- 실직과 경제적 어려움은 마음의 균형을 잃게 하고 가족생활을 혼란에 빠트린다(Elder et al., 1984; Vinokur et al., 1996).

이상에서 살펴본 개인적, 가족적 그리고 환경적 요소들이 가족 및 개인의 생활과 세대 간 상호작용에 미치는 영향은 개별 사례에서 검증되어야 할 것이다.

3) 요약

현재의 가족구성형태는 가족연대기를 통해 파악될 수 있는 여러 차원에서의 역사적, 정치적 그리고 사회경제적 과정 맥락 속에서 진행되는 대물림 전개과정을 배경으로 이해되어야 한다. 20세기 전쟁과 구 동독의 변화는 많은 가족에 커다란 영향을 미쳤다. 배우자 선택, 이주과정 그리고 정신적 외상은 많은 상처를 주었고 세대를 이어 영향을 미치고 있다. 가족보다 직업이 우선시되는 현실은 가족생활에 커다란 영향을 주고 있다. 아버지의 부재, 실직, 스트레스 등은 다음 세대에까지 영향을 미치는 구조와 구성형태를 형성하고 있다.

5. 대물림되는 상호작용의 과정적 질을 위하여

과정적 변인들을 예리하게 파악하기 위해 여기서는 중요한 과정적 특성들을 살펴보고자 한다.

구조와 안정된 구성형태constellation는 개인의 삶과 가족의 상호작용을 위한 토대이다. 따라서 구체적인 상황에서는 개인, 체계 그리고 사건구도(예: 전쟁 발발, 주식폭락)의 **특성, 상태** 그리고 **행동방식** 간 상호작용이 중요하다.

앞에서 보았듯이, 많은 연구결과에 따르면 가족에서의 상호작용과정은 가족구성원의 기본욕구 충족과 삶의 질에 기여하는 바가 매우 크다(Banse, 2004; Bierhoff & Rohmann, 2005; Kaiser, 1982, 1989, 2002; Schott, 1991). 삶의 질 및 만족 연구에 따르면, 불만족이 낮다고 해서 만족이 커지는 것이 아니며 만족과 불만족은 서로 다른 개별 요인으로부터 영향을 받는다고 한다. 가족만족과 관련된 개별 요인들은 가족과 부부관계에 대한 사회와 가족의 모델표상과 그 일관성에 따라 다르다. 따라서 다음에서 제시하는 연구결과들은 치료를 위한 참고자료로서 예리한 치료적 시각을 갖는 데 유용하다.

1) 가족생활 만족요인

다음과 같은 가족의 상호작용과정 및 행동 특성들은 만족에 영향을 미치는 요인들이다.

- **부모의 권위와 적절한 역할수행**(Schneewind, 2006; Schneewind & Wunderer, 2003)
- **유익한 대화**(Felser, 2003; Gottman & Silver, 2002; Kalicki, 2003; Schindler et

al., 1998; Schneewind & Wunderer, 2003; Schütz & Hoge, 2003)

–사랑, 존중, 공정성(Argyle & Henderson, 1986; Gottman & Silver, 2002; Lösel & Bender, 2003; Rohmann, 2003)

–신중과 정직(Burkhard, 2006; Grawe, 2004; Kabat-Zinn, 2003)

–지지와 공평한 교환(Brake, 2005; Boszormenyi-Nagy & Spark, 1982; Rohmann, 2003; p. 68의 '1) 가치, 규범 및 규칙' 참조)

–공동생활과 주요 사안 및 삶의 영역에서의 화합(Becker & Schmidt, 2003; Scott et al., 1991)

–교육과 자아성찰을 위한 준비 자세: 도전적 과제가 복잡할수록 준비 자세가 중요하다(Gottman && Silver, 2002; Hetherington & Kelly, 2003; Wallerstein et al., 2002)

–가족 가치 및 규칙 적용의 자율성과 유연성(Ferring et al., 2003; Geissner & Schary, 2005; Pfeiffer, 2005)

–부부의 활발한 성생활(Bierhoff & Rohmann, 2005; Gottman & Silver, 2002; Wallerstein & Blakeslee, 1996)

–배우자에 대한 충성(Amato & Rogers, 1997; Busch & Scholz, 2006; Windle & Dumenci, 1997)

–사회적 지지(Argyle & Henderson, 1986; Bodenmann, 2004; L'Abate, 1998; Saßmann et al., 2000; Schindler et al., 1998; Schneewind, 2006)

2) 가족생활 불만족요인

많은 연구결과에 따르면, 공동생활은 역량 부족과 관계가 깊은 애착 및 심리장애, 태도 그리고 습관에 의한 영향과 증상으로 인해 힘들어진다. 따라서 다음과 같은 방해가 되는 요인들에 대한 주의가 필요하다.

–관계단절 및 이혼의 예측변인로서 **비판, 멸시, 거부, 차단**(Gottmann &

Silver, 2002; Schneewind & Wunderer, 2003; Windle & Dumenci, 1997)
- 현재 관계를 방해하는 **과거 이성관계**(Giesecke, 2006; Wilk et al., 2004)
- 부부 및 가족경계 침해로 인한 **시댁 또는 처가에 대한 분노**(Argyle, 1979; Hawkes et al., 2000; Lee, 2005; Lösel & Bender, 2003; Voland & Beise, 2004)
- **두려움과 우울**(Gloger-Tippelt, 2005; Grawe, 2004; Heim et al., 2000; Kelly, 2000)
- **정서적 조급증과 과민성**(Bodenmann, 2004; Gloger-Tippelt, 2005; Grawe, 2004)
- **질투**, 배우자를 잃는 두려움(Amato & Rogers, 1997; Damm, 2006; Mees & Schmitt, 2000; Neumann & Tress, 2005; Windle & Dumenci, 1997)
- 부정 또는 배은과 같은 **충성 위반**과 자존심 상실(Amato & Rogers, 1997; Grau & Bierhoff, 2003; Busch & Scholz, 2006; Windle & Dumenci, 1997)
- 가족구성원의 욕구표현과 의사결정에 영향을 미치는 **지배적인 행동과 대화 부족**(Felser, 2003; Windle & Dumenci, 1997)
- 문제, 질병 및 사망의 위험을 증가시키는 **열악한 생활환경**(Amato, 2010; Bauer, 2001/2002; Beelmann & Schmidt-Denter, 2003; Gerhardt, 2004; Grawe, 2004; Kaiser, 1989, 1993, 1998, 2006a; Schepank, 1987)

실제 치료에서 공정성을 기하기 위해서는 모든 가족구성원의 만족 및 불만 요인들이 파악되어야 한다.

3) 요약

우리는 지금까지 가족구조 및 과정이 가족구성원의 삶의 질에 미치는 영향에 대해 살펴보았다. 구조, 외부조건 그리고 구성형태는 가족구성원들이 실제로 체험하고 처리해 가는 과정에 영향을 미친다. 우리는 기본욕구의 의미에서 만족과 불만, 즉 회피스키마를 활성화시키는 과정들을 구분하였다. 가족기능성과 가족구성원의 능숙한 행동은 가족의 화합을 촉진한다. 가족 과정의 장애와 심리적 문제들은 삶의 질을 악화시킨다. 전문적인 치료에서는 이들 요인을 참조하여 가족의 특성을 파악하고 기본욕구 충족을 위한 준비가 어느 정도인지를 가늠해 볼 수 있다.

6. 대물림되는 상호작용의 결과

앞에서 살펴보았듯이, 대물림된 상호작용은 가족구성원의 발달과 삶의 질 뿐 아니라 신경심리스키마를 위해 매우 중요하다. 가족의 유산, 발달가능성, 영향력은 그 어떤 사회화 기관보다도 강하다. 다세대가족이 가족구성원의 구조, 과정 그리고 삶의 질에 차지하는 비중은 [그림 2-5]에서 다시 확인할 수 있다.

여러 차원의 체계맥락들에 배태된 가족은 후손들이 삶의 생물심리사회적 도전적 과제를 대처하는 방법과 내용에 영향을 미친다. 가족구조 및 구성형태, 생활 상황(전쟁, 실직 등), 소질에 따라 가족은 후대에게 미래의 길을 제시하고 다음과 같은 영향을 미친다.

- 대를 이은 후손의 수. 이는 가족분위기와 인구학적 발달에도 영향을 미친다.
- 출생소망과 남녀선호 그리고 가족 및 형제자매 구성형태
- 자녀의 태아기, 주산기 그리고 출생 후 발달, 자녀의 성격, 애착유형과 그에 따른 내적 모델과 신경심리스키마
- 배우자 선택, 부부관계의 질, 유전자 결합
- 생활영역 및 단계를 위한 생활개념과 모델, 가족구성원 구성형태. 원가족은 후손의 신경심리스키마와 생활개념의 토대를 이룬다. 이를 통해 후

세대의 발달여건과 대물림되는 패턴이 정해진다.

–가족구성원과 후세대의 발달, 상태 그리고 건강 위기. 부모의 심리장애, 만성질환 그리고 신체장애 등과 **위기상황 및 조건**. 이는 가족기능성과 대물림된 상호작용에 악영향을 미치며 자녀의 성장과 신경심리스키마에 위험요소로 작용한다.

–가족구성원의 건강, 능력 그리고 활동

가족 구성형태의 틀에 맞는 신경심리스키마가 형성된다. 가족 구성형태가 세대를 걸쳐 반복되면 신경심리스키마도 세대를 걸쳐 반복된다. 이를 통해 가족 및 개인 차원에서 대물림적 패턴이 형성되면서 가족의 삶의 질에 중요한 **건강생성적**salutogenetic, **병리적**pathogenetic **발달역동**이 진행된다.

자원과 사회적 지원이 풍부하면 불리한 패턴에서 벗어나거나 교정할 수 있지만 스트레스가 심하면 부정적인 발달이 이루어질 수 있다. 새로 유용한 스키마가 형성되는 데 불리한 신경심리스키마가 제거되지 않은 채 잠재되어 있으면 특별한 전문치료를 요하는 심리장애가 발생할 가능성이 높다. 이러한 상호작용의 복합성은 대물림적 발달과정에서의 외부환경의 영향으로 인해 더 커진다. **제2차 세계대전** 또는 **직장생활**의 예에서도 보았듯이, 외부환경은 가족과 개인의 발달에 지대한 영향을 미친다. 따라서 체계기능을 외부환경과 가족 및 개인의 상호작용 맥락에서 파악하는 것이 중요하다. 그리고 체계기능으로서 대물림되는 상호작용과 신경심리스키마에 초점을 맞추는 것 역시 중요하다. 이를 바탕으로 치료적이고 예방적인 작업을 위한 단서와 과제가 도출된다.

여기서는 가족구성원의 상실이나 이혼의 사례를 들어 우리는 가족과 가족구성원이 위기상황으로부터 어떻게 영향을 받는지에 대해 자세히 살펴보고자 한다. 생활환경 속에서 상호작용이 가족 및 개인 구조에 어떻게 기여하는지도 따져 볼 것이다.

구조의 질

- 유전학적 소질(신체 및 성격특성, 기질 등)
- 원가족 유산과 대물림 패턴
- 체계맥락과 외부 생활환경
- 가족형태
- 가족기능성
- 생활개념과 모델표상, 가족상
- 문화적 · 윤리적 소속감
- 종교
- 가족구성원의 성격과 애착유형
- 가족구성원의 생활개념, 내적 모델 그리고 신경심리스키마
- 만성질환과 신체장애
- 배우자 선택 기준과 배우자 선택
- 역량
- 사회경제적 지위

과정의 질

가족구성원의 기본욕구 만족도

만족요인

- 명확한 경계
- 명료한 대화
- 세심한 관계와 동감
- 관심과 존중
- 사회적 지원
- 충성
- 진정성
- 사실주의
- 유연성

불만족요인

- 욕구좌절과 경계침범
- 역할 소홀, 불성실
- 권한과 의무 갈등
- 의존성
- 부정행위, 우월감, 불평 등
- 스트레스
- 열악한 생활환경
- 가족책임감에 따른 부담감

결과: 삶의 질

체계를 위한 기능성, 건강, 안녕의 정도

환경 — **태도**

미래전망
대물림 패턴

[그림 2-5] 가족생활의 질적 차원들

1) 가족구성원의 부재와 상실의 영향

가족구성원들은 노인의 사망과 같은 '정상적' 상실에 대해서는 일반적으로 시간의 흐름과 함께 극복한다. 하지만 이러한 경우라도 관련 당사자들이 상황의 필연성을 수용하고 건설적인 애도작업이 전제되어야 한다(Bojanovsky, 1986). 가족과 가족구성원들은 대개 위기상황을 극복할 만큼 자원이 풍부하지 않으며 능력도 없고 유연하지도 못하다. 그 결과, 문제들이 쌓이고 상황이 더 악화되면서 위험은 더 커진다. 예를 들어, 젊은 아버지가 갑자기 사망하면 가족구성원들은 핵심 후견인을 여의는 아픔에 깊은 상처를 입는다. 불의의 사망이거나 자녀가 어리고 주거가 불안해지는 등 시기적으로 어려운 상황이면 상처는 더 커진다. 이러한 사건은 위협적일 뿐 아니라 미래에 대한 두려움을 야기한다. 가족구성원뿐 아니라 아무도 그 사건을 되돌리거나 상실을 대체하거나 닥친 문제들을 해결할 수 없기 때문이다. 따라서 사건 관련자들은 완전히 새로운 생활개념을 개발하여야 한다.

생활개념의 붕괴

Chasiotis(1999)에 따르면, 어린 시절 부모가 사망한 자녀들은 부정적인 인생관을 갖게 되고 성인이 되어서도 모험적인 결정을 하게 된다. 어린 시절 가난과 같은 험오스런 경험을 하게 되면 신체적 성숙도 빨라진다. 시간의 흐름에 따라 사회적 지원을 받게 되면 자녀들은 새로운 환경에 적응하고 당면 과제를 처리하는 것을 학습한다. 자녀들은 **역량과 함께 역량을 기르는 자세**도 필요하다(역량-동기부여; Kaiser, 1982; White, 1972). 정서적 지지나 물질적 지원 등과 같은 여건 개선과 함께 상처(능력장애), 우울, 상속갈등, 채무, 강제집행 등으로부터 벗어나는 것도 필요하다. 자녀들에게 복잡한 상황으로 작용하는 중간 차원(사회제도)과 거시 차원(전쟁, 독재 등)의 체계들도 중요하다(2장 4절 참조). 복잡한 상황들은 외부의 도움을 받아 적절한 전략으로 극복되어야 한다. 하지만 많은 경우 복잡한 상황들을 극복하지 못하고 실패한다. 어린 시절 상실 체험을 극복하지 못하면 미래 발달에 정진하기 어렵다(Franz et al., 2000; Schepank, 1987). 따라서 위기개입은 특히 중요한 심리사회적 개입이다(3장 1절과 p.207의 '5) 힘든 상황 다루기' 참조).

2) 별거와 이혼의 영향

독일에서는 22만 쌍 이상의 부부가 갈등이나 불화로 이혼하거나 별거한다(결혼한 100쌍 중 52쌍이 이혼한다; DESTATIS, 2006). 이러한 가족관계구조의 장애로 인해 후세대는 부부관계패턴을 이어받는다. '이혼이나 별거'로 갈등을 해결한다는 부정적 모델이 형성되는 것이다. 이혼부부의 자녀 중 1/4 가량은 이혼 후 계속되는 부모의 갈등으로 지속적으로 심리적 상처를 입는다(Amato, 2001; Beelmann & Schmidt-Denter, 2003; Lehmkuhl, 2004). 이러한 위협적인 상황을 경험한 형제자매들은 서로 분열되거나 세월이 갈수록 점점 더 긴밀한 관계를 형성한다. 60가족을 대상으로 한 종단연구(Schmidt-Denter, 1996)에서는 자녀 중 48%가 부모의 별거 후 6년이 지나도 여전히 심한 스트레스를 받고 있으며 별거 후에도 가족대화가 얼마나 중요한지를 잘 보여 주고 있다. 한쪽 부모와 관계가 나쁘고 부모가 불안하거나 서로 거부하는 자녀는 특히 스트레스가 많았다. 이 연구결과에 따르면, 별거나 이혼은 가족의 심리적 의미를 잘 보여 주는 문제로서 체계의 **재구조화**를 촉발하는 발달위기라고 한다. Köln의 이혼연구(Schmidt-Denter, 1996)에 따르면, 이혼한 어머니는 헤어진 후 특히 초기 단계에 아들에게 비관적이고 비판적인 태도를 보였다. 아들은 어머니와 눈을 잘 맞추지 못하고 부정적인 감정을 표출하였으며 시간이 갈수록 더 긴장하였다. 어머니와 아들 간 거리는 더 멀어졌다. 이혼 전 별거 기간에 자녀들은 **형제자매관계**를 사회적 지원으로 여긴다. 하지만 이혼 후에는 부모의 사랑을 차지하기 위해 다툼과 경쟁이 심해진다.

가족체계의 재구조화

Fthenakis(1998)의 이혼연구들에 관한 메타분석에 따르면, 전 배우자와의 관계에 대해 응답자의 57%는 협력적인 관계, 24%는 지원하는 관계 그리고 20%는 문제적 관계라고 각각 응답하였다. 이런 결과를 볼 때, 이혼 후에도 전 배우자들은 대개 자신들의 문제를 해결하면서 긍정적으로 부모역할을 수행한다. 이를 통해 자녀들 역시 체계맥락이 바뀌었음에도 부모와 관계를 유지한다. 이와 반대로 Amendt(2005)의 연구결과에 따르면, 남성 응답자 3,600명 중 42.1%는 '주말아버지', 24.9%는 '돈 주는 아버지' 그리고 10%는 '약탈당하는 느낌'이라고 각각 응답하였다. 이런 결과는 아버지들이 자녀들로부터 멀어지거나 심한 경우 소외되는 현상을 보여 준다. 이런 현상은 **미혼 아버지**에게서 더 강하게 나타난다. 이혼 및 별거율의 증가 추세 속에 이혼 및 별거 아버지의 소외현상은 낮은 출산율에 그 원인이 있다. 이에 따라 아버지 역할까지 하는 어머니들이 늘어나고 있다. 이런 현상은 대물림뿐 아니라 인구학적으로도 영향을 미친다.

아버지에 대한 양가적 효과

부모의 이혼은 당연히 부부에 대한 **태도**와 모델표상에 장기적인 영향을 미친다. Wallerstein(2002)의 5년간 추적연구에 따르면, 많은 자녀들이 부모처럼 결혼에 실패하고 긍정적인 부부관계를 유지하지 못할 것 같다고 걱정을 한다고 한다. 청년층은 대개 미래 결혼에 대해 낙관적이었지만 특히 중년층은 불안해했다. 청소년(특히 소녀)의 $^2/_3$는 향후 결혼 실패 가능성에 대해 걱정이 많았으며 절반은 현재 부모의 부부관계와 부부관계패턴이 반복될 것에 대한 염려가 컸다. Wallerstein 등(2002)은 'California Children of Divorce Project'의 일환으로 자녀 131명을 대상으로 이혼 결과에 관한 종단연구를 하였다. 25년 병후력catamnesis에 따르면, 이혼의 결과는 지금까지 가정한 것보다 부정적이고 더 오래 지속되는 것으로 나타났다. 성인이 된 자녀들은 부모가 이혼하지 않은 친구 및 이성과의 관계에서 문제를 가지고 있다.

낮은 부부관계 성공기대

Wallerstein 등(2002)과 Hetherington과 Kelly(2003)의 종단연구에 따르면, 자녀들은 부모의 이혼을 인생의 **열악한 생활상황**으로 체험한다고 한다. 이로 인해 공격성, 두려움 또는 심신증psychosomatic disorder 등이 심하게 자주 발생한다. 이는 가족과 부부와 관련된 스트레스와 회피스키마가 발달하였음을 의미한다. 나쁜 스키마가 강화될수록 자녀는 지속적으로 이혼갈등을 겪게 된다. 부모의 이혼과 가족 및 부부모델도 대물림된다는 사실은 이미 많은 연구에서 입증되었다(Kaiser, 1992). 부모의 혼인파탄은 곧 자녀에게 불리한 부

부모델로 작용한다. 자녀는 행복한 부부관계모델을 경험하지 못하는 것이다(Greenberg & Nay, 1982; Pope & Mueller, 1976). '역할모델 학습'의 효과는 부부와 가족에 대한 태도와 갈등해결스타일의 대물림, 한부모가족에서의 자녀 훈육의 정도 등에서 확인할 수 있다(Diekmann & Engelhardt, 1995). 이혼부부와 자녀에게 결별은 **문제해결의 방법**이기도 하다. 부부가 문제가 많으면 자녀들도 헤어질 준비를 한다(Greenberg & Nay, 1982). Heekerens(1987)와 Wallerstein 등(2002)은 이것을 **탈억제효과**disinhibition effect라고 한다.

문제해결로서 이혼

Amato(2000, 2001) 역시 유사한 입장을 취한다. 부부가 결별할 수 있다는 경험을 한 이혼자녀들은 결혼이 성공적이고 안정적으로 유지될 것이라는 기대 없이 결혼한다. 이들은 부부관계와 배우자에 대해 시간과 노력을 적게 들이고 혼인 안정화에 투자도 적게 한다. Wallerstein 등(2002)에 따르면, 이혼자녀들은 자신도 결혼에 실패할 것임이 확실하므로 결코 결혼하지 않을 것이라고 다짐한다고 한다. 이혼자녀의 이혼이 더 많은 것은 부부에 대한 **성공기대**가 적은 상태에서 성공적 부부를 위한 노력도 적기 때문이다. 이들 부부는 서로 쌀쌀맞게 대하며 부부로서 자녀, 자산 등에 대해 사회적 · 경제적 투자를 하지 않는다(Heekerens, 1987; Rosenkranz & Rost, 1998).

이혼자녀의 배우자 행동

Wallerstein 등(2002)은 이혼가족의 소녀들은 세심한 주의 없이 섹스 파트너를 찾으며 청소년의 $1/3$은 범법자가 된다는 것을 밝혀냈다. 십대 후반 소녀들은 적극적으로 동년배 이성과 관계를 맺으려 하며 쉽게 사귀고 성 관계를 갖지만 청소년 대부분은 성관계에 대해 조심스럽고 소극적이다. 청소년은 정서적으로 내성적이며 부자연스럽고 경직되어 있다. Beal과 Hochman(1992)에 따르면, 이혼자녀들은 성적으로 적극적이며 단기적인 이성관계를 맺는다고 한다. 그 이유는 부모의 이혼으로 좋지 않은 경험을 하였고 그로 인해 이성관계에 대한 불신이 크기 때문이다.

Hetherington과 Kelly(2003)의 연구결과로 볼 때, 아버지의 부재가 딸들의 성역할 발달에도 영향을 미친 것으로 추측된다. 이런 딸들은 남자들을 대하는 능력이 약했다. 이혼가족의 딸들은 남성은 약하고 무감각하다고 여기고 여성은 감수성이 약하고 성숙하지 못하다고 생각한다. 여성에 대한 부정적인 생각이 여성적 자기규정에 영향을 미쳐 부정적 남성상으로 이어진 것이다. 예방과 치료를 위한 중요한 단서이다. 이혼한 부모는 자녀들에게 부부와 배우자 역할에 대한 부적절한 학습모델을 제공한다. 물론 부모의 부부관계가 유일한 부부모델인 것은 아니다. 자녀들이 자주 만나는 일가친척 부부들도 모델이 될 수 있다. 우리의 연구에서 일가친척에서 부부문제의 확산과 이혼이 응답자의 부부관계 사이에 의미 있는 관계가 있음이 밝혀졌다(Kaiser, 1989; Lee, 2005). 1988년부터 1992년까지 부부 1,500쌍을 대상으로 한 Bamberg 부부연구(Rosenkranz & Rost, 1998; Schneewind & Vaskovics, 1994; Zwenger, 1996)에 따르면, 신혼 초기부터 안정된 부부와 이후 이혼한 부부 사이에 확연한 차이가 있다고 한다. 안정된 부부는 결혼 전 교제기간이 1년 이상이었다. 이혼한 부부들은 교제 초기부터 결별을 문제해결 방법으로 여겼다. 이혼부부의 배우자들은 부모의 이혼에 대해 자주 언급한다. 이혼자들은 어린 시절 부모와의 관계가 나빴다고 평가한다. 이혼자들의 원가족은 능력도 약하고 종교성도 약했다. 이들은 일찍이 부모 슬하를 떠났다.

원가족의 부부관계모델

이혼자녀들은 부모로부터 역기능적인 부부모델만 학습하였기 때문에 자신의 부부관계를 더 조화롭게 꾸미고자 하는 의지가 클 것 같지만 현실적으로 그렇지 않다. 건설적 내적 모델과 신경심리스키마가 없으면 의지만으로는 역부족이다(2장 1절 참조).

이혼결과로서 빈곤

부모 한쪽을 잃은 후 겪는 경제적 어려움은 발달에 부정적인 요소로 작용한다. 부모의 이혼 후 자녀들은 일반적으로 낮은 생활수준에 경제적 부담이 큰 어머니한테서 성장한다. 어머니는 자녀에게 투자할 시간과 돈이 부족하다. 이로 인해 자녀는 이른 시기에 부모 슬하를 떠나게 된다(Diekmann & Engelhardt, 1995). 이혼가족의 여성들은 대개 교육수준이 낮고 결혼도 빨리 한다. 혼전 임신이 잦고 능력 있고 성공한 남자와 결혼하는 경우도 적다. 이런 요인들로 인해 이혼할 위험도 높아질 수 있다(Diefenbach, 1997; Diekmann & Engelhardt, 1995; Fthenakis, 1998; Heekerens, 1987). Mueller, Pope(1977)와 Diefenbah(1997)의 연구결과에 따르면, 이혼부모는 자녀들을 더 강하게 제재하지만 이성교제와 배우자 선택에 대한 통제는 약하다. 가족이 불완전하거나 여러 이유로 사회적 통제를 제대로 할 수 없는 경우, 자녀에게는 또래집단의 영향이 가장 크다(Coleman, 1981). 자녀를 돌보지 않고 방임하면 즉각적인 만족감을 추구한다. 어른의 사회적 지원과 통제가 적으면 자녀는 어린 시기부터 성관계를 하게 되고 배우자 선택을 제대로 하지 못한다.

반면, 이혼한 부모로부터 안정적이고 적절한 양육을 받고 가족구성원이나 친구로부터 지원을 받는 자녀는 부모 이혼 후 변화된 상황을 긍정적으로 활용할 수 있다. 일례로 자기성찰력과 도전력이 높아진다. 이러한 방식으로 이혼으로 인한 고통스런 위기상황을 극복한 자녀의 80%가 다시 용기를 낼 수 있다. **회복탄력성과 내외적 자원**이 생긴 것이다(Hurrelmann et al., 2004; Paulus, 1994; Lehmkuhl, 2004; Werner & Smith, 1982). Hehl(2002)에 따르면, 원가족과 분리되어 사는 부인들은 부부관계가 불만스러우면 어머니보다 더 공격적으로 다투게 되고 이혼하고자 하는 마음이 먼저 앞서는 인지적 · 정서적 **충동**을 느낀다. 이에 비해 사이가 좋은 부모의 자녀들은 부부관계가 불만스러워도 이혼하기 힘들어한다. 이들은 이혼을 **기회**로 여기는 모델을 학습하지 못한 것이다(Largo & Czernin, 2003).

이혼고아 보호요인

3) 요약

가족기능성과 신경심리스키마 그리고 가족의 삶의 질은 전세대들이 기능적인 가족과 안정된 환경에서 살면서 좋은 신경심리스키마를 가지고 그에 상응하는 삶을 영위할 때 가장 긍정적으로 발달한다. 가족의 패턴과 개인의 스키마와 마찬가지로, 이혼전통도 세대의 가족유산으로서 다음 세대로 대물림된다. 부모가 이혼하거나 부모 한쪽이 사망한 자녀에게는 지속적인 사랑과 안정적인 사회적 지원이 중요하다. 이혼한 경우, 자녀는 양쪽 부모와 관계를 유지하고 부모의 갈등에는 개입하지 않아야 한다. 이는 미혼부부인 경우 거의 드물다. 이혼자녀는 발달과 이후 부부관계에서 많은 위험과 어려움이 따른다.

제3장

가족상호작용 분석 및 최적화

1. 심리학적 절차
2. 치료과정의 질적 요소

앞서 살펴보았듯이, 인간의 뇌는 기본욕구를 충족하는 감각적 경험을 하도록 기능한다. 나쁜 경험은 뇌에 부정적인 신경심리적 영향을 미친다. 이러한 영향은 신경구조뿐 아니라 해부학적 구조까지 변화시킬 수 있다(Grawe, 2004; LeDoux, 2002/2003). 기본욕구가 지속적으로 좌절되면(비일관성) 신경자극패턴이 형성되어 강화된다. 편도체가 점점 더 예민해지고 해마가 스트레스호르몬으로 손상되면 실제 위험상황에 대한 스트레스 및 두려움 반응을 규제하고 기억력을 유지하는 데 제약을 받는다. 정서조절장애로 인해 쉽게 위협을 느끼고 회피스키마가 발달한다. 접근스키마는 점점 더 활성화되지 못한다. 과잉민감성, 정서조절 약화, 회피스키마 그리고 좌절 체험이 커지면서 비일관성이 높아진다. 비일관성은 심리장애의 원인이자 결과이다(Bamelis et al., 2011; Becker, 2006; Fassbinder et al., 2014; Grawe, 2004; Seidler et al., 2011). 비일관성이 지속되면 공존장애comorbidity, 즉 심리장애가 발생한다.

정서조절과 기본욕구 충족의 향상은 장애 제거뿐 아니라 행복을 위한 중요한 전제조건이다. 이를 위해서는 개인이 충분한 기회를 가질 수 있는 개인뿐 아니라 가족의 역량이 필요하다. 따라서 특히 가족의 상호작용을 최적화하고 가족구성원들이 자신의 삶의 질을 향상시키도록 돕는 것이 중요하다(Davison & Neale, 2004; de Graaf & Terr, 1998; Grawe, 1998, 2004; Haken & Schiepek, 2006; Hurrelmann et al., 2004; Norcross et al., 2006; Strauß et al., 2006). 객관적인 생활여건과 그에 대한 행복 또는 만족으로 표현되는 주관적 평가의 일치성도 중요하다(Glatzer & Zapf, 1984; Kaiser, 1986; Schuhmacher et al., 2003). Zapf(1984)는 복지라고도 불리는 삶의 질을 "객관적 생활여건과 주관적 의식의 조화"로 정의하였다. 삶의 질은 자율성을 촉진하는 심리사회적 복지사업에 특히 적합한 개념이다. 그 이유는 수혜자의 일상뿐 아니라 무의식적인 객관적 조건과 체계맥락도 고려될 수 있기 때문이다(Thomae, 1992).

개인과 가족은 삶의 질 개념을 통해 타인과 다른 가족과 비교하거나 자신의 생활개념과 모델표상으로부터 기준들을 갖게 된다. 어떤 상황이나 삶의 영역이든 객관적으로 유익한 조건에 대한 주관적 평가가 긍정적이면 만족하고 행복할 수 있다. Becker(2006)는 상대적으로 안정적인 요인으로서 실제적 복지와 습관적 복지를 구분한다. WHO 역시 삶에 있어서 자신의 위치에 대한 개인의 주관적 인식의 중요성을 문화와 가치체계 그리고 개인 목표, 기대 그리고 기준과 관련하여 강조한다. 신체건강, 심리상태, 독립성, 사회적 관계 그리고 외부환경도 중요한 역할을 한다(Paulus, 1994; THE WHOQOL GROUP, 1993/1995). 이해기준 역시 고려되어야 한다(Kaiser, 1986; Staudinger & Baltes, 1996). 설문에서 객관적으로 열악한 조건을 '사회적인 바람직함'으로 여겨 숨기거나 좋게 말하면(적응) 삶의 질에 대해 '잘못된 긍정적' 평가를 할 수 있다. 예컨대, 학대받는 아동이 부모에게 '만족한다'고 할 수 있다. 또 가임기간 중에 받은 상처처럼 객관적으로 열악한 조건이 의식 속에 숨겨져 있으면 주관적으로 평가할 수 없다. 열악한 가족의 조건이 삶의 질에 대한 부정적 평가로 인식되면 주관적으로 불일치성 또는 박탈상태가 된다. 좋은 조건들이 긍정적으로 평가되지 않는 것을 '인지적 부조화'라고 한다. 이는 비현실적인 기대와 모델표상 또는 인지 및 정보처리 장애가 원인일 수 있다. 따라서 예를 들어, 애착장애를 겪는 사람은 긍정적인 관계에 대해 적절히 반응할 수 없다. 낮은 삶의 질은 우울증적인 인지과정과 나쁜 신경심리스키마와 관련이 깊다(Bech, 1996; Bullinger et al., 2000; Grawe, 2004; Paulus, 1994; 1장 참조)

1. 심리학적 절차

1) 다세대가족치료의 역사적 발전과정

Freud(1906; GW VII)는 Hans 사례의 경우 치료에서 아버지가 중요한 치료적 기능을 한다는 것을 강조하였다. Freud는, 예를 들어 초자아 · 자아 발달에서 가족관점을 염두에 두었지만 실제로는 가족구성원을 치료하지 않았다 (Sperling, 1965). 대물림 분석은 Ernest Jones의 논문「개인 운명에서 조부의 의미」(1913)에서 최초로 시도되었다. 1921년에는 Flugel의 저서『정신분석학적 가족연구(The psychoanalytic study of the family)』가 출간되었다.

다세대 가족치료는 원래 특정 심리증상의 패턴화된 반복에 대한 임상적 접근에 대한 반응으로 시작되었다. 가족관계와 가족갈등 그리고 그 역사의 무의식적 의미에 대한 이해가 특별히 중요해졌다. 가족관계, 가족갈등 그리고 그 역사는 과거로 소급되기 때문에 분석적 접근법은 대개 다세대관점을 포함한다(Boszormenyi-Nagy & Spark, 1982; Bowen, 1960/1978; Framo et al., 2003; Heekerens, 1987; Lieberman, 1979; Massing et al, 1992; Sperling, 1983; Stierlin et al., 1977). 현재 공동생활은 여러 세대에 걸친 가족역사와 연결되어서 새롭게 조명된다. 이를 위해 중요한 보조도구가 심리학적 가계도[genogram]이다. 가계도와 관계 분석을 통해 가족발달과 가족갈등의 근원 배경을 통찰할 수 있다. 이러한 조사결과에 근거하여 협력적인 치료 개념이 도출되었다.

Bowen(1978)은 다세대 가족치료의 선구자 중 한 사람으로서 동료들과 함께 조현병 환자 가족에서 세대를 이어 약화되는 정서를 관찰하였다. 이로부터 그는 치료적 결론을 도출하였고 자신의 경험들을 바탕으로 개인과 원가족과의 다양한 관계들에 대해 설명하였다. 개인에게 원가족과의 교류는 성격발달과 두려움 및 문제해결에 도움이 된다. Bowen은 특히 가능한 많은 일가친척과의 관계를 관리하고, 가족의 과정과 관계들을 자세히 관찰하고 자신의 감정에 주의하며, 가족의 다양한 삼각관계를 의식하고 다루는 것을 학습할 필요성을 강조하였다.

Bowen에 따르면, 원가족과 일치된 생각을 가진 사람은 배우자와 자녀와도 잘 지낸다고 한다. 헝가리계 미국인 정신건강의학과 의사 Boszormenyi-

Nagy의 임상경험에 의하면, 가족에서는 **충성**과 **공정성**이 특히 중요하다고 한다. 그는 환자가족들이 '충성'과 '공정성'을 평가하는 데 윤리적 의무감을 이용한다는 것을 관찰하였다. 임상적 관찰과 경험을 통해 Boszormenyi-Nagy는 철학자 Buber(1973)의 영향과 정신분석 그리고 체계이론에 근거한 **변증법적 관계이론**을 개발하였다. 이 이론에 따르면, 의무감과 그 이행 여부에 따라 사회적 관계의 공정성과 그 기능이 가늠된다고 한다. 자녀는 어린 시절 부모가 자신에게 베푼 선행으로부터 비롯된 의무감으로 다시 자신의 자녀에 대한 선행으로 보답하여야 한다. 이러한 가치에 대한 모든 가족구성원의 충성은 세대를 이은 가족의 존립에 이바지한다. 따라서 가족 내, 세대 간 상호 **주고받음**이 **수입**과 **지출**로 정리된 관계회계장부를 관리하는 것이 필요하다. 이를 통해 가족구성원들은 관계회계장부를 보고 주고받음이 공평한지 그리고 서로 만족하는지를 따져 볼 수 있다.

가족에서 관계회계 사고

정신분석 가족치료자들에 의하면, 건강한 자녀 발달은 부모가 자신들의 부모와의 만족스런 대상관계를 내재화하느냐가 관건이다. 건강한 부모는 자녀의 연령과 욕구에 적합한 애정과 그 의미에 대해 잘 알고 있다(Massing et al., 1992; Sperling, 1983).

Framo의 교류분석이론에 따르면, 가족의 역동적인 과정이 개인의 건강을 결정하고 그 건강은 다시 가족역동에 영향을 미친다고 한다. 개인의 가족만족의 결정적 요인은 애착 욕구의 충족과 불합리한 역할기대가 없는 것이다(Framo et al., 2003). 무엇보다도 자녀는 역할을 통해 역량을 쌓고 성장과 함께 부모로부터 분화될 수 있는지 실험할 수 있어야 한다(Bowen, 1960/1978; Lieberman, 1979).

역할기대의 의미

Richter(1972)는 자녀에게 특정 역할을 강요('역할 지시')하는 부모의 무의식적인 기대 환상이 자녀의 건강한 발달에 미치는 악영향을 강조한다. 이러한 환상은 부모가 "견디기 힘든 갈등으로부터 도피하기 위해"(Richter, 1972: 50) 배우자나 자신의 부족한 자아를 자녀로 대체하려는 것이다. 일방적이고 강압적인 역할 지시 없이 대칭적으로 구조화된 가족관계만이 자녀의 건강한 발달을 기약할 수 있다. Buber도 역설한 바와 같이, 타인의 존재를 존중하는 쌍방대화적 **관계유형**에서는 가족구성원들이 자신의 의사결정이 타인에게 미치는 영향에 대해 진심으로 책임진다. Sohni(1994)는 부모와 자녀의 위계는 상대화되어야 한다고 강조한다. 그 이유는 자녀의 욕구도 부모의 욕구만큼 진지하게 받아들여져야 하기 때문이다. Boszormenyi-Nagy는 자신의 접근법을 확장하여 건강한 다세대가족의 특징을 다음과 같이 정리한다 (Boszormenyi-Nagy & Krasner, 1986).

건강한 다세대가족의 특징

- 여러 세대 가족구성원의 욕구와 관계에 상응하는 자율적 개별화individuation
- 가족구성원 간 상호 평가를 통한 각 개인의 정체성에 대한 상호 이해. 이러한 이해는 여러 세대 가족구성원의 책임과 가족의 관계윤리에 기초한다.
- 부부관계, 부모-자녀 관계, 일가친척, 가족과 연관된 사회네트워크 등의 맥락체계를 위한 행동통제
- 내물림된 유대의 건강한 한경을 위한 도덕의식
- 자연과 후세대에 대한 책임감

정신분석가이며 Bowen과 Boszormenyi-Nagy로부터 영향을 받은 Stierlin과 그의 동료들(Simon & Stierlin, 1984; Stierlin et al., 1977; Wirsching & Stierlin, 1982) 역시 가족을 가장 중요한 일차집단이자 사회화 기관으로 보았다. 이들에 따르면, 건강한 가족은 자녀들이 문화를 내재화해서 적응하는 데 기여한다(Stierlin et al., 1977; Wirsching & Stierlin, 1982; Wirsching & Scheib, 2002). 이를 위해서는 다음과 같은 요소들이 중요하다.

- '**긍정적 상호관계**'로 관계가 확장되는 가족분위기

-가족구성원와 하위체계가 항상 복잡하게 분화되고 발달하는 데 기여하는 '서로 연관된 개별화bezogene Individuation'
-**집착애착유형**이나 배제를 유발하지 않는 상호작용
-전통과 연속성을 보장하지만 개인적 삶도 인정하는 세대 간 위임delegation
-세대 내, 세대 간 **공정성**과 **충성**
-가족에서 발달단계에 상응하는 **역할**과 **과제** 분배
-발달에 상응하는 **경계**

이상에서 언급한 접근법들은 저자들의 풍부한 임상경험에 기초했으며 가족심리학자들이 풍부한 실증연구를 통해 정교해졌고 보강되었다(1장 참조). 이제 가족구조 및 관계에 대해 임상적으로 살펴보고자 한다.

2) 체계론적 가계도 분석

가족에서 복잡한 체계 관련 사건에 대한 탐색과 분석을 위해서는 차별화된 방법이 필요하다. 분석을 위해서는 먼저 가족체계의 **대물림되는** 특성이 파악되어야 한다. 가족과 가족구성원들은 여러 차원에서 중요한 체계맥락들과 서로 관계를 맺고 있다. 따라서 체계맥락은 가족구성원의 삶과 발달에 중요하다. 이러한 의미에서 우리는 **다차원분석**multi-leve analysis에 대해 살펴볼 것이다. 가족의 **과거 역사**가 현재 발달에 미치는 의미와 영향을 세밀히 평가하기 위해서는 유전적 기질, 유전자 발현 그리고 뇌발달 사이에 다양한 상호작용과정들과 가족 및 사회의 발전과 전통이 가족구성원 개인의 측면에서 고려되어야 한다(Grawe, 2004; Kaiser, 1989, 2006a, 2015; LeDoux, 2002/2003; Lee, 2005; McGoldrick & Gerson, 2002).

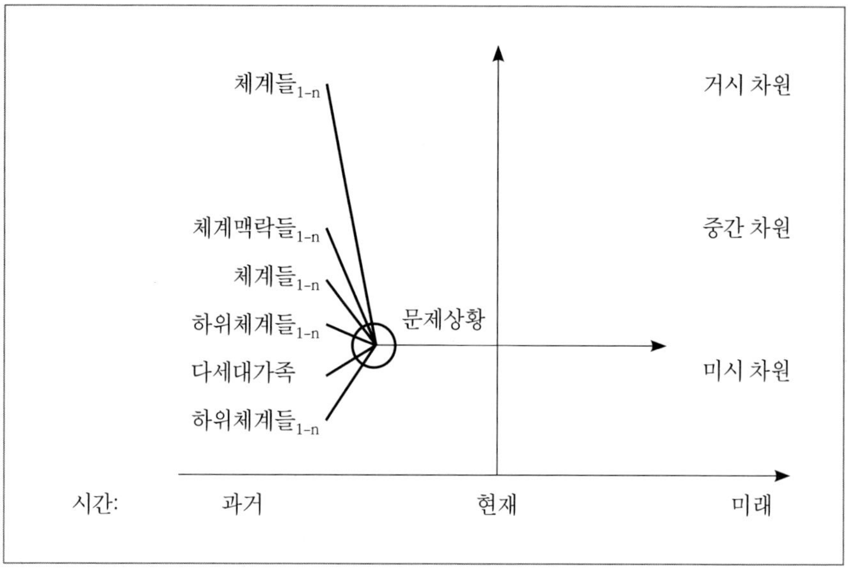

[그림 3-1] 문제상황에서 다차원적 상호작용

가족과 가족구성원은 대개 서로 밀접한 관계 속에서 공동의 **생활세계**Lebenswelt와 맥락들을 이야기식으로narratively 발전시킨다. 가족의 삶과 역사는 가족구성원들이 상호작용하는 구체적인 사회적이고 **역사적인 체계맥락**을 반영한다(2장 4절 참조). 가족구성원들은 개인, 가족 그리고 가족 외 관련 사건들 간 복잡한 관계에 대해 대개 부분적으로만 인식한다. 따라서 생활세계의 구성과 그와 독립된 삶의 질의 객관적 결정요소들은 서로 구분되어야 한다(환경 대 생활세계; 1장 참조).

역사 · 시간적 영향

가족은 발달 시점마다 다양한 요인들이 작용하는 구체적인 상황에서 생존하기 때문에 우리는 가족적 삶과 개인적 삶에 관한 변인들을 구조변인, 과정변인 그리고 결과변인으로 구분한다(1장과 3장 1절 참조). 다양한 분석 차원도 중요하다. 각 **차원**마다 다양한 체계와 과정이 관여하므로 Bronfenbrenner(1976/1981)와는 달리, 우리는 미시, 중간, 또는 거시 **체계** 또는 외부체계라고 표현하지 않을 것이다. 그 이유는 특정 체계만이 주제가 되지 않기 때문이다([그림 3-1] 참조; Kaiser, 2006a). 다양한 차원에서 작용하는 다양한 체계는 특정 시점에서 서로의 **상호작용맥락**들을 통해 파악될 수 있다. 그리고 다양한 차원에서의 사건들이 어떻게 함께 그리고 독립적으로 전개되는지 볼 수 있다. 이를 통해 미래 일들을 예측할 수 있다.

다차원분석에서는 차원마다 다음과 같은 내용들을 주시한다.

- 다양한 **미시 차원**$_{1\text{-}n}$: 개인, 부부, 삶의 중심이 되는 핵가족 또는 가족하위체계, 다세대가족 등
- 다양한 **중간 차원**$_{1\text{-}n}$: 가족구성원들이 상호작용하는 행정기관, 기업, 공동체 등
- 다양한 **거시 차원**$_{1\text{-}n}$: 지구적 생태체계, 국가와 사회, 거대 국제조직 등

객관화될 수 있는 사실들과 생활세계 관련 해석들도 동등하게 고려한다. 다차원적 가계도 분석은 복잡한 변수들 간 상호작용들에 대해 개방적인 동시에 그 복합성을 다시 축소해서 관리할 수 있게 해 준다(Adamszek, 1996; Cierpka et al., 2005; Husserl, 1962; Kaiser, 1982, 1989, 2006a; Kraus, 2006; Staats et al., 2005; Schneewind, 2006; Schott, 1991). 가족구성원들을 대상으로 개별적으로 가족적 삶의 구조, 과정 및 결과의 질을 검사한다([그림 2-5] 참조; Donabedian, 1980; Cierpka et al., 2005; Kaiser, 2006a, 2015).

가족관계의 구조의 질은 시기마다 다음과 같은 요인들로부터 영향을 받는다.

- 가족역사와 함께 살펴보아야 하는 가족유산(1장 참조)
- 하위체계의 가족형태(2장 1절 참조)
- 가문과 하위체계들의 가족기능성(2장 3절 참조)
- 외부 생활조건의 구조적 질(2장 4절 참조)
- 가족구성원의 개인적 특성

경우에 따라서는 시기마다 개별 가계도를 작성하는 것도 도움이 된다. 어떠한 경우라도 가족연대기는 반드시 도움이 된다(〈표 2-4〉 참조).

가족생활 **과정의 질**은 다음과 같은 요인들을 중심으로 살펴볼 수 있다.

- 가족주기에 따른 위기와 도전(2장 2절 참조)
- 사건 및 사고(예: 출생과 사망 등; [그림 3-2] 참조)
- 가족구성원의 만족요인(p. 116의 '1) 가족생활 만족요인' 참조)
- 가족구성원의 불만족요인과 열악한 생활환경(p. 117의 '가족생활 불만족요인' 참조)
- 생활세계의 의미에서 과정적 질에 결정적 영향을 미치는 요인들(예: 신경심리스키마의 결정요인으로서 무의식적으로 대물림되는 패턴 또는 상호작용)

가족생활 **결과의 질**은 가족구성원에게 영향을 미치는 구조 및 과정의 질과 가족구성원이 가족에서 일상적으로 겪는 경험에 좌우된다(2장 6절 참조). 가계도 분석을 통해 이에 대한 중요한 사전정보를 수집할 수 있다. 이미 살펴본 바와 같이, 가족구성원들은 체계의 관련된 정보를 잘 모른다. 따라서 **체계분석 결과**는 대개 가족구성원의 **일상적 견해**와 다르다. 이 두 관점의 조화 여부는 가족구성원의 성찰능력과 관심에 달려 있다.

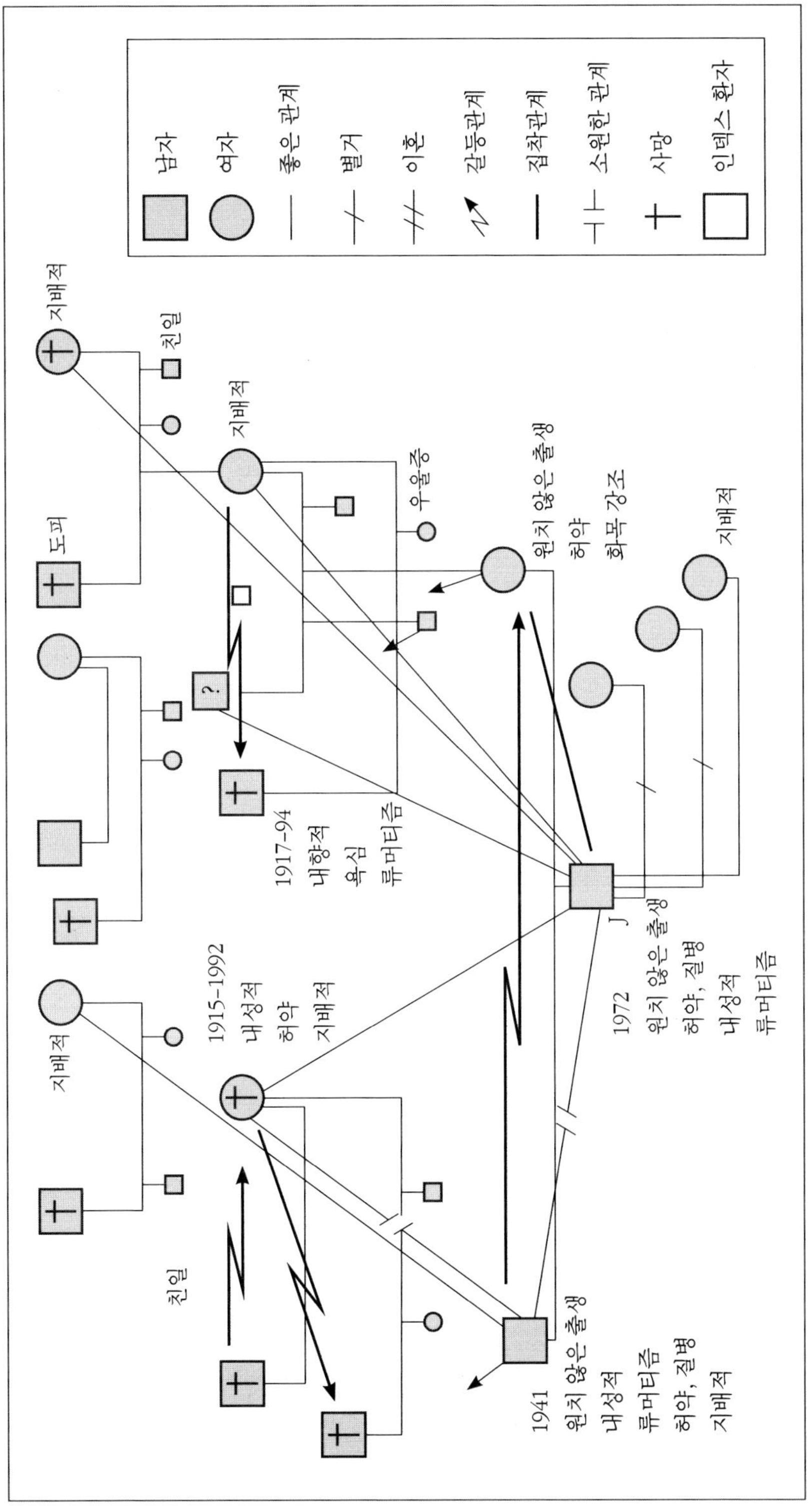

[그림 3-2] 가족 A의 가계도

사례

A의 조모([그림 3-2] 참조)는 제2차 세계대전 발발 전 혼전 임신으로 일본군 장교였던 조부와 결혼했다. 단기 휴가밖에 없었던 조부는 집에 오면 가족들에 대한 질투심에 분란을 일으키곤 했다. A의 어버지는 몸이 쇠약해 늘 병치레가 잦았던 어머니와 어머니보다 더 가까웠던 할머니 슬하에서 자랐다. 조부는 전장에서 행방불명되었고 아들, 즉 A의 아버지는 조부에 대한 기억이 없다. 해방 3년 후 조모는 재혼하였다. A의 아버지는 이복형제자매 두 명과 재혼가정에서 아웃사이더로 성장했다. A의 아버지는 일찍이 가출하여 험난한 삶을 살았다. 1970년 아버지는 A의 임신으로 '결혼해야만 했다.'

A의 어머니는 부모의 부부관계가 좋지 않았던 재혼가정에서 성장하였다. A의 어머니는 외조모의 원치 않았던 두 자녀 중 한 명이었다(가족비밀). A의 어머니의 의붓아버지, 즉 A의 외조부는 어머니와 외삼촌을 항상 멀리하면서 자신의 딸만 편애하였다.

A는 어머니가 늘 아팠지만 가족의 화목을 원했다. A의 어머니와 아픈 아버지는 불편한 사이다. A는 어머니의 유일한 전부였다. 어려운 출산과정으로 태어난 A는 늘 아팠고 요즘도 류머티즘으로 고생한다. A는 아버지와 항상 불편한 관계다. 두 번의 이혼 후 A는 1년 전부터 동거녀와 살고 있다.

대물림 패턴에 대한 가설

- 불안한 부부관계: 친조부모, 외조부모, 부모 그리고 A의 부부관계, 원만한 부부관계 모델이 없음.
- 원치 않은 자녀: A, 아버지, 어머니
- 친조모, 아버지, 외조부, 어머니 그리고 A 모두 많이 아팠음.
- 3세대에 걸친 만성질환(류머티즘)
- 남자/아버지의 부재
- 자녀에 대한 세심한 돌봄이 적었음.
- 3세대에 걸쳐 성격적으로 따뜻하고 세심하지 못함(애착장애).
- 가족의 대화문화 결여, 문제에 대해 말하지 않는 전통
- 자원: 조모가 부모를 대신하여 자녀를 돌봄, 강한 결속력

가족상호작용으로서 열악한 생활환경

- 외증조부모와 외조부모의 피난과 고향
- 친조모와 외조모의 배우자 상실(애착상실)
- 아버지와 어머니 모두 어려서 아버지를 여읨(애착상실).
- 애도 작업이 없었음, 문제에 대해 발설하지 않음.

가계도 인터뷰

개인, 부부 또는 가족을 대상으로 가족역사를 조사하기 위해서는 큰 종이를 벽에 붙여서 모두 볼 수 있도록 한다. 부부인 경우에는 양 원가족을 조사한다(Cierpka et al., 2005; Kaiser, 1989, 2006a, 2015; McGoldrick & Gerson, 2002; Schmidt, 2003). 가족구성원의 진술에 따라 모든 가족구성원을 표시하고 각자의 중요한 특징을 기술하도록 한다. 관계의 질은 관계상징으로 표시한다([그림 3-2] 참조). 이어서 생일, 직업, 성장과정, 가족상황, 자녀, 자원, 질병, 생활상황 등에 대해 질문한다. 경우에 따라서는 표시한 개인의 특성과 그와 관련된 이야기, 중요한 관계 그리고 사건들을 기술하도록 한다.

가족연대기

가족 관련 자료들을 시간 순서에 따라 정리하기 위해 가계도와 함께 '가족연대기'를 작성한다([그림 3-1] 참조). 이를 통해 놀랄 만한 세대 간 **유사점**을 발견할 수 있다. 예를 들어, 많은 가족에서 결혼, 출생, 사망 등의 사건들이 특정 연령대나 시기에 발생한다. 이전 세대의 결혼과 첫 자녀의 출생 시기를 살펴보면, 원치 않은 임신과 '마지못해 하는 결혼' 등이 밝혀진다. 계획 없이 부모가 되면 부모의 생활계획은 엉망이 된다. 젊은 부인은 학교에 가지 못하거나 일을 해야 하고 남편은 학업을 중단하고 돈을 벌어야 한다. 자녀는 결혼을 통해 인증된 소속감의 증표다(Nave-Herz, 2012). 가족의 사건과 역사적 사건의 시점이 일치할 경우(예: 출생과 전쟁 발발), 이와 관련된 중요한 질문들을 할 수 있다(예: 아버지의 부재 또는 전쟁의 결과 등). 가족관계 및 역사에 대해 상세히 살펴보는 과정에서 가족구성원들은 각각의 관계와 주요 사건에 대한 평가에 대해 자신의 견해를 피력한다. 가족구성원들은 먼저 자신에게 불편하지 않은 주제나 사람에 대해 언급하지만 자신에게 불편한 사람에 대해서는 말하기를 꺼린다. 노인들은 대개 과거에 겪은 힘든 경험들에 대해 말하길 좋아하지만 전혀 알려지지 않았거나 가족구성원들이 모르는 과거 사건에 대해서는 언급하지 않는다.

가족구성원에 대한 저항

비언어적 신호를 통해 심리적 억압, 부정 등의 **방어기제**와 관련된 숨겨진 주제들에 관한 힌트를 쉽게 얻을 수 있다. 이러한 주제들은 통상 가족의 **비밀** 또는 **타부**를 지키는 충성과 맞물려 **은폐신화**로 발전한다. 가족 중에 과거 '반체제 인사' 또는 '역적'이 대표적인 예다. 예를 들어, '친일파' 또는 '나치'는 죄책감으로 심한 고통 속에서 살아간다(Kaiser, 1998; Stierlin et al., 1977). 이러한 실재은폐는 당사자들이 당시의 체계맥락과 가족역사와 관련되어 이해하고 안정감을 찾게 되면 저절로 해소된다.

이어서 진술내용들을 보충하거나 새로운 질문들을 할 수 있다. 언급되지 않은 문제들(예: 외상경험)을 밝혀서 자세히 재구성하고 처리할 수 있다. 이를 위해서는 **모형세우기**, **가족세우기**, **자유로운 연상**, **꿈분석**, **정서적 경험 표현**, **포커싱**focusing, **긍정적 의미부여** 그리고 가족구성원 개인의 **신경심리스키마** 분석 등을 활용할 수 있다(Beutler et al., 2004; Caspar, 1996; Gendlin, 1998; Grawe et al., 1996; Heiniger et al., 1996; Sachse, 2002; Schorn, 2000; Schmidt, 2003; Strauß et al., 2006; Thoma & Greenberg, 2015; Thomä & Kächele, 2006).

자원분석

가계도 작업으로 인상적인 성격과 역할모델, 공로와 경력 등과 같은 자원들에 관한 단서를 찾을 수 있다. 치료에서 가족구성원들이 긍정적인 경험을 하고 연대감과 자존감을 높이기 위해서는 특히 자원에 대해 상세히 다루는 것이 중요하다. 내담자들은 쓰라린 부정적인 측면이 있기 때문에 가족과 가족의 긍정적인 면을 자랑하지 못한다. 독일의 특징 중 하나는 독일 가족의 대부분이 어떤 식으로든 독일역사적 사건들로 인해 외상을 입고 있다는 것이다(2장 4절 참조). 오늘날까지도 독일에서는 가족과 문화에 기뻐하는 것이 문화적 터부이다(Bode, 2006). 따라서 이 문제는 치료에서 일반적으로 다루어지는 주제이다(Hellinger, 1994). 거의 모든 노인은 상실감, 모멸감, 죄책감 그리고 수치심을 가지고 있기 때문에 가족이나 고향 사람들과 관계를 맺기 어렵고 긍정적인 감정도 편히 표현하지 못한다. 자아상과 가족상도 부정적일 뿐 아니라 젊은 세대들도 긍정적인 자아상과 가족상을 제대로 발달시킬 수 없다. 긍정적인 발달과 삶의 질을 위한 자원이 차단된 것이나 다름없다. 대부분의 내담자들은 과거의 밝은 면과 어두운 면을 함께 수용하거나 구분해서 보지 못한다(Coupland & Serovich, 1999; Seidler & Froese, 2006; Spiegel, 2012). 기뻐할 수도 슬퍼할 수도 없는 것이다.

치료는 양 측면을 받아들이고 집중적으로 감지할 수 있는 편안한 공간이다. 힘을 북돋아 주는 분위기에서 긴급한 문제들을 다룰 수 있고 취약점들에 대해서도 말할 수 있다. 예를 들어, 아버지의 장기간 부재나 실종으로 인해 처리되지 않은 가족구성원 상실 또는 결핍 경험이 다루어질 수 있다(Fthenakis & Tetxtor, 2005; Jopt & Behrend, 2005; Seidler et al., 2011). 불안한 부부관계에서 배우자 역할을 하는 자녀는 충성 및 역할갈등으로 인해 부담을 갖게 되고 나중에 **분리문제**를 겪게 된다. 부인이나 남편이 성이 다른 자녀와 밀착관계를 맺으면 부부관계가 설 자리가 좁아진다. 배우자가 설 자리를 **파파걸** 또는 **마마보이**가 차지하는 것이다. 배우자의 가치가 평가 절하되는 것이기도 하다. 이에 따른 부부문제로 인해 부부뿐 아니라 자녀들도 자기비하와 함께 자존감이 떨어진다(Hehl, 2002; Kaiser, 1989, 2006a; Merod, 2005; Minuchin et al., 2006; Mitscherlich, 1975; Stielin et al., 1977).

가계도 인터뷰에서 보고된 가족기억들은 사회적 구성social construction으로서 그 의미와 신빙성은 여러모로 제한적일 수밖에 없다(Coupland & Serovich, 1999; Franz et al., 2000; Kaiser, 2015; Schepank, 1987).

가설로서 가계도 분석결과

- 정보를 아예 기억하지 못하거나 왜곡되거나 편파적으로 기억하며 현재 관점에서 새롭게 해석한다.
- 개인 또는 가족의 방어기제로 인해 정보가 부인, 제외 또는 터부시된다.
- 불편한 사실들은 **신화**로 대체된다.

이러한 구성은 관련 자료 수집이나 가족구성원의 저항에 대비한 신중한 작업을 통해 해독될 수 있다(Imber-Black et al., 2003; Kaiser, 2006a).

다세대 분석의 장점은 가족 내 복잡한 연결, 다양한 관심사 그리고 이해관계를 쉽고 빠르게 간파할 수 있다는 것이다. 공동생활을 위한 자원과 취약점을 쉽게 파악할 수 있다. 체계 및 다세대관점 없이 문제를 분석하려 할 경우 중요한 상황들과 맥락을 간과할 위험이 높아진다. 가족대화는 개인 질문보다 더 경제적이다. 복잡한 사안에 대해 많은 가족구성원이 기여할 수 있고, 다른 가족구성원들에게 질문함으로써 개인의 저항을 다룰 수 있기 때문이다. 가족구성원 개개인은 다른 구성원들의 관점과 관심사에 대해 잘 알지 못한다. 이로 인해 잦은 오해나 내적 갈등 그리고 가족갈등이 발생한다.

대물림되는 상호작용 탐색

가계도 정보가 모아지면 가계도를 관계의 측면에서 살펴본다([그림 3-2] 참조). **출생일**과 **사망일**은 가족구성원의 수명 또는 조기 상실과 연결된다. 가족구성원의 연령으로 특정 사건의 시점을 파악할 수 있다(예: 어머니의 결혼 또는 부모의 사망 시 연령). 가족연대기에서 확인되는 가족자료를 통해 생애, 가족 및 세대주기별 발달이 명료해진다. 출생이나 사망 시점에 상황들도 명확해진다. 출생일로부터 가족에서 자녀의 심리학적 위치와 발달여건을 위해 중요한 **형제자매서열**도 정해진다. 맏이, 막내 등 서열은 자아상과 관계행동에 지속적으로 영향을 미칠 수 있다. 특히 자녀가 형제자매의 사망이나 유산 직후에 태어나서 부모의 상실감을 대체해야 하는 경우 부정적인 영향을 미칠 수 있다. 이런 자녀들은 심지어 죽은 자녀의 이름을 이어받기도 한다. 성별에 있어 부모가 원하는 성과 다른 자녀는 원래 성대로 대우받지 못한다. 예를 들어, 남자 아이가 여아 옷을 입거나 소녀의 이름으로 불려진다. 성역할에 대한 이해가 혼란스러우면 향후 배우자 선택과 부부관계, 그리고 자녀에 대한 행동에도 영향을 받는다. 여러 세대를 놓고 형제자매서열들을 비교해 보면, 형

심리학적 형제자매서열

제자매서열은 배우자의 형제자매서열로 보완된다는 것 그리고 원치 않은 자녀 또는 귀염둥이와 같은 심리학적 공통점을 확인할 수 있다.

출생지와 **거주지**를 비교해 보면, 가족의 **이주경로**, 친구와 이별하거나 친구를 잃은 경험 등을 파악할 수 있다. 이주경로를 통해 전쟁, 피난, 추방 등의 역사적 사건들을 알 수 있다.

이주효과

가족구성원의 **직업**은 타고난 재능과 이해관계, 성공과 실패, 그리고 사회경제적 지위 등을 파악할 수 있는 지름길이다. **직업전통**은 후손에게 자원이나 부담이 될 수 있는 신분과 유산, 그리고 기대를 파악할 수 있는 단서를 제공한다.

직업전통

질병 및 사망원인에 관한 정보는 생활방식과 신체적 약점을 파악할 수 있는 힌트가 된다. **대물림되는 질병패턴**이 눈에 띄는 세대 간 공통점으로 드러난다. 이를 통해 가족구성원들이 염려하는 것이 명료해진다(Cierpka et al., 2005; McGoldrick & Gerson, 2002).

가족구성원들의 **특징 파악**을 위해 내담자에게 어떤 단어, 그림 등이 떠오르는지 물을 수 있다. 이를 통해 기질, 성격 그리고 역량에 관한 정보를 얻을 수 있다. 역할부여, 소망 그리고 염려 등에 대해서도 알 수 있다. 가족구성원들이 '전혀 모르는' 가족구성원이나 가족의 일부도 있다. 이런 경우, 억지로 숨긴 심한 갈등이나 상처가 있었음이 밝혀지기도 한다. 이를 통해 불안한 대화 및 관계패턴도 알 수 있다.

가족의 **이름전통**은 중요한 가족구성원을 모범 삼아 유산을 통해 자녀에게 영향을 미치려는 시도이다. 존경받는 선조의 중요성과 신분을 밝히고 그 선조와 부모 그리고 자녀에 이르는 관계를 규명하는 것이 특히 중요하다

이름전통

(Kramer, 1985; McGoldrick & Gerson, 2002).

거시 및 중간 차원의 사건들과 정황들을 가족 내에서 일어난 사건들과 연관지어 조사하면 배우자 선택, 질병 또는 사고를 새로운 시각으로 볼 수 있는 흥미로운 정보를 얻을 수 있다(Kaiser, 1989, 2006a).

전체 가족 역사에 대한 다차원 분석은 내담자에게는 자극적이고 스릴 있는 경험이다. 내담자는 가족구성원들과 자신을 새로운 관점에서 바라보고 더 잘 이해하는 방법을 학습한다. 자신과 관계들에 대해 얼마나 편협한 눈으로 이해했는지가 분명해진다.

가계도 인터뷰에 이어 수집한 자료를 바탕으로 **작업가설**을 개발한다.

치료적 가설 개발

- 한 세대에서의 행동들, 사건들 그리고 구성형태들이 다음 세대에 어떤 **대물림 영향**을 미쳤는가? 외도, 폭력 또는 사망뿐 아니라 용감한 결정, 배우자 선택 또는 회사 설립도 이후 세대에게 미래를 향한 방향을 제시한다.
- 여러 세대로 대물림되는 패턴으로서 어떤 **공통점**이 있는가? 대물림되는 패턴은 개인, 관계 그리고 구성형태의 특성과 관련이 있을 수 있다. 이미 밝혀졌듯이, 많은 가족에서 천재적 재능, 소질 그리고 직업뿐 아니라 질병과 사망원인도 세대를 이어 축적된다. 이는 유전적이고 사회적인 유산으로서 후세의 성격, 생활개념, 내적 모델 그리고 스키마에 지속적으로 영향을 미친다.

가계도 분석을 통한 자원과 취약점에 관한 가설들은 가족구성원과 가족체계의 예상되는 발달에 관한 중요한 단서를 제공한다. 이를 통해 미래계획을 위한 흥미로운 단서를 잡을 수 있다. 이 가설들은 결코 결정론적인 인과설명이 아니라 창의적인 설계와 발달을 독려하는 데 목적이 있다(3장 2절 참조).

한마디로 건설적인 미래를 설계하기 위함이다.

3) 미래작업

가족의 배경과 그 의미를 파악한 상태에서 다세대 중심의 작업은 가족구성원들의 더 좋은 미래를 겨냥한 삶의 질과 일관성 보장에 초점을 맞추어야 한다.

인터뷰가 심리장애 또는 문제로부터 시작될 경우에는 그러한 어려움들이 없는 최선의 상태라면 가족구성원들이 보기에 미래는 어떻게 보일 것인지 묻는 것이 좋다. 이어서 현실문제를 긍정적인 목표를 향한 방법으로 다룰 수 있다. 이 같은 방법으로 문제에 관한 작업에 용기를 북돋아 주고 자원을 중심으로 하는 방향으로 이끌 수 있다(p.161의 '3) 효과요인들' 참조).

자원활성화

건강증진 프로그램 또는 개인, 부부 또는 가족치료에서 가족구성원들이 더 나은 삶에 대한 비전과 시나리오를 구체적으로 표현하고 조율해 나가는 것이 매우 중요하다. 가족구성원들의 생활개념과 모델표상에는 대개 비전들이 내포되어 있다. 미래비전은 다음과 같은 방법으로 명료화될 수 있다(D'Zurilla & Goldfried, 1972; Goulding & Goulding, 1981; Grawe, 1998; Lambert, 2004; Röhrle & Sommer, 1999; Schmidt et al., 1995; Steiner, 2000; Young & Klosko, 2006).

① 미래비전개발: 현재 문제로부터 벗어나기 위해 당장의 목표가 아니라 미래의 목표에 대해 질문하고 향후 3~5년 후 최적의 삶을 그려 보도록 한다. 내담자가 중요한 관계들과 생활 영역들을 고려한 최적의 삶의 비전을 개인적으로 개발하도록 격려한다. 여기서 실제 실현가능성은 중요하지 않다. 먼저, 장기목표와 그 방향이 정해져야 이에 대한 가족구성원들의 이해 여부와 생각들을 비교해 볼 수 있다. 비교한 다음, 중간목표와 단기목표 그리고 목표달성을 위한 방법에 대해 논의할 수 있다. 이를 위

해 가족의 삶의 질에 관한 구조모델은 일종의 경험칙으로서 길잡이가 될 것이다([그림 2-5] 참조). 목표가 분명해야 목표달성의 정도를 평가할 수 있다. 목표의 개별 항목들을 가능한 한 상세히 분류한 다음, 이어서 여러 세대의 가족구성원들의 우선사항에 대해 묻는다.

② 목표순위: 가장 중요한 생활 영역에 대해 장기적 상위목표는 먼저 가족구성원들이 동의해야 하고 심리적 기본욕구의 측면에서도 빈틈없이 검토되어야 한다. 가족구성원들에게 목표와 기본욕구의 관계가 불명확하면 대개 불화가 생긴다. 이어서 중기 및 단기 목표에 대해 알아보는 것이 중요하다. 그렇지 않으면 상위목표와 모순되고 목표갈등을 야기할 수 있는 하위목표에만 매달릴 수 있다. 이 명료화 과정에서 만족스런 미래를 위한 가족구성원들의 공통된 근거가 얼마나 단단한지 드러난다. 공통된 근거가 단단하지 않고 문제가 해결되지 않은 경우에는 건설적인 분리전략을 써서 가족구성원 개개인의 특성을 존중하고 최소한의 공통점이라도 인정하도록 한다.

③ 방법강구: 가장 중요한 생활 영역에 대한 장기 및 중기 목표가 수립되면 개별 목표의 달성을 위한 방법들이 강구되어야 한다(변화차원; p.177의 '4) 효과차원' 참조). 필요한 자원과 저항에 대처하기, 아이들을 제한하기, 다정하게 다가서기 등 절차도 꼼꼼히 따져서 마련하여야 한다.

④ 영향평가: 목표달성을 위한 방법이 정해지면 그 방법으로 인한 예상되는 결과와 부작용에 대해 평가한다(의미 및 평가 차원; p. 177의 '4) 효과차원' 참조). 영향평가는 세대에 따라 다를 수 있다(예: 전쟁, 직장 또는 질병으로 인한 부모의 부재 상황에서 자녀의 발달).

⑤ 자원준비: 목표를 향한 방법이 정해지면 이를 위한 기존의 자원과 개발

되거나 외부로부터 공급받아야 할 자원을 준비해야 한다. 이를 위해 가계도와 '가족의 삶의 질에 관한 구조모델'이 길잡이가 될 수 있다([그림 2-5] 참조). 자원을 준비하면서 내담자들은 한 걸음씩 발전해 나아간다. 그렇지 않을 경우, 계획수립 및 이행과정에 다른 가족구성원들을 포함시키거나 생활개념, 모델표상 그리고 **신경심리스키마**에 대한 심층작업을 한다.

⑥ **자원 강화 및 활용**: 자원은 먼저 개발되고 강화되어야 한다. 장기적 계획이 필요한 교육, 이사, 내 집 마련 또는 노후보장 등은 대체로 가족의 지원으로 이루어진다. 가족의 지원이 이루어지기 위해서는 전례와 그에 따른 분위기가 형성되어야 한다. 자녀의 배우자 선택을 반대해서 사위나 며느리를 거절하는 부모는 가족의 분열뿐 아니라 손주와의 교류도 단절한다. 관계가 회복되지 않으면 부모의 노후보장 및 돌봄이 문제가 된다.

⑦ **과정피드백과 문제해결**: 가족구성원들은 자신들의 목표를 세밀히 추구해 나갈수록 작은 성공이라도 그 가치를 인정하고 목표에서 조금이라도 벗어나면 즉시 인식하고 교정한다. 가족관계가 불안하면 저항과 갈등이 발생한다. 저항과 갈등은 치료를 통해 해결되거나 목표에 대한 논의로 다시 돌아가 체계론적으로 처리할 수 있다.

미래를 위한 계획들은 유용해야 실천하기도 검토하기도 쉽다. 이들 방법은 내적 모델과 스키마에 대한 개인적 작업을 통해 더 확대되고 강화될 수 있다.

4) 신경심리스키마 분석 및 최적화

Grawe와 그의 동료들은 가족구성원의 신경심리스키마와 암묵적 동기목표를 최적화하기 위해 **스키마 분석** 방법을 개발하였다. 이 방법은 오늘날 치료에 있어서 반드시 필요한 핵심 부분이다(Grawe, 1998, 2004; Grawe, 1996;

Heiniger et al., 1996). 이 방법의 초기 버전은 자동적 모델표상, 즉 스크립트에 집중하였지만 당시의 신경심리 연구결과에 근거할 수는 없었다(Goulding & Goulding, 1981; Steiner, 2000).

접근성향 강화

발달한 **회피스키마**는 새롭게 만족스런 경험들이 쌓이면서 점차 약해지고 **접근스키마**가 강화될 수 있다. Grawe 등(2004)은 평균 26회기의 치료를 받은 환자 78명을 대상으로 한 회피목표에 관한 연구에서 일반인과 차이점을 발견하지 못했다. 회피목표 감소의 사전-사후 효과 분석 결과, 효과크기effect size는 1.06이었다. 이러한 긍정적 변화는 강한 비일치성 요인과 회피가치를 가진 환자에 대한 개인치료에서 목표했던 대인관계 문제 해소, 낙관주의와 침착함 간의 유의미한 관계를 보였다. 이와 유사한 결과는 심신의학클리닉psychosomatic clinic 환자에서도 나타났다. 이런 의미에서 치료도 회피성향과 관련된 비일치성 요인들을 찾는 데 노력해야 할 것이다([그림 1-1] 참조). 가족의 비일치성 요인들이 변화하면 가족구성원들은 서로 새롭게 더 유리한 경험들을 해서 더 유익한 신경심리스키마를 발달시킬 수 있다.

회피스키마 약화

두려움 또는 공황과 같은 부정적 감정에 대해서는 편도체에서의 **자극**이 다른 신경회로로 전달되는 것을 차단하는 것이 중요하다. 그 방법으로 안구운동 둔감화 재처리법(Eye Movement Desensitization and Reprocessing: EMDR) 또는 기타 반대조건부여 등을 통해 전전두피질에 흥분억제 신경패턴을 강화할 수 있다. Sack 등(2004)은 안구운동을 한 지 10초가 지나서 부교감계 작용이 강해지면서 심박동수가 줄어드는 것을 확인할 수 있었다(Hofmann, 2006). 안구운동 둔감화 재처리법은 공포를 만드는 상황에 대한 생각을 완전히 다른 신경작용과 연결되도록 반복하는 것이다. 공포심은 결코 제거될 수 없지만 새로운 상황평가를 통해 억제될 수 있다. 통찰이 아니라 나쁜 일이 발생하지 않는다는 것을 **계속 경험**하는 것이 중요하다. 이러한 효과는 편안하고 격려받는 분위기에서 공포유발 요인들과 자주 마주함으로써 가능하다. 안구운동

둔감화 재처리법은 특히 공포를 해소하는 데 효과가 크다(Hofmann, 2006).

생활환경과 기본욕구의 일관성과 기본욕구 충족 경험(일치)이 가능하면 신경심리적 **기본욕구**에 부합하는 새로운 신경구조가 형성된다. 이러한 치료가 이루어지기 위해서는 매 회기마다 욕구가 충족되는 경험이 가능해야 한다. 긍정적 관리, 해소 그리고 효능감(역량)의 체험이 그 일례다. 이러한 체험은 **치료목표**를 달성하기 위한 전제조건이기도 하다. 매 회기마다 치료목표에 집중하는 것이 중요하다는 것은 스위스 Bern시가 실시한 각 **회기 프로세스 평가척도**를 사용한 연구에서 입증되었다. 8,000개 이상의 치료 회기에서 평가된 약 4,000개 장면에서 다음과 같은 효과가 나타났다(Grawe, 2004).

접근스키마 구축

–환자의 목표 및 가치의 강화: 1.10
–역량 강화: .68
–목표의 과정적 활성화: 1.30
–환자의 긍정적인 면 강조: 1.14
–환자의 긍정적인 면에 대한 반응: .81

아울러, 치료 회기에서 치료자의 자원활성화 행동과 환자의 자원활성화 간에 밀접한 관계가 있음이 밝혀졌다. 각 회기에서 이 관계가 클수록 치료결과도 좋았다. 반대로 자원활성화가 평균 이하인 경우에는 치료결과가 좋지 않았다. 문제활성화보다 자원활성화가 많은 회기에서 치료결과가 더 좋았다.

치료에 의한 스키마 활성화

스키마는 주위 환경과 상호작용에 결정적 영향을 미칠 뿐 아니라 그 상호작용으로부터 작동되므로 스키마가 활성화될 때 치료적 변화가 가능하다. 치료적 변화는 내담자가 자신의 중요한 관심사를 말로 표현할 때 가능하다('문제표현'). 일반적인 스키마 프로세스는 가족치료에서 가족문제, 부부치료에서 부

문제표현

부문제 등과 같은 증상이 드러나는 상태에서 차단되고 새로운 경로로 조절될 수 있다(Grawe, 2004; Grawe et al., 1996; Heiniger et al.,1996). **그룹시뮬레이션**, **모형 세우기**, **역할극**, 그리고 **포커싱** 또는 **최면상태**에서 재생 등은 유용한 방법들이다. 그 이유는 이들 방법이 대화보다 자극유사성이 더 높기 때문이다.

문제적 스키마는 모순적인 현실 경험들과 직면할 때 가장 효과적으로 변화될 수 있다(조절[accommodation]). 가족구성원은 치료하려는 준비가 되어 있고 안정된 분위기에서는 두려움에 오랜 세월 묻어 둔 비밀이나 개인치료에서 꺼내지 못한 문제들을 표현한다. 이러한 **직면치료 상황**에서 회피행동이 제지되면 부정적 스키마가 활성화되고 피해야 할 혐오 감정을 느끼게 된다. 이것은 내담자가 민감하고 인내를 가지고 자신의 내면의 저항을 말로 표현할 뿐 아니라 치료자와 신뢰하는 관계를 맺는 데 핵심적인 전제조건이다. 이 조건에서는 저항과 연관된 모델표상, 인지 그리고 감정(두려움, 도망가고 싶은 마음)이 활성화되지만 현실과 맞지 않다는 것이 명료해지고 조절기능도 하지 못하게 된다. 그 대신에 치료자에 대한 신뢰 그리고 가족구성원들과의 애착과 같은 긍정적 욕구목표를 향한 **접근스키마**가 자극되고 신경적으로 더 좋게 강화된다. 그 결과, 다른 회피스키마들도 변하게 되는데, 그 이유는 문제에 대한 치료적 개입은 다른 영역에서도 변화와 **전환효과**[transfer effect]를 초래하기 때문이다('상보적 조절[reciprocal accommodation]'; Grawe et al., 1996; Heiniger et al., 1996; Piaget, 1976). 행동변화에는 스키마 변화 정도(동화[assimilation])와 새로운 스키마 형성(조절)이 결정적 역할을 한다. 이를 위해서는 직면하고 적극 해소하는 방법들이 도움이 된다. 문제적 **인지**와 **체계구조**가 변하면 그와 관련된 스키마도 변한다. 이러한 변화는 치료기간 동안 충분한 **훈련**을 통해 스키마 변화가 지속적으로 이루어질 때 가능하다.

내담자를 위한 긍정적 경험중개

신경심리학적 연구결과에 따르면, 치료가 내담자의 인식보다 더 긍정적인 **경험**에 목표를 둘 때 그 효과가 큰 것으로 나타났다(Grawe, 2004). 신경심리적 변화를 위해 필요한 것은 다음과 같다.

–치료 회기마다 충분한 반복을 통해 생성되는 신경강화와 관련된 목표 설정
–치료 회기마다 내담자의 기본욕구에 긍정적이고 중요한 목표 설정
–목표지향적 개입을 통한 목표와 연관된 스키마와 도파민 신경세포의 활성화, 신경조절물질 자극을 통한 스키마 강화
–목표와 관련된 사고 및 행동방식에 대한 논의를 통한 스키마 강화

이러한 심리학적 요소들은 **건강증진 프로그램**과 **치료**에서도 중요하다. 다양한 치료학파들의 가정과 전략이 심리학적 개입의 이론적 근거로 제시되고 있다(Grawe, 1998, 2004; Lambert, 2004; Merod, 2005; Norcross et al., 2006). 우리는 앞으로 치료성공의 가능성을 높이기 위해 치료방법의 질에 대해 살펴볼 것이다.

5) 요약

개인과 가족체계의 가족 및 생애 관련 배경은 미래시나리오 전개와 연계된 가계도 작업을 통해 가장 효과적이고 신속하게 파악할 수 있다. 이러한 가계도 작업을 통해 실효성 있는 삶의 목표와 생활개념을 가장 쉽게 완성할 수 있다. 목표달성을 위한 방법과 문제가 치료주제가 되면 신경심리스키마의 정확한 분석과 최적화를 위한 스키마 치료작업을 시작한다.

2. 치료과정의 질적 요소

가족의 상호작용과 신경심리스키마에 대한 치료의 질을 평가하기 위해서는 먼저 치료성과연구에 근거한 치료방법들에 대한 논의가 필요하다.

1) 치료연구의 방법문제

치료방법은 실험실에서의 **효능**efficacy과 임상에서의 **효과**effectivity로 구분하여 평가된다. 치료방법은 또한 개인이나 사회에 미치는 경제성을 의미하는 **효율성**efficiency으로 연구된다.

치료연구의 '최고의 기준'

실험실에서 **효능연구**는 대개 약학연구의 생물의학적 모델에 의한 실험 또는 **유사실험** 설계에 따라 이루어진다(Campbell & Stanley, 1963). 이 연구방법은 오늘날까지 치료연구에서 '**최고의 기준**'이다. 실험연구의 기준에 따르면 표준화된 실험조건이 필요하다. 다시 말해, 실험자와 피험자 모두 누가 실험집단이고 누가 통제집단인지 알지 못하도록 설계된 **이중눈가림실험**double blind experiment과 매뉴얼화된 절차가 필요하다. 그러나 '최고의 기준'을 따른 연구는 **심리치료**연구의 특성상 적절치 **않다**(Grawe, 1998, 2004; Heekerens, 2006a; Norcross, 2002, 2010, 2011; Revenstorf, 2004; Wampold, 2001). 치료연구의 '최고의 기준'은 특정 자극물이나 피해로 야기된 증상은 **원인**치료를 통해 제거될 수 있다는 가정에 따른 과거 **생물의학적** 모델에 근거한 것이다. 오늘날 건강연구는 복잡한 **생물심리사회**모델biopsychosocial model에 따라 이루어지고 있다(Engel, 1977; Hurrelmann et al., 2004). 심리장애와 가족문제는 원인치료의 근간이 되는 인과적 설명보다는, 생리학적 원인이 아니라 다중적 상호의존성 가설에 입각한 **심리학적 설명**이 적합하다. 생리학적 · 심리학적 진단이나 치료를 동일시하는 하는 것은 **인식론적 오류**라는 것이 **생물심리사회** 또는 **맥락** 모델에 관한 논의에서 상세히 밝혀졌다(Cramer, 2003; Engel, 1977; Kaiser, 1982; Keupp, 1972).

치료연구의 타당성-신뢰성 딜레마

Revenstorf(2004)는 의미 및 **가치문제**를 다루는 치료를 실증주의적 연구방법으로 검증할 수 있다는 딜레마를 지적한다. 복잡한 생활상황들을 충분히 파악할 수 없지만(타당성) 신뢰할 수 있는 검증방법을 택하든지 아니면 대화 또는 관찰을 통해 타당하지만 신뢰성이 떨어지는 정보를 얻을 수밖에 없다. 이 과정에서 **방어**나 **사회적 바람직함**social desirability을 **따르려는 경향**이 개입할 수도 있다.

병인학적 가정과 심리학적 진단에 근거한 개입은 전염병에 대한 약물치료와 같은 단일원인적 치료가 결코 아니다.

> 과거의 인식이 배후로 물러난 데에는 흥미로운 정치적 배경이 있다. 미국에서는 건강의료분야에 정신의학 관련 진단명기준 환자군(Diagnostic Related Groups: DRG) 도입으로, 독일에서는 건강보험 적용 노력으로 의학적 모델을 선호하게 되었다. 그 결과, 치료성과를 의학으로 인정하고 계산하기 위해 '진단'과 정신질환 진단 및 통계 편람(Diagnostic and Statistical Manual of Mental Disorders: DSM)과 같은 진단 편람이나 국제 질병사인 분류(The International Statistical Classification of Diseases and Related Health Problems: ICD)가 필요하게 되었다. 그렇지만 정치적 이유로 연구를 한 것인지는 불확실하다.

자연과학에서도 복잡한 상황에서의 결정론적인 법칙성만으로 완벽한 예측을 할 수 없다는 점이 고려되어야 한다. 이에 관한 예는 기상학에서 볼 수 있다. 심리학에서도 단지 통계적 개연성만 주장할 수 있다.

치료방법은 장애종류와 변화기제가 정확한 연관성이 있을 때만 이론적으로 증명된다(Berns, 2003; Cramer, 2003; Grawe, 2004; Haken & Schiepek, 2006; Heekerens, 2006a). 치료연구에서는 치료의 표준화를 위한 도구를 이른바 **치료편람**therapy manuals이라고 한다. 치료자를 위한 상세한 방법은 약과 같이 구성요소들과 함께 그 효과가 명시되어야 한다. 치료적 개입은 독립변수이고 환자에게 효과는 종속변수다. 하지만 치료의 효과는 약물치료의 효과와 같다는 가정은 이제 더 이상 통하지 않는다(Revenstorf, 2004). 치료자 또는 관계 관련 변수들도 약학연구와는 다르게 **플라시보효과**로 치부되지 않는다. Wampold(2001)는 27개 평가연구를 대상으로 한 메타분석에서 치료효과는 치료의 일부분을 제외하더라도 변함이 없음을 밝혀냈다. 우울증 치료에서는 '인지치료' 또는 '행동활성화'를 제외함으로써 치료효과가 더 향상되기까지 하였다(Jacobson et al., 1996). 이로써 연구 관련 문제들이 해결된 것은 아니다. 앞에서 언급하였듯이, 치료연구에서 '최고의 기준'은 무작위로 추출된

치료편람의 문제

전형적인 문제들

통제집단과 함께 이중눈가림실험이다. 약학과는 달리 치료연구에서는 신뢰할 만한 플라시보치료가 있을 수 없다(Revenstorf, 2004). 플라시보치료가 가능하기 위해서는 동일한 **치료관계**, 환자의 **기대**, 치료자의 **열정** 등이 있어야 할 것이다. 연구를 위해 '대기통제집단'의 고통스런 환자들을 기다리게 하는 것은 윤리적으로 불가능하다. 환자들은 고통 때문에 다른 치료를 찾을 것이다(Revenstorf, 2004). 이런 연구의 환자들은 결코 모든 환자를 대표하지 못하고 ① 스스로 자신의 문제를 치료할 수 있다고 판단할 수 있고, ② 스스로 치료비를 지불할 수 없기 때문에 미국에서는 외부기금으로 하는 연구에 참여하며, ③ 연구기관 근처에 거주하고, ④ 원인을 알 수 없는 **고립증상**을 앓고 있다. 심리장애의 경우 대부분의 환자들이 **동시에** 여러 증상으로 고통받는 **공존장애**comorbidity를 겪는 것이 일반적이다. 우울증 환자의 77%, 공황장애 환자의 86.8%, 경계선 증후군 환자의 98%가 다른 장애로 고통을 받고 있다(Grawe, 2004; Hautzinger, 1998; Revenstorf, 2004; Wittchen, 1991). Revenstorf는 다음과 같이 요약한다. **"따라서 효과 있다고 하는 치료방법이 과연 어떤 환자에게 도움을 주었는지 불분명하다."**(2004: 10) 여러 증상이 복합된 환자에게 여러 치료방법을 결합한 치료를 할 경우에는 체계적으로 연구할 수 없다.

공존장애

이들 문제와 함께 대개 소규모 표본으로 이루어지는 치료연구의 통계학적 어려움도 있다. 집단비교에서 효과가 있는데도 효과가 없다고 하는 2종 오류type 2 error가 대표적이다(Sexton & Ridley, 2004). 이와 반대로 대규모 표본 연구에서는 치료의 효과가 없는데도 효과가 있다고 하는 오류가 있을 수 있다(Revenstorf, 2004).

과정결과연구 경향

한편, 개인 및 가족의 과정을 치료적 사건과 치료결과와 관련하여 연구하는 과정결과연구process outcome study가 활발하다. 이 연구에서는 치료의 **효과요인**effect factors과 **효과차원**effect dimensions을 검증한다.

효과요인과 **효과차원**은 치료에서 내담자 또는 내담자체계가 더 발달할 수 있도록 도와주는 조건들이다. 문제는 자기생산적 체계들이 도움을 받기 위해서는 조건들이 어떤 형태와 방법으로 적용되어야 하는 것이다. Grawe와 그의 동료들은 여러 해에 걸쳐 수천 개의 치료 회기를 대상으로 한 비디오 분석을 통한 연구에서, 각 회기마다 구체적인 **치료행동들**에서 어떤 효과요인들과 효과차원들이 장·단기적으로 긍정적인 치료결과를 가져왔는지를 상세히 조사하였다(Grawe, 1998, 2004; Haken & Schiepek, 2006; Norcross et al., 2006). 이들은 치료성공의 기준을 다음과 같이 제시한다.

치료성공 기준

–가장 중요한 세 가지 문제에서 목표달성
–치료성공에 대한 내담자의 만족도
–낙관성와 평온함의 증가[Zielke & Kopf-Mehnert(1978)의 체험과 행동의 변화 척도]
–주관적 안녕의 개선[Grob(1995)의 척도]
–정신병리학적 증상의 약화[Frank(2000)의 BSI]
–대인관계 문제의 감소[Horowitz 등(1994)의 IIP]

치료를 위해 중요한 연구결과들을 살펴보기로 하자.

2) 치료연구의 주요 결과

특정 **문제** 및 **장애**에 대한 효능/효과를 검증하기 위한 치료연구에 관해서는 무엇보다도 치료의 **성공예측요인들**이 밝혀졌는지가 관심거리다(Heekerens, 2006a, 2006c; Norcross, 2002; Norcross et al., 2006).

미국 결혼과 가족치료학회(American Association for Marriage and Family Therapy)는 치료방법과 관련하여 가족치료의 접근법과 모델을 구분할 것을 강조한다(Sprenkle, 2003). 모델은 **경험적으로 평가되고 표준화되거나 편람화된** 방법을 지칭한다(Sexton & Ridley, 2004). 대표적인 모델은 다음과 같다.

- **다중체계론적 치료**(Multisystemic Therapy: MST; Heekerens, 2006a, 2006c; Swenson & Henggeler, 2005)에서는 인지와 구체적인 행동의 변화를 중요시한다. 변화는 가족, 학교, 기관 등의 체계맥락 내에서 그 변화의 기능과 의미로 드러난다. 특히 청소년범죄자의 사회적 행동장애에 초점을 맞춘다.
- **기능적 가족치료**(Functional Family Therapy: FFT; Heekerens, 2006b)는 인지 및 행동의 변화를 중시한다. 변화는 체계맥락 내에서 기능과 의미로 드러난다. 청소년 알코올 및 약물남용과 사회적 행동장애에 초점을 맞춘다. 문제적 부모-청소년 상호작용에 대해서는 대물림되는 상호작용이 강조된다.

이 두 모델에서는 신경심리스키마가 제외되었지만 평가결과를 보면 각 모델에 따른 치료가 절차에 따라 얼마나 순조롭게 진행될 수 있는지를 알 수 있다. 두 치료방법은 현장연구를 통해 평가되었으며 경제적으로 효율적인 것으로 입증되었다(Sexton & Ridley, 2004). 후속연구에서는 유사실험 집단 설계 또는 무작위 집단 설계를 하거나 치료집단과 비치료집단을 비교하여 평가가 이루어졌다. 자료는 치료 종료 후 최장 5년 동안 수집되었다(후속 측정). 치료자는 **초보자**부터 **유경험자**까지 다양했으며 환자는 비행행위 및 장애 정도에 따라 다양했다. 다양한 치료방식들(가족치료, 개인치료, 보호관찰, 임상치료)이 비교되었다. 청소년 인덱스 환자[index patient]는 문제에 따라 분류되었다(Heekerens, 2006a; Swenson & Henggeler, 2005).

편람의 장점

연구결과에 따르면, 대체치료와 비교하여 재발률이 20~60%까지 감소하였다. 증상이 미약한 형제자매들도 치료 후 거의 비행을 하지 않았다. **기능적 가족치료**를 훈련받은 치료자들은 매뉴얼대로 치료하였다. 이들은 전문치료자뿐 아니라 사회복지사 또는 기타 조력자로서 성공적으로 임무를 완수하였다. 가장 두드러진 점은 **기능적 가족치료의 효율성**이다. Sexton과 Alexander(2002)의 231가족을 대상으로 한 현장연구에 따르면, 80%가 치료를 끝마쳤으며 1년 후 재발률은 20%로 보호관찰의 36%보다 낮았다. 3개월간 평균 12회기 치료비용은 700~1,000달러였다. 이에 비해 보호관찰은 6,000달러였고 효과 없는 임상치료는 13,500달러였다(Heekerens, 2006a).

가족심리교육

조현병은 심리학적 치료방법 중에 **가족심리교육**family psychoeducation만이 유일하게 효과적이었다. 조현병에 대한 의학적 표준치료와 비교해서 추가적인 가족심리교육의 효과가 0.25~0.72 높았다(Pharoa et al., 2003; Pitschel-Walz et al., 2001). **재발예방**은 추가적인 가족심리교육이 다른 대체치료에 비해 효과가 0.67 높았으며 환자가 포함된 가족심리교육으로 재발위험도 감소하였다(National Collaborating Center for Mental Health, 2003). 가족집단치료의 효과는 미미하였는데, 가족들이 장기간 치료에 임할 수 없기 때문인 것으로 보인다(Hahlweg et al., 2006; Pilling et al., 2002). 환자 개인 심리교육만으로는 효과가 전혀 없다고 할 것이다. **세계 조현병 및 관련 질환학회**(World Fellowship for Schizophrenia and Allied Disorders)는 새로운 가족 관련 개입방법들은 실용적인 인지행동치료라고 규정하였다(Hahlweg et al., 2006; Heekerens & Ohling, 2006). 경험적 자료의 부족으로 **이중구속가설**double-bind-hypothesis이나 **'조현병 가족'**에 관한 가정은 검증할 수 없었다. 연구환경의 변화로 1990년대 이후로는 질병원인에 대한 가족병리학적 접근보다는 질병의 진행과정에서 가족의 지원에 초점을 맞추는 추세다. 가족의 지원을 촉진하기 위해 '가족심리교육' 개념이 널리 사용되고 있다. 따라서 다양한 종류의 가족심리교육이 효과적인 것으로 입증되었다(Hahlweg et al., 2006; Heekerens & Ohling, 2006).

부모훈련

Heekerens(2006a)는 가족치료평가에 관한 논문에서 청소년기 인덱스 환자 가족에 대해서는 **통제된** 평가연구만이 존재한다고 하였다. **어린이** 장애는 특히 **행동주의적 부모훈련**이 효과적인 것으로 입증되었다(Northey et al.,

2003). 신경심리스키마가 특히 중요한 역할을 하는 **내재화된 장애는** 평가의 결과 부모교육이 기대한 것보다 효과가 약하거나 전혀 없었다(Sexton & Ridley, 2004). 청소년의 재발된 우울증 치료와 관련하여 기능적 가족치료와 인지행동치료 그리고 '플라시보'로서 내담자중심 개인치료를 실시한 집단을 비교한 결과, 세 집단 모두 자살위험이 감소했고 가족기능성도 높아졌다(Kolko et al., 2000). 우울증 증상은 인지치료의 효과가 단기적으로 높았다. 2년 후 치료결과에 대한 자료가 미비한 상태에서 세 집단을 비교한 결과, 효과의 차이가 없었다(Northey et al., 2003). 이러한 평가결과는 독일에서 일반적인 '2차 사이버네틱스', 인본주의 전통 그리고 심층심리 전통에서 유래한 가족치료방법들에 대한 평가와 유사하다. 전략적 가족치료, Mailand 가족치료 그리고 이야기치료의 효과는 지금까지 주요 토론 대상이 되고 있다(Heekerens, 2006a; Liddle et al., 2002; Schiepek, 1999; Sexton & Ridley, 2004; Sydow et al., 2006).

개인치료의 체계론적 효과

가족기능에 대한 치료효과를 살펴보면, 좋은 평가를 받은 전통적 가족치료(MSFT와 FFT) 모델들은 경험적으로 입증된 개인치료 방법들에 비해 그 효과가 크지 않다(Heekerens, 2006a; Kolko et al., 2000). 그 이유는 가족기능성의 개별 요소와 대물림되는 상호작용 그리고 개인적 역량과 신경심리스키마가 고려되지 않은 데 있다. 이와 관련하여 미국심리학회 **경험적 치료관계 대책 위원회**(Task Force on Empirically Supported Therapy Relationships; Norcross, 2010, 2011)에서는 연구의 결과, 개입과정 및 결과에 중요한 영향요인으로 입증된 변수들을 고려해야 한다는 결론을 제시하였다. 개인치료들에서는 다세대 관련 변수들과 여러 차원에서의 **체계맥락들** 및 그 **역사들**을 인정하지 않는다. 이에 반해 체계론적 접근에서도 모든 가족구성원의 개인적 특성(성격, 신경심리스키마, 개인적 정신병리, 역량; p.97의 '8) 하위체계와 가족구성원' 참조)과 **대물림 역사**가 고려되지 않고 있다(Grawe, 1998; Kaiser, 2006b). 따라서 가족연구와 치료-과정-효과연구를 더 많이 참조하는 것이 중요하다.

이론중심치료의 단점

3) 효과요인들

효과요인은 성공예측변인으로서 치료자가 내담자의 발달과 변화를 돕기 위한 가이드라인으로 활용할 수 있다(Beutler et al., 2004; Grawe, 1998, 2004; Lambert, 2004; Norcross, 2002; Norcross et al., 2006; Sachse, 2002)

Wampold(2001)는 대규모 메타분석에서 효과크기 값 .80을 밝혀냈다. 즉, 내담자의 약 75% 정도가 치료에 성공했다는 것이다. 치료방법에 따른 효과의 차이는 전혀 없었다. 모든 치료방법에서 공통된 효과요인들이 전체 효과의 70%를 차지하였다. 치료방법마다 특이한 기법들(해석, 둔감화 등)이 치료성공에 미치는 효과는 최대 8%였다. 다른 메타분석에서는 5~15%로 나타났다(Bergin, 1997). 치료자의 특성은 효과의 22%를 차지하였다. 치료자가 치료방법보다 더 중요했다. 치료방법에 따라 차이가 있다는 가정은 증명되지 않았다. 이미 언급하였듯이, 치료성공에 중요한 것은 **치료방법보다 효과요인**과 **효과차원**이다(Grawe, 2004; Grawe et al., 1994; Lambert, 2004; Norcross, 2010, 2011; Norcross et al., 2006; Sprenkle & Blow, 2004).

전문적 치료기법 가설

효과요인들과 효과차원들은 내담자로 하여금 문제해결 및 사고방식과 인지, 감정 그리고 행동 조절을 최적화하여 적절히 행동하고 자신과 가족구성원 그리고 치료자와 관계를 맺을 수 있도록 도와준다. 이를 통해 내담자는 욕구에 맞는 경험을 하고 더 나아가 새로운 행동을 시도함으로써 발달한다. 효과요인들은 내담자에게 중요한 차원들에서 활용될 수 있다. 개별 효과요인은 각각의 효과차원과 관련하여 실시되어야 한다. 이 작업은 체계적으로 이루지는 것이 아니다. 각 사례마다 개별 효과차원에서 효과요인과 그 효과가 검증되어야 한다. 효과요인과 효과차원은 〈표 3-3〉과 같다.

〈표 3-1〉 치료와 건강증진 프로그램의 성공예측변인으로서 효과요인과 효과차원

구분	체계차원	관계차원	대화	의미	평가차원	변화
공감: 세심한 이해						
존중과 격려						
동기 규명						
치료자의 역량						
진정성과 충실						
절제와 중립성						
자원활성화						
문제해결과 역량보완						

공감: 세심한 이해

내담자는 치료에 만족할수록 자신의 생각과 감정이 이해받았다는 느낌과 함께 치료자가 공감적으로 대해 주었다는 인상을 받는다. 앞으로 언급하겠지만, 내담자에게 중요한 신경심리스키마와 관심사 그리고 생각을 종합적으로 규명하는 것도 중요하다. 이것이 개별 내담자에게 이루어지지 않으면 가족을 대상으로 한 치료에서 치료자는 여러 요구들을 한꺼번에 처리해야 할 것이다. 이미 살펴보았듯이, 가족구성원들은 공동생활에서 많은 관심사와 생각을 공유하고 있다. 하지만 그렇다고 서로 다르지 않다는 것은 아니다. 중요한 영역에서 서로 다른 해석으로 서로 다른 감정을 갖고 다르게 행동한다. 가족구성원들이 일탈적 생각이나 의견을 과감하게 표현할 수 있는지는 살펴보아야 한다. 신경심리스키마는 개인이 자신도 설명할 수 없는 방식으로 반응하도록 한다. 이것은 가족구성원 모두에게 해당되므로 가족에서 어떤 일이 벌어지는지를 이해하는 것은 매우 어려운 일이다.

가족모델표상 대 개인모델표상

공감은 다음과 같이 정의된다(Beutler et al., 2004; Grawe, 1998, 2004; Norcross & Wampold, 2011; Norcross et al., 2006; Rogers, 1963/2004; Sachse, 2002; Schäfer, 2003; Schütz & Luckmann, 1979; Thomae, 1992; Wallbott, 2000).

- 이해할 준비가 되었다는 의미에서의 치료적 태도
- 체계와 개인 그리고 그의 생활세계에 대한 특별한 감수성
- 가족과 그 하위체계의 구조와 관점 그리고 관심사와 이들의 관계를 적절한 방법으로 밝혀서 투명하게 하는 구체적인 치료행동

적절한 심리학적 전략에 대해서는 앞으로 더 자세히 다룰 것이다(4장 1절 참조)

대물림된 가족구조를 파악하고 가족구성원들이 일상생활에서 자신의 견해와 관계사를 솔직히 표현할 수 있으며 자신들의 무의식적 스키마를 알기

내담자의 침묵

위해서는 탐색에 적합한 도움이 필요하다. 내담자들은 자신의 행동에 대한 간단한 질문에 제한된 정보만 줄 수밖에 없다. 자신에 대해 많은 것을 모를 뿐 아니라 알고 있는 정보들을 서로 연결시키기도, 체계론적 관계에서 보지도 못한다. 따라서 중요한 추론을 할 수도 없다. 가족구성원들은 자신들의 가족과 각 개인에 대해 많은 것을 '알고 있지만', 예를 들어 여러 세대에서의 부부관계와 부모-자녀관계 간 관련성을 보지 못한다. 일상에서의 심리학적 해석은 대개 개인이나 양자관계에 국한되기 때문에 가족구성원들이 특정 습관과 태도만을 간직하는 그 배경에 대해서는 더 이상 묻지 않는다. 일들이 어떻게 무의식적인 신경심리스키마에 근거해서 해석되고 규정되는지는 대개 작은 언어적 그리고 비언어적 표현을 통해 분명해진다.

사례

부부치료에서 35세 부인이 격분해서 남편을 비난한다. 내용인즉, 자고 있는데 등 뒤에서 남편이 발기된 성기를 들이대서 잠을 잘 수 없었다는 것이다. 이에 대해 남편은 놀란 듯 변명하기에 급급하다. 치료자가 부인의 격분에 대해 말하면서 무엇이 그렇게 좋지 않았는지 묻자, 그녀는 그런 기습적 접근은 '항상' 극히 불쾌하며 '과거'를 상기시킨다고 한다. 그녀는 과거 부모로부터 보호받는다고 느끼지 못했다고 한다. 그녀는 부모에 대해 분개한다. 하지만 부모로부터 '무슨 일이 있었다'고 자세히 말할 수 없었다. 그녀에게는 안 좋은 그 무엇이 있었고 그것이 없었더라면 그녀가 그렇게 격한 감정이 있을 수 없었다는 것이 밝혀졌다. 그녀는 이러한 연관성을 알고 나서야 스스로 자신의 감정을 이해하게 되었다. 그녀가 과거 외상기억으로 과민 반응을 보인다는 것을 치료자가 그대로 이해해 주는 것이 그녀에게는 기분 좋은 경험이었다. 이어지는 치료에서는 과거 성폭력 경험과 현재 민감성과의 관련성이 자세히 다루어졌다.

신경심리스키마에 이르는 열쇠는 대개 전문적 치료관계에서 내담자의 행동에서 발견된다(Grawe, 2004). 치료자는 다음과 같이 자문을 할 수 있다.

- 현재 내담자의 행동 뒤에는 어떤 접근목표가 숨겨져 있는가? 내담자는 나에게서 어떤 것을 성취하고자 하는가?

–현재 내담자 행동 뒤에는 어떤 회피목표가 숨겨져 있는가? 내담자는 무엇을 피하거나 원치 않는가?
–내담자는 나에게 어떤 감정이나 환상을 불러일으키는가?
–내가 내담자에게 믿는 것은 무엇이고 믿지 못하는 것은 무엇인가?

이들 자기성찰적 질문을 통해 내담자의 스키마와 감정에 대한 힌트를 얻을 수 있다.

사례

부인 A는 남편이 치료자의 질문에 대해 사장이 일을 많이 시켜 밤늦게까지 회사에서 일을 해야 한다는 말에 증오스런 눈초리로 치료자를 바라보았다. 치료자는 그녀의 눈초리가 자신과는 무관하다는 것을 알아차리고 질문하였다. "당신은 지금 매우 화가 나는군요?" 부인은 항상 방치된 느낌이라고 하였다. 치료자는 그녀의 휘둥그레진 눈과 목의 붉은 반점을 보고 더 할 말이 있다는 것을 직감하고 "지금 어떤 기억이 떠오릅니까?"라고 질문하였다. 부인은 울먹이며 말했다. "어려서 나는 아버지로부터 어떤 돌봄도 받지 못했고, 그래서 항상 거절당하는 느낌이었어요."

치료자의 행동은 내담자가 이해받는 느낌이 들 때 공감적이다. 내담자의 생활세계가 치료자에게 낯설고 치료에 참여하는 가족구성원이 많을수록 공감은 더 어렵다. 다세대가족치료에서 10명 이상의 가족구성원들이 만날 수도 있다. 이런 경우 사전준비와 추수치료가 더 중요하다. 공감을 위해서는 전문적 탐색전략의 활용이 필요하고, 내담자 개인은 개별적으로, 부부나 가족은 그들의 특성과 욕구에 맞게 존중하고 이해하려는 태도가 중요하다. 공감은 그 나름대로의 행동과 자세가 필요하다.

태도로서 공감

존중과 격려

치료자와 치료에 대한 가족과 가족구성원의 신뢰는 그들이 얼마큼 정서적으로 **수용되고** 문화, 가족 그리고 개인 측면에서 **존중받느냐**에 달려 있다.

가족구성원의 경시

다세대 및 스키마 중심의 치료에서는 존중이 여러 이유에서 중요한 의미를 지닌다. ① 세대들, ② 하위체계들, ③ 일가족의 개별 구성원들은 나름대로 존중을 받길 원한다. 가족구성원들이 서로 수용하지 못하는 사이인 경우에는 치료자의 수용이 더 중요하다(Schäfer, 2003; p.165의 사례 참조).

이미 살펴보았듯이, 가족구성원의 신경심리스키마와 **자존감**은 과거 경험에 따라 좌우된다. **회피스키마가 강하고 자존감이 약한** 사람은 부정적 귀인에 취약하다. 부정적 귀인을 부정적 자기평가로 받아들인다(Argyle & Henderson, 1986; Schütz, 2003). 그렇다고 자존감에 대한 **욕구**가 없거나 긍정적 평가를 모르는 것도 아니다. 높은 자존감과 양질의 삶을 위해서는 **타인평가**와 **자기평가**를 분리하는 것이 중요하다. 타율성이 자율성으로 대체되어야 한다. 불안과 저항을 예방하기 위한 정체성 관련 **귀인**은 안정된 **신뢰관계**에서 다루어져야 한다.

타자평가와 자아평가의 분리

가족구성원들이 이해받고 수용된다고 느끼기 위해서는 치료자가 그들의 특성과 감성을 고려하여 민감하게 대해야 한다. 그들의 말이나 사투리, 문화, 가치 그리고 규범이 그 예들이다(Brandstäter & Kronberger, 2003). 이슬람 이주가족은 가족치료에서 그들의 전통적 가족규칙에 따라 독일 가족과 같이 행동할 수 없다. 이러한 점을 파악하기 위해서 치료자는 문화와 언어에 대한 사전정보가 필요하다(체계지식). **성역할에 관한 문화적 고정관념**들도 **보편적 인권**이라는 측면에서 조심스럽게 접근해야 한다(UNO, 1948). 내담자는 자신의 문화적 모델표상에 근거하여 치료에서 자신이 달리 수용될 것이라고 예상한다. 이로 인해 치료자의 행동이나 외모가 저항을 불러일으켜서 치료적 관계가 어려워지거나 무너질 수도 있다(Beutler et al., 2004; Schäfer, 2003).

거부 대 이해

치료자가 내담자의 행동이나 특성을 거부하면 존중의 문제에 직면할 수 있다. 많은 치료자들이 나치 또는 성범죄자들과 그들의 가족에 대한 치료를 거부한다. 이런 경우, 이해와 동의를 구분하는 것이 도움이 된다. 범죄자이지만 미화하거나 칭찬하지 않고 한 인간으로서 존중할 수 있다. 우리는 거부하면 아예 이해하려 하지 않는다. 다시 말해, 이해하는 자세는 주어진 조건에 달려 있다. 세밀한 조사에 앞서 평가와 판단부터 한다. 이러한 행동은 논리적으로 모순되고 윤리적으로도 미심쩍지만 일반 사람들의 습관이고 심리이다. 이런 습관은 강화되기 때문에 치료자라도 환자들이 존중받는 느낌이 들도록 행동하기 어렵다. 성범죄자와 같이 불량한 환자의 경우, **사람과 행동** 그리고 **이해와 동의**를 구분하는 것이 중요하다. 모든 치료자는 자신이 '불량한' 내담자를 치료할 자세가 되어 있는지 자문해야 한다. 자신이 없으면 환자와 그의 가족구성원들을 역설적 상호작용에 빠트리는 것보다 솔직히 치료를 보류하여야 한다. 환자는 작은 신호에도 안정성, 예측가능성, 투명성, 비밀유지, 재량 등과 관련하여 얼마큼 기대할 수 있는지 알아차린다(Beutler et al., 2004). 이에 따라 **존중받는다는 느낌**의 정도가 정해진다. 이러한 관계문제들은 **슈퍼비전**에서 세심하게 검토해서 처리되어야 한다. 기본욕구에 관한 논의에서 살펴보았듯이, 발달과 건강에 중요한 동기스키마는 기본욕구를 바탕으로 형성된다. 접근스키마는 성공지향적이고 회피스키마는 실패와 피해에 대한 대비가 목적이다. 따라서 가족구성원 개인의 신경심리스키마가 어떤 욕구목표에 맞춰졌는지가 밝혀져야 한다.

이해와 동의는 다르다

동기 규명

동기 규명은 다세대가족치료에서 중요하다. 그 이유는 여러 세대들과 하위체계들의 구성원들이 서로 다른 욕구와 목표를 가지고 있기 때문이다(1장 참조). 가족구성원의 **생애** 및 **가족주기별** 발달에 따라 동기와 동기부여가 변화한다(2장 2절 참조). 동기와 동기부여가 양립하지 않으면 다양한 갈등이 발생한다. 소망과 욕구를 충분히 표현하지 못해서 힘들어하거나 '좋아지기만을 바라는' 가족들이 많다. 이런 경우는 일상생활을 통제하고 대화를 대체하는 가족전통과 관련이 깊다. 이런 가족에서는 전통적인 방법으로 해결될 수 없는 상황이 되면 가족구성원들이 쉽게 무기력해지거나 스트레스를 받는다. 스트레

스트레스로 인한 자신과 타인과의 문제

스로 자원과 방안에 접근하기 어려워진다. 대화가 없고 스트레스가 쌓이면 갈등이 쌓이고 문제는 차선책으로 해결된다. 많은 가족에서 또 다른 문제는 가족 전체가 함께하는 대화보다는 **쌍방대화**만 하는 습관이다. 쌍방대화의 단점은 다른 가족구성원들이 배제되어 기만당하거거나 피해 본다고 느끼는 것이다. 정보획득이 **내용적으로, 시간적으로** 불평등할 뿐 아니라 동기가 약해지고 다른 문제들도 발생한다. **가족규칙**에 따라 특정 소망이나 욕구를 가져서는 안 되고 심지어는 표현조차도 금하는 경우(**터부**)도 많다.

가족재산을 둘러싼 다툼은 대개 과거 불미스런 일이 있었다는 징후다. 모델표상과 우선순위를 수정하기 위해서는 그 불쾌함이 먼저 규명되어야 한다.

사례

부모의 유산분배에 관한 자매 간 대화에서 막내딸이 어머니의 식탁을 갖고 싶다고 한다. 그녀는 이미 어머니의 동의도 얻었다. 이에 대해 맏딸이 분노하며 반응한다. 장녀로서 부모의 가구를 인수해서 다음 세대로 물려주어야 할 '권리'가 있다는 주장이다. 어머니로부터 기만당한 느낌이고 동생들이 '무례하다'고 한다.
맏딸은 어머니가 가족과 가족위계에 대한 자신의 '성스러운' 모델표상을 의심했다며 어머니와도 다툰다. 이런 모델표상에 따른 주관적 우선순위가 높아지면 동일시도 강해지고 쉽게 자존심에 상처를 입는다. 기대가 좌절되면 감정표현도 강해진다.
원치 않았던 아이로 자란 맏딸은 다른 딸보다 '항상 손해 본다'고 느꼈다. 이는 곧 어린 시절 불일치경험이 있었고 회피스키마가 형성되었음을 의미한다. 이로써 관계에서의 그녀의 민감함을 이해할 수 있다.

가족구성원들은 치료자의 도움으로 자신들의 개인적 모델표상과 소망을 세심하게 밝히는 것이 중요하다는 것을 익혀야 한다. 가족구성원의 관계경험들을 활용하는 것도 중요하다. 가족구성원들은 대개 내담자가 특정 상황에서 어떻게 반응하는지, 언제 특히 조심해야 하는지 등에 대해 내담자보다 더 잘 알고 있다. 이를 통해 신경심리스키마를 좀 더 쉽게 감지하고 치료에 활용할 수 있다. 치료자는 애착유형을 검사할 수도 있다(Hoger, 1999). 이를 통해 가족구성원들은 서로에 관하여 알고 이해한다고 해서 동의하는 것은 아님을 깨닫는다. 치료자가 이해 여부에 대해 질문하면 내담자는 이해하려는 노력이 혹여 동의나 자신의 입장 약화로 비쳐질까 두려워한다. 따라서 내담자가 이런 식으로 듣지 않도록 하는 것이 중요하다. 전혀 이해하지 못한 사실을 평가하는 것이, 오해로 인해 관계가 훼손되는 것처럼 좋지 않다는 것을 간과하기 쉽다. 가족구성원은 다른 가족구성원들이 자신을 수용하고 경청한다는 느낌을 기대한다. 이는 신중한 쌍방대화를 통해 다양한 목표들을 조율하기 위한 전제조건이다. 가족구성원들의 동기가 규명되지 않으면 합의하기 어렵다. 문제는 더 커진다. 모든 가족구성원들과 치료가 불가능할 경우에는 그들의 모델표상을 재구성하고 그에 따른 가설을 세울 수 있다. 이 작업은 가족체계맥락에서 가족구성원들의 역할과 심리적 입장을 체계론적으로 분석하거나 역할극 또는 가족모델을 통해 할 수 있다. 이로써 다른 가족구성원들의 감정을 예민하게 공감할 수 있다. 이러한 작업은 예방적 차원에서 건강증진 프로그램에서 하는 것이 좋다. 여러 세대에 걸친 가족구성원들의 소속의식을 높이고 갈등을 예방할 수 있기 때문이다.

가족구성원의 변화하고자 하는 자세는 여러 요인에 의해 영향을 받는다. 따라서 **초이론적**transtheoretical 의미에서, 가족구성원 개인이 어떤 **변화단계(사전고려, 숙고, 준비, 행동, 안정화, 종료)**에 있는지를 개별적으로 규명하여야 한다(Norcross & Wampold, 2011; Prochaska & Norcross, 2010). 가족구성원의 **대인관계유형**도 고려되어야 한다. **의존적**anaclitic 유형은 관계를 지나치게 조심스러워한다. 치료적 관계도 마찬가지다. 이에 반해 **내사적**introjective 유형은 과도한 경계설정, 자율성 그리고 통제가 특징이다. 이러한 환자들은 투사, 합리화, 주지화intellectualization, 활동과 비활동activity and inactivity, 반동형성reaction formation, 과잉보상overcompensation 등의 방어기제가 강하고 서로 신뢰하고 다정한 관계를 유지하려는 노력을 게을리한다(Blatt et al., 2005; p.87의 '6) 경계' 참조). 분노와 공격성은 개인적 특성의 표시로서 치료를 어렵게 한다.

치료자의 역량

치료성공을 위한 치료자 역량의 중요성은 이미 입증되었다. 4개 대규모 결과분석에 대한 메타분석에서, 치료자의 개인적 특성이 치료결과 전체 분산의 5～9%를 설명하는 주요 변수임이 밝혀졌다(Norcross, 2010; Norcross & Wampold, 2001). 이 같은 결과는 Wampold(2001)의 연구에서도 나타났다. 치료자 효과가 처치 효과보다 강했다. 이러한 사실은 치료자가 엄격한 통제하에 매뉴얼대로 따르는 인지행동치료에 관한 연구에서도 밝혀졌다(Hupert et al., 2001; Norcross, 2010, 2011). 공황장애 환자집단에서는 치료자 효과가 18%까지 기록되었고, 알코올중독 환자집단에서는 6% 이상이었다(Grawe, 2004; Lambert, 2004; Norcross, 2010; Norcross & Wampold, 2011). 미국심리학회 분과 29에 따르면(Norcross, 2010; Norcross & Wampold, 2011), '앞으로도 효과적인' 치료자의 개인적 특성은 다음과 같다.

–환자를 위한 조력과 모델로서 치료자의 자기개방
–치료자 자신의 역전이에 대한 작업
–관계 중심 해석의 질

저항이 심한 환자에 대해서는 그의 자기통제를 고려하여 규정에 의한 접근을 자제하는 한편, 협조하는 환자에 대해서는 환자를 규정대로 접근해서 이끌어 가는 것이 바람직하다.

둔감한 치료자

치료자의 감수성은 아쉬운 점이 많다. 응답한 환자 65%가 부정적 내용은 발설하지 않는다고 했지만 치료자의 27%만이 그 사실을 인식하였다. 환자들이 자신들의 문제를 표현하길 참고 있었지만 치료자들은 치료시간이 45% 이상 지나서야 그 사실을 알아차렸다(Norcross & Wampold, 2011).

치료자의 애착유형

치료자의 애착유형도 중요하다. 헌신을 두려워하는 치료자는 집착이 강하고 거부적 환자를 공감하지 못한다. Tyrrell 등(1999)에 따르면, 치료자의 애착유형과 환자의 애착유형이 상호 보완적일 때 최고의 치료결과가 나온다고 한다. 수용적 환자와 거부적 치료자 또는 그 반대의 경우 가장 잘 작업할 수 있다. Grawe(2004)에 의하면, 치료자는 환자가 다정하고, 공감적이고 이해심이 많고, 적극적이고, 믿을 수 있고, 의지할 수 있다고 느끼는 사람이어야 한다. 치료자와 환자의 유형 차이가 치료결과에 미치는 영향은 감정이 배제된 치료개입으로 도움을 받은 지나치게 감정적인 환자에서도 나타났다. 하지만 감정을 억제하는 환자는 자신의 감정을 말로 표현하고 관계를 맺기 쉬운 치료방법에 더 잘 반응하였다(Beutler et al., 1991; Hardy et al., 1999).

전문적 역할 요구사항 충족

치료자 역량은 내담자를 위한 **역할요구사항들**의 충족을 의미한다(Büssing, 1992; Hacker, 1978/1998; Kaiser, 1982, 2006). Grawe(2004)의 연구에서는 치료자 역량의 효과크기가 1.0이었다. 치료자로서 자세, 전략과 기법 그리고 내담자 문제와 생활환경에 대한 전문성이 치료자 역량에 속한다. 다양하고 상반된 **기대들**을 고려하여 절제된 자세를 잃지 않고 건설적으로 대처하는 것도 치료자의 역할요구사항에 속한다. 다세대 치료에서 기대는 **역전이**와 **가족의 상호작용**에서 비롯될 수 있다. 이러한 역전이와 가족의 상호작용은 변화되어야 할 중요한 치료 대상이다. 치료자와 치료에 대한 환자의 낙관적 기대는 중요한 성공예측변인이다. 가족구성원들은 치료자의 역량을 신뢰하면 자신들의 상황개선을 희망하고 더 적극적으로 치료에 임한다(**개선기대**; Grawe, 1998: 25).

치료자는 내담자의 관심 속에 복잡한 상호작용과 전이과정을 다루어야 하기 때문에 높은 수준의 자기성찰과 권위에 대한 요구가 크다. 치료자는 한 인간으로서 이런 요구에 맞춰 준비하고 훈련하여야 한다(Kaiser, 1989; Märtens & Petzold, 2002; Beutler et al., 2004; Grawe, 2004; Thomä & Kächele, 2006; Goodheart et al., 2006; Strauß et al., 2006). 일상적 스트레스에 대처하기 위해 치료자는 편안한 생활환경과 사적인 지원체계가 필요하다. 지나친 부담감, 성공체험 부족, 권태 그리고 기타 업무 불만요인들이 사전에 예방되어야 한다.

전문적 역할과 관련하여 치료자는 과연 자신의 역할에 대해 어떻게 해석하며 작업하는지 그리고 내담자와의 관계에 대해서는 어떤 생각을 하는지 자문할 수 있다(p.177의 '4) 효과차원' 참조). 역할수행자가 질 높은 역할과업을 수행하고 역량을 발휘하기 위해서는 그에 상응하는 자원이 있어야 하고 대내외 환경으로부터 방해받지 말아야 한다. 방해요소들에 대해서는 항상 세심한 주의가 필요하다.

진정성과 충실

진정성은 사고와 감정 그리고 언어적 표현과 비언어적 표현이 일치하는 것이다(Beutler et al; Wampold, 2001, 2004). 치료자의 말과 행동이 모순되거나 언어적 표현과 비언어적 표현이 서로 일치하지 않으면 불안하게 만든다. 진성성은 자신의 생각을 무조건 공개한다는 의미가 아니다. 환자는 자신과 가족구성원들에 집중하기 위해 도움을 받아야 한다. 이를 위해 치료자의 절제abstinence가 필요하다. 절제는 특히 가족구성원들이 가족싸움에 치료자를 개입시켜 기능하도록 할 경우에 필요하다. 자아일치성self-congruence의 전제조건은 치료자가 자신의 감정과 타인에 미치는 영향에 대해 잘 아는 것이다. '복잡한 감정'은 타인에게 그에 상응하는 영향을 미치므로 가능한 치료의 [illegible]는 편안한 공간에서 파악하여 해소되어야 한다. 치료자로서 자신에 관해 분명한 생각을 갖지 못하면 치료에 예기치 않은 영향을 미친다. 자신의 기분이 억양, 몸짓 또는 표정 등의 비언어적 신호를 통해 타인에게 어떤 영향을 미치는지는 **비디오피드백**을 통해 알 수 있다(마이크로티칭microteaching). 직접 도움을 받을 수 있는 **현장 슈퍼비전**live supervision도 좋은 방법이다(Argyle, 1979; Whiffen & Byng-Hall, 1982; Jacobs et al., 2002; Strauß & Geyer, 2006).

진정성의 전제조건은 **충실**allegiance이다. 충실은 자신의 말과 행동에 책임진다는 의미다. 이를 위해 치료자는 자신 있는 접근법을 선택하는 것이 중요하다. 자신 없고 불안하면 신빙성이 떨어진다. 이에 대해 환자들은 세심한 육감을 가지고 불안스럽게 반응한다. 충실에 관한 연구결과, 치료성공을 위한 충실의 효과크기는 0.65로 나타났다(Beutler, 1989; Goodheart et al., 2006; Lambert, 2004; Luborsky et al., 1999; Norcross et al., 2006; Wampold, 2001).

절제와 중립성

절제는 내담자에게 집중하고 자신의 생각과 이해관계를 뒤로 미루는 것이다. 정말 공감하기 위해서는 자신의 관심과 내담자의 관심을 구분해야 한다(Miller et al., 2012; p.161의 '3) 효과요인들' 참조). 방어와 회피에 맞춰진 환자의 신경심리스키마는 치료자에 대해 혐오 반응을 일으킨다. 그러한 **전이행동**을 인식하고 공감적으로 대처하기 위해서는 내담자의 행동에 대해 치료자 개인 자신과는 상관없는 **전문가로서의 관심**만을 표시하는 태도가 전제되어야 한다. 하지만 내담자 행동을 식별하기 위해서는 엄격한 훈련이 필요하다. 절제는 태도이자 행동이기도 하다. 치료자는 환자의 감정과 행동에 대해 내용적으로 동의하지 않는다. 이는 치료적 성찰의 대상으로 보기 위함이다. 절제는 환자가 공격적 또는 성적 표현을 하거나 편짜기를 시도할 경우 특히 중요하다. 절제를 잃으면 투사, 전이 그리고 기타 징후를 나타내는 과정들을 처리할 수 없다(Grawe, 2004; Thomä & Kächele, 2006). 치료자는 전문가로서 자신의 독립성을 유지하기 위해 자신의 가치뿐 아니라 이해관계 및 욕구충족을 억제하여야 한다. 욕구충족이 지식적 목적이 아니라 사적 호기심을 위한 것이라면 문제가 된다.

치료자의 절제와 중립성은 **부부 및 가족치료**에서 특히 중요하다. 여러 세대와 하위체계에 속한 가족구성원들은 자신을 가족의 가치, 모델표상 그리고 의견과 강하게 동일시하기 때문에 조금이라도 벗어난 해석에 대해서는 모욕감을 느낀다. 이로 인해 많은 가족다툼이 벌어진다. 가족구성원은 치료자가 자신의 해석과 다른 해석을 한다거나 다른 가족구성원과 연대한다는 인상을 받으면 치료자가 **편파적**이고 자신을 **공격**한다고 해석한다. 따라서 비언어적

치료자의 비언어적 표현

표현에도 조심해야 한다. 내담자가 '낯선' 말을 하면 치료자도 쉽게 얼굴을 찡그릴 수 있다. 하지만 이로 인해 전문가로서 역할을 잃게 된다. 진정성을 잃으면 치료목표도 잃게 된다.

가족 작업에서 치료자는 모든 가족구성원이 자신에게 호감을 갖지 않으면 차별적으로 대할 수 있다. 하지만 이로 인해 중립성이 훼손된다. 대화에서 불이익을 당한다는 느낌을 지우기 위해서는 가족구성원 모두에게 말하는 시간을 동일하게 주고 충분한 관심을 보이는 것이 중요하다. 일시적으로 특정인에게 편을 든다고 느낄 수 있는 행동도 모두에게 차례대로 동일하게 대하면 문제가 되지 않는다. 이것을 '모두에게 편들기' 또는 **제편성**諸便性, multidirected partiality이라고 한다(Boszormeny-Nagy, 1986; Cierpka et al., 2005; Stierlin et al., 1977; Strauß & Geyer, 2006; Wirsching & Scheib, 2002). 부부와 가족에 대해서는 대화를 조심스럽게 구조화된 모더레이션(moderation) 방식으로 진행하여야 한다. 예를 들어, 말수가 적은 사람은 질문을 통해 적극적으로 표현하도록 하여 말이 많은 사람으로 인해 불이익을 받지 않아야 한다. 논란의 소지가 되는 주제에 대해서는 적절히 조율하여 갈등이 고조되지 않도록, 특히 당사자들이 지나친 부담감을 갖지 않도록 한다. 가족구성원들이 교육수준이 다르거나 어린아이나 환자처럼 생애주기와 생활상황이 다른 경우에는 각자에 적합한 치료행동이 특히 중요하다.

내담자 또는 가족구성원과의 사적인 만남은 독립성과 중립성이 훼손될 수 있으므로 주의가 필요하다. 전문가로서의 역할은 다른 역할들과 경쟁하게 되면 지속적으로 수행하기 어렵다. 이러한 경우라면 슈퍼비전을 통해 도움을 받아야 한다(Cierpka et al., 2005; Strauß et al., 2006; Thomä & Kächele, 2006; Wirsching & Scheib, 2002).

자원활성화

내담자가 목표를 향해 전진하기 위해서는 가능한 조기에 더 나은 삶에 대한 비전과 시나리오를 명확히 하고 다른 사람들과 서로 비교하는 작업이 필요하다(p.147의 '3) 미래작업' 참조). 이와 관련하여 내담자가 한 개인으로서 그리고 가족관계와 전통에서 어떤 자원을 가지고 있는지를 살펴야 한다. 가치를 인정받지 못하거나 활용되지 않은 잠재력들이 많다. 병자, 노인 또는 소외된 사람은 자신의 권리와 가능성에 대해 잘 알지 못하며 관련 정보나 기관을 활용하지도 못한다. 또한 가족의 많은 자원들을 보지 못하고 활용도 못한다. 그 이유는, 예를 들어 가족구성원 간 대화가 어렵기 때문이다. 흔히 볼 수 있는 방해요소는 상처받은 자존심이다. 가족구성원들은 서로 자존심에 상처를 입어 협력하지 못한다. 오해도 자원활용을 막는 요소다. 대화 개선을 통해 구성원들이 서로 도움이 될 수 있도록 하는 것이 필요하다(Bodenmann, 2004; Thurmaier, 1997).

새롭고 더 긍정적인 생활개념과 신경심리스키마가 발달하기 위해서는 내담자가 매 치료 회기마다 **애착, 통제** 및 **자존감 욕구**를 충족하는 긍정적인 경험을 해야 한다(Grawe, 2004; Norcross, 2010; Norcross & Wampold, 2011; Norcross et al., 2006; Textor, 1998; Wampold, 2001). 이와 함께 내담자는 다음과 같은 기회를 가져야 한다.

- 내담자는 치료자와 치료 그 자체를 긍정적인 체험과 발달을 위한 자원으로 경험한다.
- 치료나 건강증진 프로그램을 통해 기존 또는 새로운 자원을 발굴하고 활성화하며 활용하는 법을 학습한다. 그동안 편파적이고 부정적으로만 보았던 가족 전체와 그 역사를 긍정적으로 조망한다.
- 자신과 가족구성원에 대해 서로 욕구 중심으로 대하고 가족체계를 상호지원과 삶의 질의 원천으로 최적화하는 것을 배운다. 다세대가족치료의

강점은 참여자들과 함께 실질적 문제에 대해 대화하고 관계의 어려움을 해소하는 데 있다. 공정한 '주고받음'이 중요한 관건이다(Boswormenyi-Nagay & Spark, 1982).

실제 문제들에 대한 작업도 **고무적이고 자원 중심적** 관계에서 처리되어야 한다. 치료자가 적극적일수록 치료의 성공가능성은 더 높아진다. **긍정적 암시**connotation(Selvini-Palazzoli et al., 1977, 1980) 또는 **재구조화**reframing(Talmon, 1996) 기법은 어려운 주제를 새로운 관점에서 바라보는 데 특히 필요하다. 가족, 쌍방 및 부부 대화를 촉진하기 위해서는 비디오를 활용하는 방법이 좋다(Bodenmann, 2004; Papousek & Wollwerth de Chuguisengo, 2006; Suess & Kißgen, 2005).

문제해결과 상호역량보완

비일관성의 근원으로서 문제들

내담자는 구체적인 관심사를 가지고 있으므로 치료에서 해결책과 그 이행 방법이 마련되어야 한다. 문제는 긍정적 욕구충족을 방해하고 회피스키마를 활성화시키는 비일관성inconsistency의 근원이다(Grawe, 2004).

가족 전체를 대상으로 하는 다세대 중심의 작업에서도 기존의 치료적 문제해결 및 극복을 위한 접근법들이 활용될 수 있다(Goldfried & D'Zurilla, 1969; Kim Berg, 1993; Perrez, 2000; Bodenmann, 2004; Kaiser, 2006b; 4장 1절 참조). 이 접근법들을 통해 자원들을 활성화시키고 가족을 가로막는 걸림돌들을 제거할 수 있다.

이미 언급하였듯이, 많은 문제들이 즉시 해결책에 대해 생각할 수 있을 만큼 명확하지 않다. 개인적 장애나 상황에 대해서는 그 문제의 요인과 기제 그리고 배경을 밝히기 위해 정밀한 탐구가 필요하다. 상황분석에서는 문제상황의 각 측면에서 작동하는 신경심리스키마가 밝혀져야 한다(p.131의 '1) 다세대가족치료의 역사적 발전과정'과 p.202의 '3) 역량훈련' 참소). 많은 가족문제가 수치심으로 인해 규명되기 어렵다. 기존 역량들이 단지 활용되지 않고 있는지, 아니면 역량이 전혀 없는 것인지가 규명되어야 한다. 개인, 부부 그리고 가족의 문제들은 발설하지 않으려는 **저항**이 크다. 가족문제는 두려움이나 수치심 때문에 당사자의 감정이나 자존감을 해치지 않기 위해 회피한다. 이 점에 대해서는 **효과차원**, 신경심리 그리고 체계론적 가계도 분석(p.135의 '2) 체계론적 가계도 분석' 참조)과 연관하여 다룰 것이다.

치료에 성공하기 위해서는 효과요인과 함께 치료연구에서 밝혀진 효과차원이 고려되어야 한다(Beutler et al., 2004; Grawe, 2004).

4) 효과차원

체계차원: 가족, 하위체계 그리고 개인

체계는 가족구성원들이 상호작용하는 가족과 그 하위체계 그리고 여러 차원에서 가족 외 체계맥락을 의미한다(2장 3절, 4절 참조).

체계차원은 다세대 작업에서 특히 중요하므로 **체계 특성**, **가족기능성** 그리고 가족 전체, **하위체계** 및 **가족구성원**의 **가족주기별** 발달 등, 가족구성원들의 삶의 질을 위해 중요한 요인에 주목하여야 한다(2장 1절, 2절; [그림 2-5] 참조). 가족체계와 얽혀 있는 사회, 직업, 조직 등 다양한 차원의 체계맥락들과 가족구성원 개인 간 상호작용이 논의되어야 한다. 다세대가족은 그 자체로서 매우 복잡한 사회구성체이므로 가족구성원들은 자신의 가족체계를 세밀히 들여다보기 어렵다. 여기에 외부체계들과의 상호작용들이 더해지면 더 어려워진다.

가계도 분석과 같은 도구를 활용하면, 예를 들어 복합가족의 구조를 열악한 생활환경과 역사 · 정치적 사건을 배경으로 또는 유언과 임무 위임delegation과 관련하여 파악할 수 있다. 이런 방법으로 지금까지 의식하지 못한 관계들까지 접근할 수 있다(McGoldrick & Gerson, 2002; Hehl, 2003; Kaiser, 1989, 2006b).

체계차원에서 각 세대별 하위체계들과 그들 간 상호작용도 조사해야 한다. 중요한 하위체계들은 대개 부부와 형제자매 집단이다. 이들 하위체계의 체계를 위한 기능성은 다른 하위체계들과 가족구성원들 사이의 상호작용에 영향을 미친다(2장 3절, 4절 참조). 예를 들어, 부부관계가 좋지 않은 조부모는 아들 그리고 손주와 강한 동맹을 형성하지만 며느리나 사위에게는 문제가 될 수 있다.

사례

남편은 경기가 좋지 않은 조선회사에서 철공노동자로 근무한다([그림 3-3] 참조). 회사에서는 성과에 대한 압력이 크고 안전장치도 열악하다. 얼마 전 그는 동료가 철골기둥에 깔려 죽는 장면을 목격했다. 교대근무가 잦고 통근거리도 멀다. 남편은 집에 없는 날이 많으니 집안 분위기가 늘 좋지 않고 집에 있는 날에는 술만 마신다. 부인 H는 만성 편두통에 시달리고 있고 열 살 된 딸아이는 학교문제에 행동장애까지 있어 '양육치료'를 신청한 상태이다. 남편은 어머니와 함께 살고 있는 할머니(75세)의 종아이다. 부인의 어머니는 집을 사는 데 돈을 빌려 주었기 때문에 일부 소유권을 가지고 있다. 남편은 장모를 싫어한다. 그는 일곱 살경 교통사고로 아버지를 여의었고 의붓아버지로부터 항상 거절당했다. 그는 처음에는 마지못해 치료를 받으러 왔다. 감추는 것이 많았고 짜증스럽고 공격적으로 반응했다. 가족구성원들의 문제들을 경험하고 이해하는 데 체계론적 관점이 매우 유용했다. 다세대가족 전체와의 가족치료 이후 부부와 함께 자신들의 삶의 질 향상과 부부분리에 대해, 남편과는 직장스트레스와 힘든 생활에 대해 그리고 아들과는 학교상황에 대해 치료하였다.

가장 중요한 가족의 하위체계는 가족구성원들이다. 개인적 특성, 저항, 상처 등을 가진 가족구성원들은 치료의 과정 및 성공에 커다란 영향을 미친다(Goodheart et al., 2006; Norcross et al., 2006; Orlinsky & Ronnestad, 2005). **외향성/내향성, 정서적 과민성/신경증, 내재화 성향과 외재화 성향** 등과 관련된 스키마도 치료성공에 영향을 미친다. 이를 통해 치료방법의 종류와 강도에 대한 추론을 할 수 있다. 연구결과에 따르면, 내재화 환자는 **통찰 중심의 치료**에서, 외재화 환자는 **인지행동치료**에서 도움을 받는다.

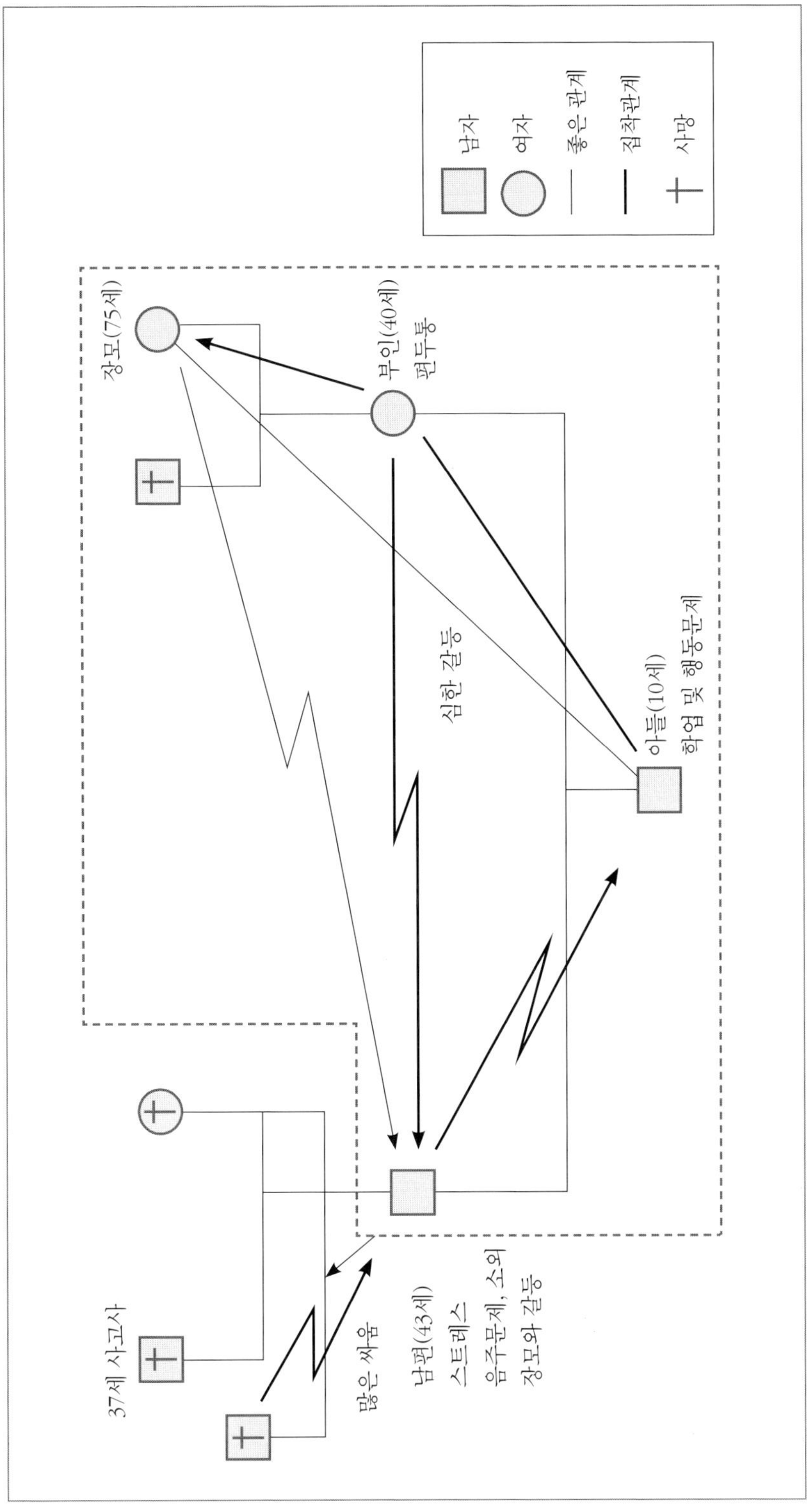

[그림 3-3] 가족 P의 가계도

가족기능성과 가족구성원의 삶의 질을 위해 중요한 요소는 가족에서의 관계와 애착이다.

관계 및 애착 차원

가족구성원 간 **관계**와 **애착** 그리고 외부환경과의 관계는 발달과 건강에 영향을 미칠 뿐 아니라 앞에서 자세히 살펴보았듯이 체계의 중요한 구성요소이기도 하다(p.90의 '7) 관계와 애착의 질' 참조). 가족관계 및 애착은 대개 장기간 안정적이기 때문에 개인 및 가족 발달에 영향을 미친다. 애착에 관한 예에서 보았듯이, 애착은 성격 발달에도 지속적으로 영향을 미친다. 하지만 회사와 같은 가족 외 관계도 삶을 침울하게 만들 수 있다. 따라서 가족구성원들이 관계망을 현재와 미래의 삶의 질에 대한 영향력 측면에서 파악하는 것이 중요하다. 관계와 애착은 가족구성원 간 그리고 치료자와의 협력을 위한 전제조건이다.

충성으로 인한 집단저항

애착의 핵심 요소는 대부분의 가족에서 도구적 그리고 정서적 상호지원을 위해 강조되는 상호 **충성 이행 의무**이다. 서로 주고받음은 관계회계장부에 꼼꼼히 기록되어 세대 간 이슈가 된다. 따라서 가족의 충성 기준들은 상세히 확인하여 균형을 맞추어야 한다. 가족구성원들이 합심하여 방어하고 지원하며 치료자를 봉쇄한다면 가족의 충성은 문제가 된다. 이런 문제는 불안애착유형 또는 가족기능성 부족과 관련이 깊다.

애착유형과 치료효과

환자들은 자신의 발달과정에서 가족구성원의 나쁜 애착행동으로 인해 반복적으로 상처를 입으면, 이후 관계에서 아픈 경험으로 자신을 보호하고자 하며 회피스키마 및 전략이 발달한다. 이미 살펴보았듯이, **안정애착유형**의 환자는 자신과 타인에 대한 긍정적 모델표상을 지니고 있으며 걱정이 적고 현실에 적극 대처한다. **소유욕이 강한** 애착유형의 환자는 타인에 대해 긍정적 모델표상을 가지고 있지만 자신에 대해서는 부정적이다. 걱정이 많고 타인에게 의존적이다. 혐오적이고 회피적인 애착유형의 환자는 타인에게는 부정적 모델표상을, 자신에게는 긍정적 모델표상을 지니고 있으며 걱정이 적고 가까워지는 것을 회피한다. 회피성향이 근심과 걱정 많은 자아상을 가리키는지에 대해서는 더 자세히 파악되어야 한다. 걱정이 많고 회피적 애착유형의 환자는 타인과 자신에 대해 부정적 모델을 가지고 있다. 이런 환자는 소심하고 사회적 회피성향이 강하다. 우울과 성격장애가 있는 환자 82명을 대상으로 한 장기간 연구에서, Fonagy 등(1996)은 안정애착을 가진 사람들이 환자보다 더 유능하게 행동하고 성공적이었음을 밝혀냈다. 방어적 애착유형의 환자는 정신분석치료를 통해 방어기제를 집중적으로 작업함으로써 가장 크게 개선되었다. Meyer 등(2001)의 정신건강의학과 환자 149명을 대상으로 한 연구에 따르면, 안정애착은 6개월 후 치료성공과 유의미한 관계가 있었다고 한다. 유사한 결과는 Mosheim 등(2000)의 독일 환자를 대상으로 한 연구에서도 나타났다. Kanninen 등(2000)은 핀란드 팔레스타인 난민에 관한 연구에서 안정애착유형에서는 안정된 치료관계를, 소유욕이 강한 애착유형에서는 치료 중간까지는 약한 관계가 나타나다가 이후에는 강한 관계를 보였음을 밝혀냈다. Meyer 등(2001)은 불안애착유형은 정서적 표현과 친절함을 촉진하는 적극적 치료방법이 필요하다고 강조한다. 애착불안을 가진 사람은 치료자와 관계를 어렵게 여기므로 더 많은 지원과 격려가 필요하다. 안정애착유형은 치료적 작업과 관계에 적극적으로 대처할 수 있다. 소유욕이 강하고 혐오적인 애착유형의 환자는 표면적으로만 긍정적 치료관계를 유지하며 문제에 대해서는 말하기를 꺼린다. 따라서 긍정적 목표지향과 관계성찰을 등한시한다. 그 결과, 불일치경험을 초래한다.

진단방법

이러한 문제는 Horowitz, Strauß 그리고 Kordy(1994) 또는 de Muynck와 Ullrich(1978)의 불안척도를 통해 자세히 파악할 수 있다. 개입을 위해서는 개인적 역량부족에 대한 민감성훈련(Bohus & Wolf, 2009; Brüggemann, 2006; Salisch, 2002), 가족 및 부모의 대화 향상을 위한 비디오기법(Bohus &

Wolf, 2009; Cordes & Petermann, 2001; Papousek & Wollwerth de Chuguisengo, 2006; Suess & Kißgen, 2005), 부부공동대처를 위한 문제해결훈련(Bodenmann, 2004), 상호작용 문제해결치료(Grawe, 1998) 또는 자기확신훈련(Bohus & Wolf, 2009; Hinsch & Pfingsten, 2002)을 고려할 수 있다.

Grawe(2004)는 가족의 문제는 관련 당사자의 신경심리스키마가 활성화되는 가족구성원들이 참여하는 치료에서 다루어져야 한다고 강조한다. 관계차원에는 치료성공의 기초가 되는 **치료적** 관계도 염두에 두어야 한다(Grawe, 2004; Norcross, 2010; Norcross & Wampold, 2011; Norcross et al., 2006; Seiffge-Krenke, 2004b). Levinas(1983)의 '대상–주체 관계' 모델에 따르면, 치료자는 내담자를 위해 어떻게 무엇을 할 것인지에 대해 자문한다. 치료자는 환자의 욕구와 관련하여 자신을 대상으로 정의한다. 이 관계개념은 상대방을 어떤 것을 기대할 수 있는 '함께하는 사람Mitmenschen'으로 여기는 Buber(1979)의 '너와 나의 관계'보다 한 걸음 더 발전한 개념이다. 장애가 심한 사람으로부터 치료자는 자신을 위해 바라는 것이 전혀 없다. 바라는 것이 있다면 자신의 역할을 망각하지 않는 것이다. 심리사회적 건강 및 발달 증진을 위해 필요한 치료적 관계 역시 다를 바 없는 순수한 동반자적 대인관계를 기반으로 한다. 내담자는 전문적 도움 없이는 채워질 수 없는 자신의 관심사와 관련하여 최상의 전문적 지원을 찾는다. 따라서 **전문성**이 전문적 치료관계의 핵심 요소임은 틀림없다. 하지만 치료관계는 주체인 내담자에게 맞춰져야 한다.

치료자와의 관계는 환자의 기대와 걱정으로부터 영향을 받는다(Norcross, 2010; Norcross & Wampold, 2011). 환자의 기대는 다음과 같은 요소들과 관련이 깊다.

심리치료자에 대한 기대

- 치료자의 역할 특성(부모역할, 권위, 전문가, 부양자, 친구, 모델, 비판자 등)
- 환자의 요구(헌신, 개방성, 신뢰)
- 치료유형(통찰 또는 대처 중심, 회고적 또는 현재 상황 중심, 약물처방)

– 치료자의 인구학적 특성(성별, 인종 등)

– 치료자의 치료효력과 가능성에 대한 기대

치료자의 기대 및 선호와 치료성공 간 관계는 아직 연구가 미흡하지만 (Arnkoff et al., 2002; Norcross et al., 2006) 매우 중요한 문제다. 치료자의 기대는 변화를 위한 치료 **동기**와 밀접한 관계가 있다. 예를 들어, 과제를 수행하거나 치료 날짜를 지키는 것과 같은 협력 자세는 치료 동기에 달려 있다. 치료자와 환자의 서로에 대한 **기대**의 일치성은 결정적으로 중요하다. 치료자의 행동과 환자의 행동이 상반되면 치료는 성공할 수 없다. 예를 들어, 과거 열악한 생활여건 또는 과거 실패한 치료 시도 등과 같은 문제적 **과거 경험**은 전문적 관계와 치료결과에 영향을 미친다. 치료목표는 과거 경험을 적용한 동화assimilation에 따른 것이다(Norcross, 2010; Norcross & Wampold, 2011).

원만한 전문적 관계는 내담자 스스로 치료를 위해 마음을 열고 협력하는 데 필요한 자존감 강화와 약속 준수에 긍정적인 영향을 미친다. 치료적 관계 지각에 영향을 미치는 내담자의 스키마를 활성화시키는 것도 중요하다. 환자의 **기본욕구**를 파악하기 위해서는 중요한 관계스키마에 관한 신속하고 종합적인 정보가 중요하다. 환자는 신뢰할 수 있고 자신이 원하는 대로 될 수 있도록 도움받으면 진정 이해받고 수용받는다고 느낀다. 치료적 관계가 편안하고 자신감이 생기면 치료자도 일상적 관계에서 입은 많은 상처들을 해소할 수 있다(Grawe, 2004; Hanisch, 2011; Norcross, 2010; Norcross & Wampold, 2011; Seiffge-Krenke, 2004a; Wampold, 2001). 과거 스키마의 목표가 더 이상 성취되지 않고 도전적 상황이 되면, 환자는 대안적 목표 및 대처방향을 더 수용하고 기존 스키마의 불편한 조절accommodation에 맞선다. 심리장애는 **관계장애**이기도 하므로 치료관계에서는 가능한 긍정적 사례들이 제공되어야 한다. 전문적 치료관계를 가로막는 주요 요인들은 다음과 같다.

모델로서 치료관계

치료관계의 장애요인

–치료과제에 대한 다양한 표상(성찰 대 직접 대처지원)
–치료목표에 대한 다양한 표상(통찰 대 증상제거)
–이해문제(훈련, 몰이해)
–치료방법에 대한 차별
–비판받는다는 치료자의 두려움
–치료방법에 대한 몰이해
–치료자의 추측성 기대로 인한 문제
–치료자의 경계 유지 문제
–치료자의 자존감 위협
–치료자에 대한 의무감
–환자가 표현하지 않은 관심사(두려움, 치료에 대한 불만 등)에 대한 치료자의 이해 부족
–치료의 외적 장애요인(예: 가족)
–전이문제
–치료자의 실수
–치료자의 사적인 용무

출처: Goodheart et al., 2006; Norcross, 2010; Norcross & Wampold, 2011.

제편성

다세대 중심의 치료에서 치료자는 가족구성원 개개인과 관계를 맺게 된다. 이를 위해서는 자신만의 방법과 준비가 필요하다. 예를 들어, 모든 가족구성원에게 동등하게, 그리고 같은 시간 동안 밀힐 수 있도록 하면서 각자의 개인적 사정, 의견 그리고 우선순위 등에 대해 질문한다. 그리고 동시에 이런 개별 질문들이 다른 가족구성원들과 치료자 간 관계에 어떤 영향을 미치는지 꼼꼼히 살핀다. 이때 치료자와 가족구성원 개인과의 관계형성 방법뿐 아니라 주제, 시점 그리고 대화 시간 등이 중요하다. 가족치료에서 특정 개인에게만 관심을 두면 다른 가족구성원들과의 관계가 나빠질 수 있다. 따라서 제편성에 따라 모두에게 차별 없이 지지하는 것이 중요하다. 파괴력이 큰 주제가 너무 일찍 등장하면 방어행동을 하고 치료자에 대해서도 등을 돌린다. 의심스러운 경우, 가족구성원들은 치료자에게 더 이상 충성하지 않고 치료에 다시 오지 않을 수도 있다. 가족치료에서 내담자와의 치료계약은 개인치료에

비해 잘 지켜지지 않는다. 하지만 가족치료에서는 전체 가족체계가 다루어지기 때문에 치료와 치료에서 다룬 주제에 관한 가족의 대화가 본격화된다. 관계가 활성화되는 것이다. 가족구성원들은 치료에서 더 좋은 미래에 대한 희망을 가질 수 있다면 모두 함께하는 치료에 기꺼이 투자할 것이다(p.147의 '3) 미래작업' 참조).

Grawe(2004)는 반복해서 요구하기를 치료의 질을 높이기 위해서는 치료적 관계에 관한 연구결과에 기반한 치료자 교육 및 훈련이 되어야 한다고 한다.

대화차원

대화와 관련해서는 가족구성원들과 대화 **내용뿐** 아니라 비언어적 대화와 함께 **대화방법**에 대해 성찰할 수 있다. 화자의 내용, 관심사와 목표 표현, 상대방과의 관계에 대한 신호와 발언 그리고 상대방에 대한 요청을 모두 살펴야 한다(Baadte, 2006; Schulz von Thun, 2005). 가족에서 관계와 대화는 서로 영향을 미치기 때문에 **관계의 질**을 위해서는 대화를 통한 **긍정성, 열린 마음, 애정, 그리고 지지**가 중요하다(4장 2절 참조). 전문적인 분석과 개입에서는 특히 더 중요하다.

관용거부와 조화신화

세대 간에 서로 목표와 해석이 다른 경우가 많다. 서로 대립하여 대화의 필요성이 높아지는 경우, 목표갈등을 건설적으로 해결하는 것이 관건이다. 하지만 화목한 가족에서는 갈등이 절대 있어서는 안 된다는 모델표상이 지배적일 수 있다(조화신화harmony myth; Kaiser, 1989). 이에 따라 가족구성원들에게 일치된 행동이 요구되고 다른 욕구와 목표를 가져서는 절대 안 된다는 기대가 크다. **목표의 다양성이** 허락되지 않는다. 이러한 요구사항은 세대 간 순응압력과 일탈 저지와 관련이 깊다. 이로 인해 세대 간 불화가 발생한다. 가족구성원들은 가족 관련 사안들을 체계적으로 처리하기 위한 대화에 거의 참여하지 않는다. 주요 사안들은 주로 양자대화로 처리된다. 그 결과, 가족의 하위체계마다 정보 및 토론 정도가 서로 다르다. 가족구성원들이 사안에 대한 준비가 안 된 상태에서 서로 대립하거나 소외된다고 느끼면 정서적 피해를 피할 수 없다. 두려움만 커지고 가족구성원들이 돕는 방법을 모르면 **비밀유지** 방법을 쓰게 된다. 서로에 대한 이해가 더 복잡해지는 것은 이 때문이다 (Kaiser, 1998; p. 78의 '4) 대화, 의사결정 및 관리구조' 참조).

터부 메타대화

대물림된 대화패턴과 그와 연관된 모델표상과 기대는 종종 문제가 된다. 공동생활이 전통적 규칙에 의해 이루어지는 가족에서는 가족규칙을 토론주제로 삼거나 의심하는 것은 터부다. '당연한' 또는 '정상적'이라고 지칭되는 것은 가족구성원들이 동일시하는 **가치표상**에 근거한다. 나이 많은 가족구성원들은 전통적 규칙과 동일시하기 때문에 쉽게 공격받는다는 느낌이 들면 회피적 반응을 한다. 따라서 애매한 규칙들을 정리하기 쉽지 않다. 문제를 규명하고 해결하기에는 장벽이 높다. 이 장벽은 개인적 두려움으로 인해 더 높아진다.

사례

가족([그림 3-3] 참조)에서는 아버지에게 자신의 문제와 감정을 말하는 것이 흔치 않은 일이다. 남편 S는 지나친 부담, 그리고 중독과 씨름하여야 하므로 그런 규칙이 당연하다. 감히 터부를 어기는 사람이 있다면 당연히 비난받아 마땅하다. 그는 '전통 수호자' 역할을 할 때 안정감이 든다. 규칙을 위반하고 가족비밀을 발설하는 사람은 죄책감을 가져 마땅하다. 가족비밀을 유지하기 위한 보조규칙이 있다. 예를 들어, 심한 음주로 아침식사를 하지 못하는 문제에 대해서는 언급도, 알리지도 말아야 한다. '아버지가 편히 쉬도록' 아버지 없는 아침식사는 보조의례가 되었다.

대화프로세스 분석에서는 가족구성원 개개인의 상처와 수치심이 고려되어야 하므로 신중한 접근이 필수적이다. 가족치료에서 가족구성원 모두가 만족하기 위해 **무엇을 어떻게 표현하고 행동해야 하는지**에 대해 순환적으로 또는 직접적으로 질문하는 것이 좋다는 것은 이미 입증되었다. 이 같은 방법으로 대화에 대한 숨겨진 모델표상과 기대를 파악한다. **최상의 삶**에 대한 질문은 여러 장점이 있다. ① 가족구성원들과 치료자는 삶의 질에 대한 개인적 표상을 경험한다. ② 질문 자체가 긍정적인 관계 제안을 내포한다. ③ 소망을 표현하기 때문에 상대방은 화를 덜게 된다. ④ 가족구성원들은 가족에서의 여러 모델표상들에 대해 건설적으로 대할 수 있는 모델을 맛본다.

치료자와의 대화에서는 자기일치self congruence, 상세한 피드백 그리고 치료자의 전문적 관계장애 해소가 특히 중요하다. 대화장애는 가벼운 오해와 불화에서부터 상호이해 및 대화단절까지 다양하다. 이런 장애는 관계를 지속적으로 약화시키고 치료 중단으로까지 갈 수 있다(Norcross, 2010; Norcross & Wampold, 2011; Norcross et al., 2006).

기능차원

사실의 기능적 의미는 다세대작업에서 특히 중요하다. 많은 기능적 관계들이 대물림 관점에서 파악될 수 있기 때문이다. 다세대가족의 복잡한 관계에서 가족구성원들은 기능적 관계뿐 아니라 자기 행동의 결과와 영향에 대해 잘 모른다. 특히 중장기적 영향은 상세히 검토되어야 한다.

치료에서 가족구성원들이 기능적 관계를 의식하고 있는지 또는 이를 위한 모델표상을 개발하는지는 직접 논의해야만 하는 사안은 아니다. 기능적 관계에 대한 공개적 논의가 가족구성원 개인에게 굴욕적이라면 그와 관련된 문제를 해결하기보다는 포기할 수도 있다. 치료자는 문제로 인해 누가 어떤 방법으로 이득을 보는지 또는 어떤 구성형태가 어떤 장점이 있는지에 대한 질문을 하는 것이 효과적이다.

가족문제의 수혜자

모든 사건은 목표와 욕구 그리고 가족구성원의 스키마 활성화라는 기능 측면에서 관찰할 수 있다(**동기적 관점**). 이를 통해 동기 규명이 가능하다(Grawe, 2004; Sachse, 2002; Snyder et al., 1991). 조건이 분명하면 가족구성원들과 욕구가 어떻게 만족될 수 있는지 쉽게 고려할 수 있다.

사례

남편 S는 치료가 끝날 때까지 아들 때문에 치료에 왔고 자신의 문제는 별로 중요하지 않았다. 그러니 아들의 '문지기 기능'에 대해 언급하는 하는 것은 모욕적인 일일 것이다.

평가차원

가족상황과 **자원** 그리고 **문제**에 대한 일상적 **평가**는 세대, 형제자매 또는 부부관계에 따라 서로 다르다. 평가로 인해 많은 갈등이 발생하기도 한다. 예를 들어, 세계관과 관련된 가치와 평가는 가족구성원들에게 중요한 공동기반이다. 이로 인해 가족기능성이 향상되기 때문이다. 세대 및 하위체계별 가족구성원의 **생활개념**과 **스키마/내적 모델**은 관련 문제들과 생활 영역에서 차지하는 비중이 크다. 세대의 공동생활, 충성, 지출과 수입 등에 관한 생활개념은 가족과 가족구성원의 **자아상**과 긴밀하게 연관되어 있다. 정체성에 가까운 모델표상과 이로 인한 **기대**와 **기준**에 대해 실망하면 불화와 갈등이 잦아진다. 무의식적인 신경심리스키마가 활성화되어 감정폭발을 야기할 수 있다. 이를 통해 많은 사안들의 심각성을 예단할 수 있다. 반대로 심각한 사인들을 통해 치료자는 암묵적인 회피스키마에 집중하게 된다.

사례

생활개념과 우리-감정

남편 S의 가족가치체계에서는 충성과 상호지원, 즉 '결속'이 중요하다. 따라서 부인 S도 의무감으로 친정어머니를 모시게 됐다. 이 결정을 하면서 부인은 남편의 무시당한 느낌과 부부경계가 침해되는 것을 전혀 고려하지 않았다. 남편 S는 장모님을 모시는 것에 대해 감히 반대할 수 없었다. 경제적 어려움이 걱정됐지만 장모를 방치하는 것은 '예의에 어긋나는 일'이었다. 남편은 장모와 함께 살면서 부부와 핵가족이 경계를 지키는 정당한 방법을 치료과정에서 처음으로 발견하였다([그림 3-3] 참조).

양가감정갈등

자신에 대한 상반된 모델표상 및 요구로 인해 개인적 **양가감정갈등**ambivalence conflict을 겪는다. 가족구성원들은 상대방에 대해 오해를 사거나 예상할 수 없는 행동이나 말을 한다. 이런 식으로 자신의 관심사를 보지 못하고 무시하여 불만족이 커지고 새로운 갈등을 겪는다. 많은 가족에서 가족구성원들은 자신의 소망과 평가를 분명하게 밝힐 만한 용기가 없으므로 명료화 지원clarification support은 예방적 또는 치료적 의미가 크다. 대가족에서는 이를 위해서 많은 노력과 비용이 들지만 절망적 가족구성형태를 달리 바꿀 수 있는 방법이 없다. 많은 이유로 인해 상황들이 지나치게 표피적이고 선택적으로 평가됨으로써 부적절한 평가결과가 도출된다. **계몽프로젝트**는 항상 새롭게 시작되고 완수되어야 한다(Kant, 1784). 가족구성원들은 자신과 서로에 대해 충분히 살피고 성찰할 만큼 진심으로 받아들이지 않는다. 앞에서 살펴보았듯이, 자존감이 낮은 사람은 존중하는 인간관계에 무관심하거나 거부반응을 보인다. 그 배경에는 대개 잠재적으로 작용하는 **방어스키마**가 있다. 회피스키마는 신중히 파악되어야 한다.

가족구성원의 가치와 인간상

이런 신경심리스키마와 그에 따른 가족의 상호작용패턴을 밝혀서 변화시키는 것은 중요한 치료목표이다. 아울러 대화의 흐름을 늦추어야 한다. 내담자들은 이런 주제로부터 성급히 빠져나가려 하기 때문이다. 이어서 내담자가 어떤 두려움 때문에 긍정적인 관심은 허용하고 특정 주제는 회피하는지 살펴야 한다. 대개는 주제 또는 다른 가족구성원으로 인한 **수치심**에 대한 두려움 때문이다(Franz et al., 2000; Groening, 2004; Thomä & Kächele, 2006). 문제적 평가는 내담자가 정보와 경험을 처리하고 도전에 반응하는 방법이기도 하다. 스키마에 의해 조종되는 지각 및 귀인패턴과 역기능적 문제해결전략도 한몫을 한다. 이와 관련하여 다세대작업에서는 비밀, 신화 또는 신체적 증상이 개인과 체계 수준에서 수행하는 **기능**에 집중한다. 기능 때문에 특정 주제와 경험에 대한 대물림되는 대처 및 관계방법이 강화된다. 가족에서 죄의식 또는 수치심을 유발하여 가족구성원 또는 가족 전체의 자존감을 떨어뜨

신화와 비밀의 기능

리는 정보는 비밀이 된다(Kaiser, 1998). 이에 대해서는 근원적 내적 모델, 스키마 그리고 평가기준이 검토되어야 한다. 그리고 타인귀인보다는 자율성이 높아져야 한다.

변화차원

변화는 변화가능성 조사부터 미래계획의 성공까지를 의미한다(Grawe, 1998; Kaiser, 2006b; p.147의 '3) 미래작업' 참조). 상황을 면밀히 분석함으로써 여러 차원에서의 문제들을 파악할 수 있다. 가족의 생활상황뿐 아니라 가족구성원의 모델표상과 불안장애 그리고 스키마까지 이해할 수 있다. 가족구성원에 관한 정보를 통해 모든 것이 현재처럼 지속되면 어떤 결과가 발생할지가 분명해진다. 이로써 중장기적 미래를 예상할 수 있다. 가족체계의 다양한 차원들이 관련된 복잡한 문제상황도 규명하고 미래도 전망할 수 있다. 해결중심 접근으로 가능한 많은 가족구성원이 참여한 상황에서 성취목표를 정한다(D'Zurilla & Goldfried, 1971). 그런 다음, 출발상황에 대해 어떤 자원이 있으며 부족한 것과 제거되어야 할 걸림돌이 무엇인지를 밝힌다. 이어서 먼저 접근 계획을 중심으로 절차와 시간을 위한 자원과 위험요소도 함께 염두에 둔다. 이를 위해서는 행동심리학 및 조직심리학 개념들이 커다란 도움이 된다(Büssing, 1992; Hacker, 1978; Kaiser, 1982, 1989). 계획 이행에 있어서는 이행과정을 신중히 살피고 정해진 시간을 엄수해서 반동이나 후퇴를 미연에 방지해야 한다.

해결될 수 없는 문제

만성질병 또는 장애와 같은 **해결될 수 없는** 문제에 대해서는 가족과 스키마를 중심으로 한 치료가 효과적이다. 난치병인 경우에는 자원활성화와 진통을 완화시키는 방법이 삶의 질을 높이는 데 기여한다(Hurrelman et al., 2004; Schaeffer, 2006). 보호가 필요한 **환자를 돌보는 가족구성원**을 돌보는 것이나 조현병 환자가 있는 가족에서의 **가족심리교육**은 모든 가족구성원에게 많은 도움이 되는 것으로 입증되었다. 가족구성원들이 좋아지면 환자도 더 많은 보호를 받는다(DEGAM, 2005; Heekerens & Ohling, 2006).

체계론적 다세대 가계도 분석을 통해 현재 상태를 분석하는 과정에서, 여러 세대와 하위체계들에서의 변화에 중요한 자원과 함께 취약점 그리고 이와 관련된 가족구성원들의 관심사가 말로 표현된다. 여기서 치료자는 모든 가족구성원에게 필요하고 유익한 접근 및 표현방법에 주목한다. 치료자는 '문제' 또는 '장애' 같은 개념은 피하고 **삶의 질의 최적화**에 대해 이야기한다. 치료자는 **가장 약한** 가족구성원의 두려움과 저항이 허용되는 수준에서 문제를 현실화한다(Cierpka et al., 2005). 이 수준을 넘어서면 해당 가족구성원은 치료를 거부하고 이에 전체 가족도 거부할 수 있다.

가족대화에서 문제표현

4장에서는 치료계획을 실현하기 위한 도구와 전략에 대해 살펴볼 것이다.

5) 요약

비록 치료연구가 문제와 씨름해야 하고 연구결과가 항상 명백한 것은 아니지만, 많은 연구결과가 실제치료에 유용하다. 효과요인과 효과차원 모델은 이론적 공평성과 실용성 측면에서 시사하는 바가 많다. 치료자와 내담자는 효과요인에 근거하여 특정 관심사의 주요 효과차원에 대해 효과적이고 효율적으로 작업할 수 있다.

제4장

실제적 접근

1. 심리학적 전략과 방법
2. 실제적 문제
3. 조건

1. 심리학적 전략과 방법

실제 치료에서 효과요인과 효과차원에 기초한 가족 및 스키마치료 작업은 구체적인 일련의 전략이 필요하다. 여기서는 특히 경험적으로 유용하다고 입증되었을 뿐 아니라 치료와 건강증진 프로그램을 위한 전문적 **기본기법**에 속하는 일부 전략을 제시할 것이다(Grawe, 1998, 2004; Gurman & Jacobson, 2004; Lambert, 2004; Norcross & Wampold, 2011; Norcross, 2010; Norcross et al., 2006; Strauß et al., 2006; Wirsching & Scheib, 2002). 이 전략들은 강조점에 따라 **설명**, **대처** 그리고 **체계** 또는 **관계** 중 강조점에 따라 구분지을 수 있다. 설명치료로 변화가 있을 수 있고 대처훈련으로도 설명될 수 있다. 체계 또는 관계 중심의 전략들은 설명뿐 아니라 변화에도 기여할 수 있다.

1) 설명중심 치료

개인의 스키마와 가족의 패턴을 밝히기 위해서는 설명을 위한 심도 깊은 치료가 필수적이다. 소크라테스로부터 유래된 '산파술'을 통해 대화 참여자들이 자신의 사고방식과 모순을 발견하도록 하는 것이 가장 중요하다(Platon, 1994). 치료자는 내담자의 통찰을 돕는 산파로서 기능한다(Rogers, 1963). 오늘날 **대화치료** 또는 그로부터 유래된 **인간 또는 내담자중심 치료**가 의미하는 바는 **내담자의 문제와 관심사**를 살펴서 삶을 더 잘 관리하도록 도움을 주는 것이다.

핵심이 되는 **설명중심**의 쌍방대화는 여러 분야에서 매우 유용한 것으로 입증되었으며 정서적 체험 내용뿐 아니라 개별 **효과차원**에 대한 내담자 모델표상의 실체를 이해하는 데도 활용된다(Sachse, 2002; Eliott & Trash, 2004). 치료자는 명확히 표현되지 않았거나 표현될 수 없는 의견과 관심사를 말로 표함으로써 내담자가 의식하도록 하고 **말로 표현하도록** 돕는다. 언어로 표현되어

명확해진 동기, 가치, 목표, 신념, 모델표상 등을 통해 자신에 대한 성찰을 효과적이고 상세하게 할 수 있으며 민감성도 높아진다. 예를 들어, '약한 의미'(감각 의미felt sense; Gendlin, 1998)와 같은 **감정적** 의미만으로도 무의식적 신경심리스키마가 활성화되기도 한다. 이런 신경심리스키마를 설명하기 위해서는 구체적인 언어로 표현해야 한다. 이런 방법을 통해 잠재된 신경심리스키마는 의식적인 자아상의 일부가 된다. 이 과정에서 치료자는 내담자에게 신중히 심혈을 기울여 언어로 표현하고 구조화하도록 도울 수 있다. 이를 위해 치료자는 내담자의 내적 과정으로 들어가 스스로 자신을 세밀히 탐구하도록 지원한다. 이러한 노력의 결과를 가족구성원의 자아상 그리고 가족의 자기이해와 일치시키는 방법을 찾는 일은 큰 과제이다. 이 단계에서는 오로지 내**담자의 내적 과정에만 집중**해야 한다. 치료자가 심사숙고하면 내담자도 주의와 관심을 집중할 것이다. 이와 관련된 태도가 바로 **마음챙김**mindfulness이다(Kabat-Zinn, 2003). 내담자가 치료자가 추적할 수 있을 만큼 일목요연하게 실행하지 못하면 치료자는 **혼돈**에 빠져 전문가로서의 역할을 수행하지 못할 수 있다(Buchholz, 2006). 따라서 내용뿐만 아니라 **어떻게** 이야기하는지 그리고 **어떤** 내적 모델과 스키마가 드러나는지에 대해서도 주의를 기울여야 한다.

치료자가 쉽게 이해할 수 없는 모델표상과 표현방법을 가진 가족에게는 더욱 그렇다. 가족은 독특한 언어와 사고방식을 가지고 있다. 예를 들어, 내담자가 청자의 관점에서 간접적으로만 표현하면 치료자는 어려워진다(Buchholz, 2006). 이런 경우, 치료자는 내담자로 하여금 자기 입장을 밝힐 수 없는 어려움을 주제로 삼아 이야기한다. 내담자가 자신의 입장을 밝히고 다른 가족구성원들과 자신을 분리하도록 하기 위함이다. 내담자의 이야기 및 자기표현 방법에서 자신을 대하는 문제들이 드러난다. 내담자의 문제는 직접 드러나지는 않지만 그의 행동과 비언어적 신호로 드러난다(Argyle, 1979; Baecker, 2005; Cierpka et al., 2005). 이런 방법으로 개발된 가설들을 다시 검토하여 정교해진다. 평가연구들에 의하면, 심리장애의 설명뿐 아니라 효과적

숨겨진 문제에 관한 비언어적 힌트

인 치료도 가능하다. 치료를 통해 존중하는 분위기에서 애매한 관계들이 규명됨에 따라 활성화된 신경심리스키마는 조절accommodation 압력을 받고 개발된 미래비전을 통해 새롭게 만족스런 경험이 가능하기 때문이다. 긍정적 욕구충족에 맞춘 새로운 신경심리스키마도 강화될 수 있다(Elliot & Trash, 2002; Grawe et al., 1996).

설명을 위해서는 부부, 가족 또는 집단과 대화를 나누어야 한다. 공동치료co-therapy, 특히 순환적 대화가 적합하다. 당사자에게 직접 질문하는 것이 아니라 다른 가족구성원에게 질문하는 것이다(Cierpka et al., 2005; Schlippe & Schweitzer, 2012; Tomm, 1996). 다른 가족구성원의 시각에서 사실이나 주제가 당사자를 위해 어떻게 진술되는지에 관한 정보를 얻거나("당신의 어머니를 위해 휴가에서 가장 중요한 것은 무엇입니까?"), 다른 가족구성원들의 관계가 어떤 의미를 지니는지에 관한 정보를 얻기 위함이다("딸이 외국으로 가면 남편과 딸 사이에 무엇이 변할 것인가?"). 이러한 전략은 가족의 실재구성과정을 보고 조심스럽게 영향을 주기 위해 Selvini-Palazzoli 등(1977)을 주축으로 한 Milan 그룹에서 도입되었다. 목표는 다음과 같다.

- 대화맥락에 관한 정보를 수집한다.
- 가족구성원들이 대화를 통해 원하는 것이 무엇인지 간파한다.
- 교착상태에 빠진 대화 및 행동패턴과 관계 구성형태를 유연하게 한다.
- 새로운 해석과 행동방안을 자극한다.

순환질문의 장점

- 다른 가족구성원들과 치료자가 서로 얼마나 알고 있는지 그리고 지금까지 얼마나 서로 다르게 대했는지를 경험한다. 좋고 나쁨, 걱정과 희망 그리고 공동생활에 대한 모델표상에 대해 서로 얼마나 숙달되어 있는지가 분명해진다.
- 가족구성원들은 자신들의 입장에 대해 집중적으로 대화를 나누고 자신들의 모델표상들을 조율하는 계기를 갖게 된다.

-가족에서 다루기 어렵고 터부시되거나 심지어는 비밀이나 신화가 되는 주제가 무엇인지가 밝혀진다.
-당사자의 저항을 쉽게 다룰 수 있다. 관계가 없는 사람은 당사자가 말하기 꺼려 하는 주제에 대해 관찰 사실이나 인상을 편안히 말할 수 있다. 따라서 주제에 가장 관여되지 않은 사람에게 먼저 질문한다. 공평하게 질문하면 당사자도 부담을 덜게 된다. 당사자는 자신의 두려움을 주제로 말해도 나쁜 일이 벌어지지 않는다는 것을 감지할 수 있다.
-가족구성원들이 서로 입장을 나누고 대화할 수 있는 계기가 된다. 문제를 다른 시각에서 바라보게 된다(리프레이밍).
-가족구성원들은 자신들의 관심사를 대화주제로 삼아 서로 대화할 수 있다. 치료자가 직접적으로 제안을 하면 저항을 유발할 수 있다.
-치료자는 편견 없이 중립을 지킬 수 있다.

순환질문은 내담자에게 특정 문제나 관계에 대해 자신의 입장을 밝히도록 하는 방식으로 치료에서도 가능하다. 원활한 역할수행을 위해 내담자에게 다른 의자에 앉게 하거나 중요한 가족구성원의 관점에서 창의적인 생각을 하도록 할 수 있다. 언어적 작업은 은유방법들을 통해 보완될 수 있다.

순환질문

-질과 양의 차이에 대한 질문: "가장 나쁜 것, 가장 좋은 것은 무엇인가요?"
-분류질문: "누가 첫 번째로서…… 누가 마지막으로……?"
-퍼센트질문: "아버지는 당신에게 몇 퍼센트 관심을 주고 있나요?"
-일치질문: "두 사람은 이 문제에 얼마큼 일치하나요?"
-상황과 관계의 비교 질문: "그 밖의 관계는 어떤가요?"
-실재 및 가능성구성질문: "그것은 당신을 위해 어떻게 더 나아질 것인가요?"
-예외질문: "그는 그것을 다르게 한 적이 있었나요?"
-자원질문: "두 사람은 언제 가장 잘 이해하나요?"
-기적질문: "기적이 일어나 갑자기 모든 것이 달라진다면 당신은 무엇을 보고 그 변화를 알아차리고 누구와 그것에 대해 말할 건가요?"
-악화질문: "무엇이 그것을 모두 나쁘게 할까요?"
-문제 및 해결시나리오 질문: "친구, 여가, 거주 등의 영역에서 개선된 것은 무엇인가요?"
-문제로 인한 이익 질문: "모든 것이 그대로 유지되면 누가 가장 이익을 보나요?"
-미래 및 시간계획 질문: "언제까지 이 지경으로 살 건가요?"

2) 가족세우기

가족세우기는 가족관계를 생생하게 경험할 수 있는 방법으로서 Moreno (1964)의 심리드라마로부터 유래하였으며 가족치료를 위해 Duhl, Kantor 그리고 Duhl(1973)에 의해 개발되었다. 이 방법은 Satir(1973)와 Papp(1976)에 의해 널리 알려졌으며 오늘날 체계론적 치료의 대표적인 레퍼토리이다(〈표 4-1〉 참조; Arnold et al., 1996; Duhl et al., 1973; Hehl, 2002; Satir, 1973; Schmidt et al., 1998; Schölter, 2005; Simon, 1972; Simon et al., 2005).

〈표 4-1〉 가족세우기

가족세우기 절차
1. 준비 –병력 및 가계도 분석 –참가자의 기대와 모델표상 탐색 –참가자와 신뢰관계 형성 –정보, 설명 2. 세우기 기준: –공간적 거리 –시선방향/시선맞춤 –표정 –몸짓 –자세 –감정 3. 가족구성원들의 자신의 역할경험에 대한 표현 4. 논의 5. 다른 가족구성원 또는 치료자에 의한 세우기 6. 추수치료 주요 내용 –가족구성원의 독특한 선택과 관점 –욕구만족도에 관한 정보가 있는가? –세우기에 대해 내담자는 어떻게 반응하는가? 어떤 심경심리스키마가 활성화되는가? –어떤 입장들이 충돌하는가? –일관성 개선을 위한 대안(해결방안)이 강구되었는가?

비언어적인 연출 방식으로 임의의 가족구성원이 대리인을 이용하여 가족을 세운다. 사회적 거리는 공간적 거리, 시선방향, 눈맞춤 또는 신체접촉, 자세 그리고 기타 비언어적 표현방법을 통해 상징적으로 표현한다. 기족세우기 중에는 비언어적 상황에 주목하도록 하기 위해 말을 하지 않는다. 대리인들은 직관적으로 신경심리스키마를 활성화시키기 위해 깊은 생각 없이 신속히 가족구성원 역할을 한다. 목표에 따라 자세, 표정 등 비언적적 표현수단의 중요도가 달라진다.

신경심리스키마 활성화와 분석

이 방법으로 가족구성원 간 관계와 관련된 내적 모델과 스키마 그리고 가족체계의 구조와 역동이 활성화된다. 거리, 시선방향, 몸짓 또는 표정은 즉시 신경심리스키마를 작동시키고 관계와 중요한 경험에 관한 모델표상과 관련된 격한 감정을 유발한다. 예를 들어, 한 가족구성원이 너무 좁게 서 있어서 움직일 수 없으면 지향 및 통제 욕구의 좌절로 괴롭힘을 느낀다. 이런 직접적인 경험은 가족구성원들 간 관계와 관련이 있다. 스키마 활성화는 철저한 스키마 분석 여부에 달려 있다. 가계도 분석이 더 상세히 이루어져야 하는 이유이다.

세우기가 완성되면 치료자는 대리인에게 이 구성형태도와 자신의 위치에서 어떤 감정이 드는지 묻는다. 이로써 가족구성원들이 실제 가족에서 어떻게 느끼고 관계를 어떻게 경험하는지에 관한 흥미로운 단서를 얻을 수 있다. 애착, 지향과 통제, 쾌락과 고통회피, 자존감 등의 기본욕구가 얼마큼 충족되고 더 개선되어야 할 것이 무엇인지를 묻는 것도 유용하다. 이를 통해 대리인들은 안정감과 함께 통찰력을 키우고 감정을 중요하게 여기게 된다. 대리인들은 자신의 잠재된 스키마와 그와 관련된 모델과 생활개념들에 쉽게 접근할 수 있다. 이것은 이어지는 치료적 분석과 검토를 위해 필요하다. 스키마 활성화가 강해서 격한 감정이 폭발함으로써 우선적으로 처리해야 하는 경우도 많다. 이런 경우는 돌발사건이 아니라 전문적인 역량을 필요로 하는 치료기회이다(p.207의 '5) 힘든 상황 다루기' 참조).

모든 것이 순조롭게 진행되면 질문에 이어 대리인들에게 스스로 새로운 자리를 찾도록 한다. 대리인은 다른 대리인들과 적극적인 연출을 통해 기본욕구에 가장 적합한 위치를 찾을 수 있다('가족 연출family choreograph'; Papp, 1976). 내담자가 자신의 욕구를 감지하지 못하는 경우가 많으므로 치료자는 최선의 **가족구성형태를 제안**할 수 있으며 가족구성원에게 문의할 수도 있다. 최적의 가족구성형태는 시점을 달리한 가족세우기나 가계도 또는 기타 자료를 바탕으로 가다듬어 갈 수 있다. 때로는 '최선의' 가족구성형태에 이어서 다시 가족세우기를 하고 의례로서 주요 대리인의 의견을 경청하는 것도 도움이 될 수 있다. 이로써 욕구에 맞는 행동방식을 시험해 볼 수 있다. 참가자들이 개선된 가족구성형태에서 얼마나 좋은 감정이 드는지를 경험하면 모든 스키마는 조절 압력을 받게 되고 새로운 스키마들이 발달할 수 있다.

사례

남편 N(43세)은 어머니를 부인 바로 옆에 세우고 나서 부인과 자신의 불편함을 표현하였다. 어머니 역시 움직일 수 없어 편치 않았다. 치료자가 부부를 떨어트려 놓고 서로 마주보도록 세우자 모두 행복해 했다. 어머니로부터 분리될 수 없었고 항상 죄책감을 가졌던 남편 N은 마음이 한결 가뿐해져서 갑자기 부인의 손을 덥석 잡았다.
내담자들은 대개 스키마에 따른 자기 입장만을 내세운다. 따라서 대안을 제시하도록 신중히 권유하는 것도 매우 중요하다.

스키마는 더 나은 삶을 보지 못하게 해서 '신경증적 어리석음'을 초래하기도 한다.

대부분의 경우, 가족구성원들은 가족세우기 동안에 스키마가 강하게 활성화되어 놀라고 당황스러워한다. 특히 갑작스런 주제 또는 상황은 가족세우기를 통해 더 심각해질 수 있다. 성폭력, 장애 또는 과오와 같은 억압된 트라우마를 추적하기 위해서는 내담자의 억압되었거나 존중받지 못한 경험에 대해 논의할 수 있는 비언어적 시뮬레이션 작업이 필요하다. 치료자의 임

억압된 트라우마 추적

무는 편안한 분위기를 조성하고 신중하게 정리하고 처리하도록 돕는 것이다. 심한 당황스러움을 충분히 수용해서 처리하려면 **충분한 시간**이 필요하다(Fraenkel, 2004). 스키마가 강하게 활성화되어 창의성이 발휘되지 못하면 새로운 가족세우기를 통해 기본욕구와 가족기능성에 적합한 대안을 제시한다 해도 별 효과가 없다.

가족세우기와 그에 따른 후속조치까지 소요 시간은 약 30분 정도 걸린다. 가족구성원들에게는 향후에 자신들의 당황스러움에 대해 할 말이 더 있을 경우 언제든지 치료자에게 연락할 수 있도록 한다.

가족세우기는 가족구성원의 역할을 대리하는 개인 또는 집단으로도 가능하고 체스, 플레이모빌인형 등과 같은 모형을 이용하여 개인치료에서도 이용할 수 있다. 이 경우, 내담자에게는 모형의 관점에서 각자의 위치에서 느끼는 감정을 언어로 표현하도록 한다. 가족세우기는 여러 형태로 지속적으로 개발되고 있다(Cierpka et al., 2005).

가족세우기는 설명하는 데 매우 유용하지만 신경심리스키마와 관계를 지속적으로 변화시키기 위해서는 충분치 않다. 따라서 지속적인 치료성공을 위해서는 **행동훈련**이나 체계변화와 같은 각 효과차원에 적합한 더 많은 노력이 필요하다. 당황스러움과 새로운 통찰은 새로운 전략과 역량을 습득하는 데 필요한 신경심리적 전제조건이다. 따라서 치료자는 이런 기회를 훈습에 이용하고 대안적 행동을 훈련시켜서 새로운 신경강화가 이루어지도록 한다. 가족세우기는 스키마 활성화 효과가 있으므로 교육훈련 과정이나 건강 및 발달증진 프로그램에서 자기체험에도 적합하다(Geller et al., 2005).

위험요소와 부작용

가족세우기의 **위험요소**와 **부작용**도 고려되어야 한다. 강한 스키마 활성화로 인해 심리장애를 가진 불안한 사람은 더 불안해지거나 심장마비가 있을 수 있다. 자살이나 자살시도가 보고된 바 있다. 따라서 가족세우기는 효과요인과 효과차원에 적합한 치료세팅에서 경험이 풍부한 치료자에 의해 행해져야 한다. Hellinger 추종자와 같은 비전문가에 의해 치료적 틀 밖에서 이루어지는 가족세우기가 심히 위험스럽고 비인도적이라고 하는 이유가 여기에 있다(Märtens & Petzold, 2002; Schlötter, 2005; Simon & Retzer, 1998; Simon et al., 2005).

3) 역량훈련

역량훈련은 치료에서 가장 성공적인 방법 중 하나로서 가족의 상호작용과 신경심리스키마를 최적화하는 데 중요한 기여를 할 수 있다(Emmelkamp, 2004; Grawe, 1998; Grawe et al., 1994; Hollon & Beck, 2004; Kaiser, 1982; Löwisch, 2000; Norcross et al., 2006). 새로운 인식과 전략을 개발하여 자신의 가능성을 **확대**하는 것이 관건이다. 새로운 전략은 새로운 스키마의 강화, 성공적 행동레퍼토리의 확충 그리고 더 나은 삶의 질이 목표이다. 예를 들어, **분노**와 **스트레스**에 대한 취약은 적절한 방법을 통해 현저히 약화된다(Davies, 2002; Gunzelmann et al., 2006; Hoffmann, 2006; Meichenbaum, 1998; Schwenkmezger et al., 2000). **자신감, 자기주장 전략** 그리고 기타 핵심역량도 성공적으로 훈습할 수 있다(Bodenmann, 2004; Emmelkamp, 2004; Hinsch & Pfingsten, 1998; Hollon & Beck, 2004). 역량이 향상되면 일관성 경험과 더 나은 **역량의식**(자기효능감 체험)을 가질 수 있다. 역량 있는 가족구성원은 다른 가족구성원들을 지원하고 타인으로 인한 피해로부터 자신을 보호할 수 있다. 기본욕구의 좌절은 가족에서 특히 중요한 문제이다.

성인지적 관점

역량훈련에서는 **성별에 따른** 사회화가 역량개발에 걸림돌로 작용하였으며 그 결과 성차별적인 보상대책이 마련되었다는 점에 유념하여야 한다(Norcross et al., 2006). 삶의 질 향상을 위한 연습에서는 훈련이 자원과 성공에 초점을 맞추어야 한다는 점에 주의하여야 한다. 성공가능성을 최대화하기 위해서는 격려하는 분위기에서 훈련이 이루어져야 한다. 따라서 처음부터 좌절하거나 관심을 잃는 것을 예방하기 위해서는 훈련의 난이도가 적당해야 한다.

사례

우리는 남편 N이 부인과 함께 잠자리에 들었는데 어머니가 전화를 하면 그가 어떻게 반응하는지에 대해 이야기를 나누었다. 지금까지 그는 전화를 받았고 그로 인해 로맨틱한 분위기가 깨져 버렸다. 우리는 연로하신 어머니 곁에 없는 자식은 불효자다라는 그의 모델표상을 확인할 수 있었다. 그로 인해 아내가 화가 나고 부부관계가 나빠지며 자신의 성적 욕구가 무시된다는 것을 그는 인식하지 못했다. 우리는 이러한 연관성에 대해 논의한 다음, 그와 함께 자신의 우선순위에 대해 이야기할 수 있었다. 그는 부부관계도 성관계도 모두 책임지고 보호하길 원했다. 우리는 그 방법에 대해 논의한 결과, 그에게 적합한 자기교수법self-instruction을 개발하였다. 그는 자신에게 이렇게 말할 수 있었다. '우리에게 아무 때나 전화하도록 어머니를 방치할 수 없다. 어머니는 밤이 아니라 낮에 전화하시면 돼. 급한 일이시면 자동응답기에 녹음하시면, 돼.' 그리고 부인에게도 말했다. "우리는 이제 더 이상 방해받지 맙시다." 우리는 더 나아가 다음 만남에서 어머니가 왜 전화를 받지 않았냐고 물으면 어떻게 반응할지에 대해 궁리하였다. 우리는 그에게 사람 중심적 대처방법과 정중한 절제 자세를 취하도록 도왔다. 절제 자세가 중요했다. 어머니의 소원이 자신의 소원이 아닐 뿐 아니라 자신에게도 맞지 않다는 것을 알았다. 어머니가 외롭고 외아들에게 집착한다는 것도 이해하였다. 하지만 이해한다고 해서 자신이 어머니의 문제를 대신 떠맡거나 어머니의 요구를 들어준다는 것은 아니었다. 어머니의 모든 것을 대신 떠맡는다면 오히려 어머니의 발달기회를 빼앗는 것임도 분명해졌다. 우리는 역할극을 통해 어머니의 질책에 대해 먼저 입장을 밝히기보다 어머니와 따로 어머니의 소망과 그와 관련된 문제들에 대해 이야기하는 연습을 하였다. 남편은 처음에는 오랜 습관을 버리고 자신의 정당함을 밝히고 메타 수준에서 질책이 부당하다는 신호를 보내는 것이 너무 어려웠다. 그는 질책이 어머니의 불만의 표시임을 알고 그에 답하고 질문하는 방법을 학습하였다. "어머니는 지금 제가 불만스러운 거지요?" "무엇이 가장 힘드세요?" 그는 연습을 통해 대화에서 효과요인들의 중요성을 이해하고 사람과 설명을 중심으로 한 논의가 얼마나 중요한지 깨달았다.

전형적인 문제상황들은 역할극을 통해 공동으로 미시분석을 할 수 있다. 비디오 녹화는 가장 도움이 된다. 이러한 가벼운 실험을 통해 대화 습관 및 패턴 그리고 대화의 위험요소와 부작용이 명료해짐으로써 건설적인 전략훈련을 위한 단초를 찾을 수 있다. **감정이입능력** 또는 **역할수행능력**이 부족한 사람에게는 **역할교환**을 제안할 수 있다. 예를 들어, 시어머니와 며느리가 서로의 역할을 바꿔서 해 보는 것이다. 치료자의 이러한 제안에 저항하는 경우도 있다. 이런 저항은 공감하면서 설명작업에 활용될 수 있다. 내담자들은 연습에 응함으로써 흥미로운 관점과 모두가 수용 가능한 관계방법들을 서로 개발할 수 있다. 대부분의 내담자들은 새로운 대처방법을 익히는 데 어려움을 겪는다. 이들에게는 수사적인 연습과 코칭을 통해 자신의 관심사를 적절히 표현할 수 있도록 도울 수 있다(Jansen et al., 2004). 이 방법은 패배자 없이 모든 참여자들이 모두 승리하는 갈등조정mediation에 뿌리를 두고 있다(Klappenbach, 2006). 언어적 표현능력 훈련을 할 때에는 왼쪽에는 가족구성원들의 말을, 오른쪽에는 건설적인 응답을 기록한 일종의 **단어장**을 두는 것이 도움이 된다. 내담자들은 자신이 어떤 말을 해서 과거 파괴적인 대화 습관으로 회귀하는지에 대해 잘 모르기 때문에 이 방법은 매우 효과적이다. 세대 간에 서로 대하는 '**올바른 격식**'을 둘러싼 갈등이 빈번하다. 예의 바른 언행에 대한 기대가 서로 다르기 때문이다.

세대 간 격식 차이

효과요인모델과 **사람 및 설명 중심**의 전략들을 내담자에게 간단한 방식으로 전수하는 것도 매우 유용한 것으로 입증되었다(Grawe, 2004; Hinsch & Pfingsten, 1998; Sachse, 2002; Weinberger, 2004). 짧게 연속적으로 공감적 영상피드백을 하는 것이 가장 좋은 방법이다.

역량훈련이 성공하기 위해서는 수치심을 방지하는 것이 중요하다. 노인들에게는 젊은 세대 앞에서 자신의 학습 및 발달 부족을 시인하는 것이 문제가 아닐 수 없다. 그들은 자신들의 부모상에 따라 모든 것을 더 잘 알고 더 잘할 수 있어야 한다고 생각하기 때문이다. 이 작업은 개별적으로 혼자 또는 유사한 사람들과만 함께 학습하고 실험할 수 있는 하위체계, 개인 또는 집단작업과 같은 다른 세팅에서 할 수 있다.

4) 세대갈등관리와 갈등조정

세대관계에서는 갈등이 발생하기 쉽고 가족갈등은 중요한 스트레스 및 비일치성의 근원이므로 내담자들에게는 갈등관리전략을 돕는 것이 도움이 된다. 건설적 갈등처리방법은 패자 없이, 즉 가족관계에서 가족구성원들이 상처 입지 않고 모두가 만족하는 해결책을 찾는 것이다(**윈윈 원리**; 문용갑, 2011; Fisher et al., 2000; Klappenbach, 2006).

갈등에서 중요한 것은 각 세대의 이해관계, 소망 또는 욕구와 관련된 상이한 **목표들의 충돌**이다. 사람마다 생애주기도 욕구도 다른데 가족구성원들의 목표가 항상 같다면 정말 놀랄 일이 아닐 수 없다(문용갑, 2011; Glasl, 1996; Mayer, 2007). 그럼에도 불구하고 많은 가족에서 '**조화신화**harmony myth'에 따른 영원한 목표일치를 강조한다. 그 결과, 동조압력에 갈등을 은폐함으로써 더 많은 문제가 야기된다. 생존권이 달린 갈등은 사라지지 않고 **숨겨진 채** 계속 지속된다. 게다가 가족구성원들은 신경심리스키마처럼 자신의 **목표**, **목표갈등** 그리고 **목표우선순위**에 대해 잘 의식하지 못한다. 개인은 논의하는 방법과 의도하는 바가 다르더라도 반응은 모두 스키마에 따라 한다. 인간은 자신의 양가감정 때문에 앞뒤가 다르게 모순적으로 말하고 행동한다(내적 갈등). 따라서 관심사에 대한 논의, 내적 모델과 스키마의 일관성 검토 및 조정, 목표 그리고 우선순위는 가족갈등관리에 중요한 전제조건이다. 가족구성원들에게 **'가장 중요한 것' '가장 힘든 것'** 또는 **'가장 좋은 것'**에 대해 질문함으로써 은폐된 갈등을 해소하기 위한 첫걸음을 뗄 수 있다.

조화신화

가족구성원들은 자신의 관심사에 따른 목표를 표현하고 치료자는 그 목표의 감정적 중요성을 파악한다. 이 작업은 순서에 따라 소망시나리오를 살펴서 당사자에게 중요한 것이 무엇인지를 밝히는 방식으로 이루어진다.

갈등이슈

1. 실질갈등은 다음과 같은 내용으로 다양한 입장과 관련되어 있다.
 -가치, 규범, 규칙, 기준
 -패러다임, 모델, 개념
 -가족생활의 구조와 조직
 -공식적 · 비공식적 권한, 역할 그리고 과제
 -가족역할 수행 자질과 역량
 -초점/우선순위
 -방법/절차
 -상황정의
 -상황평가
 -문제해결방법
 -문제해결책 평가

2. 관계갈등은 다음과 같은 사안으로 발생한다.
 -대화방법
 -자아상/타인상
 -기대
 -친이파징/역친이파징
 -충성

갈등당사자들이 상대방의 감성을 민감하게 대하지 못하면 곧바로 모욕감에 분쟁으로 진전된다. **관계갈등**에서 실질갈등으로 번진다. 이 관계는 치료적 쌍방대화에서 명료해질 수 있다.

치료적 갈등관리의 첫 단계는 가족구성원들이 가족에서 **실재에 대한 해석이 다양한**을 수용하고 학습하는 것이다. 소원을 표현하고 행동할 수 있는 권리가 보장되지 않는 가족이 많다. 먼저, 표현된 요구와 그 뒤에 숨겨져 표현되지 않은 **관심사/상위목표**를 구분한다. 이어서 갈등에도 불구하고, 가족구성원들이 가진 공통점들이 파악되고 평가되어야 한다(자녀 건강, 친척, 결속 그리고 안전 등에 대한 이해관계). 갈등당사자들이 공동의 이해관계와 목표를 발견하면 분위기가 좋아지면서 협상을 위한 기초가 마련된다. 해석의 차이는 공동목표의 시각에서 다시 살펴서 모두가 수용할 수 있는 해결책을 강구한다(문용갑, 2011; Fisher et al., 2002; Klappenbach, 2006).

독립적인 제삼자가 갈등당사자들이 스스로 갈등을 해결하거나 **법적 계약**을 위해 협상하도록 돕는 것이 **갈등조정**이다(문용갑, 2011). 갈등조정은 자조self-help를 위한 지원으로서 중재인이나 판사가 아니라 당사자들이 스스로 갈등을 책임지고 해결하도록 돕는 것이다. 갈등조정의 목표는 모든 당사자들이 좋은 감정으로 수용하고 모두가 승자가 되는 해결책을 찾는 것이다(윈윈 원리). 해결책은 구속력 있는 계약으로서 법적 화해의 근거와 공증증서가 된다.

갈등조정은 상속, 가업승계, 양육권 또는 그 밖의 사안들을 둘러싼 갈등에서도 그 효과가 입증되었다. 대상이 지닌 가치에 대한 정당한 평가를 위해서는 당사자들이 변호사와 같은 전문가로부터 자신의 권리와 의무에 대해 자문받을 수 있다. 재판과 달리 갈등조정에서는 당사자들이 결정을 제삼자(예: 판사)에게 위임하는 것이 아니라 자신들이 협상을 통해 결정하고 그 결정에 관한 계약을 체결한다. 갈등조정은 재판에서는 거의 불가능한 가족관계 개선을 가능케 한다(Bastine, 2006; Kaiser, 2006b; Klappenbach, 2006). 조정가에게는 효과요인과 효과차원을 중심으로 당사자들이 최선을 다해 쟁점들을 처리하여 모두에게 유익한 합의안을 도출하도록 돕는 것이 가장 중요하다.

5) 힘든 상황 다루기

심경심리스키마가 작동하여 감정에 휩싸여서 다른 스트레스 반응을 하게 되고 당사자가 그 상황에 맞서지 못하고 무기력해지면 상황은 어려워진다. 어려운 상황은 역량과 자원이 부족하면 극복할 수 없다(역량부족, 역량장애 또는 역량의식부족; Kaiser, 1982; Lazarus, 1991). 어려움의 종류와 정도에 따라 어려운 상황, 위기 또는 위급한 생활상황이라고 한다. 이들은 열악한 생활환경과 다르다. 이들 모두의 공통점은 스트레스이다. 스트레스는 무력감과 절망에서 오는 신경심리적 증후군으로서 분노, 절망감, 수치심 등의 감정폭발과 함께 좌절 또는 자해 등을 초래한다(Dorrmann, 1991; Dross, 2001; Egidi & Boxbücher, 1996; Gendlin, 1998; Sachse, 2002). 나쁜 신경심리스키마가 활성화되면 위기증상도 심해진다.

자살 다루기

감정적 상처나 자살성향이 높은 경우에는 핵심 감정(예: 죽고 싶은 소망)과 그 뒤에 있는 모델표상에 대해 공감하며 솔직하게 대화하는 것이 바람직하다. 대화를 통해 핵심 감정에 들어 있는 모순점들이 드러난다. '아무도 나에게 관심이 없다'는 불만은, 예를 들어 치료 현장에서의 가족구성원들과 치료자가 보내는 관심과 모순된다. 이러한 모순에 대해서는 부드럽게 질문하는 방법으로 대화할 수 있다. "당신은 지금 저와 다른 사람들로부터 버려진 느낌이 드는군요?" 감정을 말로 표현함으로써 부정적 생각을 상대화하고 상황에 대한 다양한 생각을 확인할 수 있다. 경우에 따라서는 추가적인 우울증 치료나 심한 경우에는 병원입원도 고려되어야 한다(Benkert & Hippius, 2005; Dorrmann, 1991; Grawe, 2004; Schmidt et al., 2002; Thase & Jindal 2004; Zeeck, 2002).

가족위기 다루기

가족위기의 경우는 모든 가족구성원들과 함께 대화하는 것이 중요하다. 치료는 다음 절에서 제시하는 개념에 따라 진행할 수 있다. 치료의 초점은 핵심 주제에 맞춘다(Deegener & Körner, 2005; Ditz et al., 2006; Hensen, 2005; Hirsch, 2005; Ritscher, 2005). 가족구성원 중에 연락 상대를 한 명 지정해서 무슨 일이 일어나면 곧바로 연락하는 것이 좋다.

위기는 전문적 도움이 필요하다는 징후다. 전문가는 감정 중심의 전략으로 효과요인과 효과차원을 염두에 두고 내담자를 지원한다. 이로써 위기의 고조나 만성화를 막을 수 있다.

치료과정에서 위기상황

어려운 상황은 터부시되고 당사자에게 체면훼손이나 위협이 되는 주제(예: 성폭력 또는 기타 과실)를 다루는 치료 현장에서도 벌어질 수 있다. 치료자는 문제를 탐색하고 해결할 수 있도록 도와야 한다. 가족구성원들은 그 문제를 다루면서 위협받는 가족구성원을 보호하기 위한 적절한 조치를 취해야 한다. 치료자는 너무 무리하지 않기 위해 이런 상황에 대비한 '비상수단'을 구비하는 것이 중요하다. 무리 신호를 즉시 인지하면 고조를 예방할 수 있다. 최악의 경우에 어떻게 행동할 것인지를 아는 것도 중요하지만 효과요인과 효과차원 그리고 설명중심의 대화를 자신 있게 할 수 있다면 슬기롭게 대처할 수 있다. 상처받은 당사자는 감정을 공감해 주면 수용받는다는 느낌을 받게 된다. 이는 나머지 가족구성원들에게도 좋은 모델로 작용할 수 있다. '공격자'의 감정과 모델표상을 진심으로 다정하게 말로 표현해 줌으로써 그의 내적 과정에 초점을 맞추어 자아인식과 자기성찰을 할 수 있도록 할 수 있다(Dross, 2001; Egidi & Boxbücher, 1996; Gendlin, 1998; Sachse, 2002). 이렇게 하면 다른 가족구성원들도 마음이 홀가분해지면서 공격이 무력감과 내적 모순의 표현임을 알게 된다. 치료자는 통제력을 발휘함으로써 치료적 관계를 공고히 다질 수 있다.

가족치료에서 가족구성원들이 서로 공격하거나 비하하면 서로 등을 돌리고 주제를 바꾸거나 말을 하지 않음으로써 분위기가 냉랭해질 수 있다. '공격자'의 기를 꺾기 위해 맞서지도 비난하지도 않고 아예 무시해 버린다. 치료자가 통제력을 발휘하여야 할 기회이다.

트라우마 체험

학대나 성폭력을 당한 경우에는 정서적 영향이 특히 심하다. 피해자가 가족과 살기 위해서는 분노, 두려움, 혐오감이 정확히 분리되어 처리되어야 한다(Deegener & Körner, 2005; Fraenkel, 2004; Haag, 2006; Hirsch, 2005; Zeeck, 2002). 가족의 생활환경을 조심스럽게 파악하고 가족구성원들을 대상으로 한 설문조사가 이루어져야 한다. 충성 압력을 적게 받는 조부모 또는 삼촌, 고모 등 직접적 관계가 없는 가족구성원들은 파괴력이 강한 문제에 대해 말할 수 있다. 피해자는 거의 치료받으러 오지 않기 때문에 대개 어떤 일이 벌어졌는지는 나중에 알려진다. 피해 사실이 알려지면 우선 피해자부터 병원 입원 및 격리 조치하여 추가 조사와 함께 증거를 확보한다(AWMF, 2006; Maaß, 1997; Schmidt et al., 2002). 이런 경우에는 관련 전문가도 개입하며 충분한 증거가 있으면 경찰에 자문을 구해야 한다.

가족 내 폭력 또는 성폭력은 대개 대물림되는 **전통**에 따라 처리되고 극복된다. 따라서 유죄판결을 받는 가해자에 대해서는 석방 후 가족의 미래를 고려한 패턴 및 스키마 중심의 치료기회가 주어져야 한다(Kawamura-Reindl et al., 2006; Kury & Kern, 2003; Ritscher, 2005).

6) 약물치료

신경 상호작용의 강화를 약화 또는 억제하기 위해서는 치료 **보조제**로서 신경심리스키마에 관한 약물치료를 병행할 수 있다(Grawe, 2004; Klein et al., 2006; Köhler, 2005; Müssigbrodt et al., 2006; Thase & Jindal, 2004). 신경전달물질이 신경세포 안에서 일어나는 유전자 발현에 영향을 미쳐서, 예를 들어 스트레스 유전자를 차단할 수 있으므로 이 과정에 약물이 영향을 미칠 수 있다. **노르아드레날린** 신경전달물질은 환자의 학습의지를 높이고 치료경험을 더 강하게 할 수 있다. 하지만 동일한 신경전달물질이라도 동일 환자에게 상황에 따라 다른 작용을 할 수 있다는 점도 고려되어야 한다(Grawe, 2004; O'Carroll et al., 1999; Thase & Jindal, 2004). 정신이상, 우울증 또는 공황장애에 대해서는 대개 약물치료를 통해 관련 신경전달체계를 조절한다. 삼환계 항우울제는 시냅스에서 세로토닌과 노르아드레날린의 재흡수를 억제함으로써 유기체가 다시 진정될 수 있다.

관련 연구에 따르면, 치료와 약물치료를 통합한 치료의 효과가 더 높다고 한다(Klein et al., 2006; Müssigbrodt et al., 2006; Thase & Jindal, 2004). 따라서 사례별로 신경심리스키마에 대한 치료를 최적화하기 위한 약물치료 가능성도 검토되어야 한다. 하지만 약물치료로는 행동, 관계 그리고 생활조건을 변화시킬 수 없다. 문제를 해결하거나 나쁜 경험을 막을 수도 없다. 따라서 예를 들어, 우울증에 대한 순수한 약물치료pharmacotherapy의 효과는 플라시보효과보다 반 정도만 높았고 재발률도 80%나 된다(Grawe, 2004; Joffe et al., 1996; Reed, 2006). 모든 약물치료에서는 배합금기incompatibility와 부작용을 염두에 두어야 한다. 따라서 심리드라마도 경험이 풍부한 전문의사가 하여야 하고 경우에 따라서는 내사를 받아야 한다. 통합치료를 위해서는 특히 의사와 치료자의 협력이 중요하다.

통합치료에 의한 효과 증대

7) 요약

설명, 극복, 관계 및 체계 중심의 전략들과 방법들은 가족기능성과 개인적 스키마와 역량을 최적화하는 데 필요하다. 이들은 적응증과 가용성에 따라 통합형태로 다양한 가족 수준에서 그리고 가족구성원 개개인에게 적용할 수 있다. 약물치료는 심리장애에 따라 그 중요성이 달리 적용된다. 정신병 환자에게 약물치료는 일반적인 치료다. 복잡한 치료인 경우에는 다양한 전문가들(개인치료자, 가족치료자, 정신건강의학과 의사, 사회복지사 등)의 협력이 필요하다.

2. 실제적 문제

1) 윤리적 · 법적 관점

내담자의 문제뿐만 아니라 치료행위도 항상 윤리적 법적 문제에 직면한다. 여기서 우리는 윤리적 · 법적 문제와 관련하여 설명되고 주의하여야 할 몇 가지 참고 사항들을 제시하고자 한다(Balloff & Koritz, 2006; Reiter-Theil, 1997; Strauß & Geyer, 2006; Strotzka, 1983; Walther-Moog, 2006).

치료적 중립성의 경계

다양한 철학 · 윤리적 · 법적 견해로 인해 가족 내뿐 아니라 가족과 환경 사이에도 갈등이 발생한다. 갈등상황에서 가족구성원들은 연령, 교육수준, 문화 · 윤리적 배경, 상황 또는 적용범위 등에 따라 다양한 도덕적 판단하에 행동한다(Kohlberg, 1976). 가족구성원이, 예를 들어 난폭하거나 자녀를 학대하는 등 규범 또는 법을 위반하면 치료자는 더 이상 중립을 지키거나 신중할 필요 없이 약자 보호에 앞서야 할 것이다. 그렇지 않으면 약자를 돕지 않았다는 이유로 처벌받을 수 있다. 뿐만 아니라 제편성multi-partiality의 의미에서 가해자에게도 자신에 대한 성찰의 기회가 주어져야 한다. 이런 경우에는 관련 전문가들의 협업이 필요하다(Hensen, 2005; Hirsch, 2005; Ritscher, 2005; Steinebach, 2006). 윤리적 문제에 대한 가이드라인으로는 세계인권선언 제30조(UNO, 1948), 치료사 윤리강령(한국치료학회, 한국치료학회 등) 등이 적절하다.

기준으로서 인권과 기본욕구

인권과 더불어 모든 가족구성원의 개인적 발달단계에 따른 기본욕구도 중요한 잣대가 될 수 있다. 하지만 많은 가족에서 인권과 기본욕구와 같은 일반적 기준이 지켜지지 않는다. 실제 가족의 규칙과 전통은 인도적 원칙과 동떨어진 경우가 많다. 앞에서 터부와 가족비밀에 관해서 언급하였듯이, 그런 가족의 전통은 대개 무기력과 부족한 가족기능성의 표현이다.

세대 간 공정한 주고받음으로 인해 큰 문제가 발생할 수도 있다. 이와 관련해서는 주고받음의 기준이 무엇인지가 관건이다. Boszormenyi-Nagy는 가족에서 각 세대는 원칙적으로 세대를 이어서만 수지 균형을 맞출 수 있음에 주목하였다. 자녀는 향후 아이를 낳고 양육함으로써 부모에게 진 빚을 갚을 수 있다(Boszormenyi-Nagy & Spark, 1982). 그럼에도 불구하고 세대 간에는 갈등을 일으킬 수 있는 또 다른 **교환기대들**이 있다(Alt, 1994; Bien, 1994; Boszormenyi-Nagy, 1986; Brake, 2005; Grünendahl, 2001; Herlyn & Lehmann, 1998). 예를 들어, 자녀에 대한 부모의 충성 기대가 너무 크면 부정적인 자녀의 분리와 함께 부부문제까지 초래한다.

어려움은, 예를 들어 가족구성원이 다른 가족구성원들에 숨기고 있는 가족비밀을 치료자에게 털어놓을 때도 발생할 수 있다. 치료자는 치료를 위해 비**밀유지 의무**를 지키면 편파적이게 되고, 지키지 않으면 치료에 대해서는 법을 위반하게 된다. 방법은 가족기능성을 향상시켜서 가족비밀을 더 이상 불필요하게 만들어 자연사하도록 하는 것이다(p. 78의 '4) 대화, 의사결정 및 관리구조' 참조; Reichter-Theil, 1997).

2) 전문적 세팅 선택

대물림되는 상호작용과 신경심리스키마를 최적화하기 위한 세팅에 대한 질문이 빈번하다(Schmidt et al., 2002; Zeeck, 2002).

가족치료

가족치료는 짧은 시간에 개인 및 부부치료에서 어려운 정보를 많이 얻을 수 있다. 세대와 하위체계의 가족구성원들이 참여함으로써 다양한 주제들을 다양한 관점과 체계론적 연관성에서 조명할 수 있다(3장 2절 참조). 가족치료는 가족구성원들의 관심과 결속력이 강할 때 특히 유용하다.

전화를 통한 가계도 분석

가족치료는 세대 간 관계에 관한 지식이 전제되어야 하므로 전화나 사전면담에서부터 가족실태 및 패턴을 조사하는 것이 중요하다. 조사 내용은 즉시 간단한 가계도로 기록한다.

부부 및 가족치료는 개인치료와 달리 구조화된 진행을 통해 무엇이든 소홀히 다루지 않는다(Cierpka et al., 2005; de Graaf & Terr, 1998; Framo et al., 2003; Gurman & Jacobson, 2004). 논란이 되는 주제에 대해서는 치료자가 표적질문을 통해 대화를 조율해 감으로써 가족구성원들이 격려받고 자신의 자원을 찾아서 체면을 회복하고 서로 소통하도록 한다. 가족의 삶의 질에 관한 구조모델([그림 2-5] 참조)은 기존의 자원이나 심층질문을 위한 가이드라인이 될 것이다. 가족치료에서는 존중, 공감적 이해 그리고 진정성과 함께 중립적이고 제편적인 자세와 절제 원칙이 중요하다(Gunzelmann et al., 2006; Norcross, 2010; Norcross & Wampold, 2011; Scheib & Bruntner, 2002). 다세대가족치료는 다음과 같이 5단계로 구분된다.

가족치료 단계

① 먼저, 치료자는 가족구성원들에게 인사를 하고 치료에 참여한 노고에 대해 감사의 말을 전한다. 이어서 치료방법, 피드백 또는 연구를 위한 영상촬영, 배석하거나 일방경one-way mirror 뒤에 있는 동료 치료자에 대해 간단히 설명한다.

② 연장자부터 각 참여자에게 사는 곳, 일상에서 하는 일 등을 물어서 개인 소개를 하도록 한다. 어린아이들을 위해 항상 장난감을 구비한다.

③ 연장자로부터 가족구성원 간 관계에 대한 평가와 그 이유 등에 대해 순환질문을 한다. 끼어드는 사람이 있으면 정중히 저지한다. 문제에 관한 대화가 처음부터 또는 그 이후라도 가열되면 치료자는 그 문제와 관련 없는 가족구성원들의 관계에 대해 질문한다. 이를 통해 치료자는 자연스럽게 모든 가족구성원과 그들의 관계에 대해 알 수 있다.

④ 두 번째 회기에는 동일한 방법으로 알고 있는 내용을 더 깊게 이해한다. 이어서 10분간 휴식을 통해 가족은 쉬고 치료자는 동료 치료자와 상

의하여 최종 피드백을 준비한다.

⑤ 치료자는 가족에게 공손하게 피드백하고 다음 단계를 위한 제안을 한다. 대개 치료자는 먼저 부모 또는 조부모에게 부부치료를 권하고 필요한 경우에는 개인에게 개인치료를 제안한다. 상황에 따라 가족치료를 계속할 수도 있다.

치료에 앞서 치료자는 가계도를 통해 획득한 사전정보를 바탕으로 향후 계획을 세운다. 이 과정에서 누구에게 어떤 관계에 대해 어떤 질문을 할 것인지가 정해진다. 질문은 직선적 또는 순환적으로 이루어진다. 다세대가족치료에 대한 경험이 적은 치료자는 앞에서 제시한 가이드라인에 따라 치료를 진행하는 것이 바람직하다(Cierpka et al., 2005; Kaiser, 2006b).

부부치료

다세대 및 스키마 중심의 치료는 특히 부부의 삶의 질을 위해 적합하다(Hehl, 2002; Sanders, 2000). 이 치료의 효과는 다음과 같다.

① 부부 양 가족의 부부관계 전통과 관계를 위한 자원과 취약점을 더 잘 이해할 수 있다. 이미 살펴보았듯이, 삶의 질의 구조적 요인은 결혼지참금과 같아서 관계에 영향을 미친다.

② 친밀과 에로티시즘을 촉진한다. 이를 위해서는 원가족의 전통과 모델표상을 상세히 조사하고 경우에 따라서는 교정도 필요하다. 가계도 분석과 미래작업도 병행한다. 이를 통해 어떻게 부부관계를 다른 가족구성원들과 분리할 것인지가 분명해진다.

③ 역기능적 전통, 모델표상 그리고 신경심리스키마와 연관된 부부대

화, 성생활 등의 문제 또는 장애를 치료한다. 원가족에서의 역기능적 부부관계모델, 성격, 애착 및 신체장애 또는 배우자의 질병은 부부관계의 질을 떨어트린다. 이에 대해서는 내담자의 선택적 설명보다 더 세밀한 조사가 이루어진다. 개인적 장애가 있는 경우에는 부부치료와 분리하여 개인치료를 한다(Bäuml & Pitschel-Walz, 2002; Hahlweg et al., 2006; Heekerens & Ohling, 2006; Sigusch, 2001; Thurmaier, 1997).

④ 개인치료에서 밝혀진 부부문제를 해결할 수 있다.

⑤ 부부문제를 분리된 부부치료에서 다룸으로써 가족치료에서의 경계 침범을 예방할 수 있다. 예를 들어, 분리되지 않은 가족구성원으로부터 부부를 보호할 수 있다. 가족치료에서 부부만 치료에 초대한다는 것 자체가 경계 표시이자 특전으로 작용한다. 손해 보는 세대가 없기 위해 조부모와 부모도 부부치료에 초대할 수 있다. 모든 부부가 독립된 공간에서 자신들의 삶의 질에 대해 성찰할 수 있는 권리가 있다. 이를 위해서는 특별한 보호가 필요하다.

부부치료에서는 부부관계가 부부에 얼마나 중요한지, 원가족의 어떤 모델 표상이 작용하는지 그리고 부부관계가 어떻게 원가족과 자녀와 분리되어야 하는지가 밝혀져야 한다. 가족치료처럼 부부치료에서도 구조화된 절차를 통해 배우자 한쪽이 편파적이라고 생각하지 않도록 해야 한다(예: 성차별 또는 라이벌). 이를 위해서는 절제 및 중립 원칙과 공평한 치료 정신에 입각한 대화 진행이 필요하다(Gurman & Jacobson, 2004; Kaiser, 2006b).

개인치료

개인치료의 장점은 다른 가족구성원이나 가족역동과 분리하여 한 개인에게 집중한다는 것이다. 개인치료는 다음과 같은 경우에 필요하다.

① 개인이 심각한 문제 또는 심리장애를 겪고 있어서 장기간 면밀한 주의가 필요한 경우이다. 특히 심리장애에 대해서는 약물치료와 함께 병원 입원도 고려되어야 한다(Grawe, 2004; Klein et al., 2006; Köhler, 2005; Müssigbrodt et al., 2006; Thase & Jindal, 2004). 모든 가족구성원과 세대는 시기는 다르지만 개인치료가 필요할 수 있다. 개인치료에서는 개인문제와 관련하여 대물림되는 요인들을 다룸으로써 인덱스 환자의 치료뿐 아니라 세대 간 관계와 가족기능성의 향상도 꾀할 수 있다(2장 3절 참조). 가족과 분리된 개인치료는 체계개입으로서 개인과 세대의 분리를 가시화하는 신호효과를 거둘 수 있다. 하지만 가족구성원들과 분리는 낙인이나 배제가 될 수 있으므로 이에 관해 가족구성원들과의 논의가 필요하다.

② 내담자가 개인적으로 치료를 받고자 하는 경우이다. 하지만 분석결과, 세대 간 관계와의 관련성이 밝혀지면 가족구성원이 어떻게 참여할 것인지가 고려되어야 한다.
핵심 주제가 내담자의 원가족과의 문제나 경험, 모델표상, 가족구성원들에 대한 기대와 감정인 경우에는 개인치료에서 생산적으로 다루어질 수 있다. 이를 위해서는 개인적 의미, 평가 그리고 변화를 위한 효과차원들이 중요하다. 체계와 관계 그리고 대화에 관해 작업하기 위해서는 가족구성원들이 참여하여야 한다.

③ 가족구성원들이 이미 사망하였거나 공간적 거리나 사회적 거리로 인해 치료에 참여할 수 없는 경우이다. 이런 경우에는 의미, 평가 그리고 변화가 효과차원을 기준으로 처리될 수 있다. 가족구성원이 없으면 애착, 통제 그리고 자아존중의 기본욕구가 좌절되어 격한 감정이 들 수 있다. 이에 대해서는 내담자가 안정을 찾아서 현실에 대한 불만으로부터 벗어나 자존감을 회복하도록 해야 한다.

단절된 관계가 회복되려면 저항들이 극복되어야 한다. 이 저항들은 개인치료에서 처리될 수 있으며 만남 이전에 예견되는 어려움도 예측할 수 있다. 다양한 시나리오를 연습하기도 하고 새로운 만남을 어떻게 할 것인지도 제안할 수 있다. 집단이 있을 경우에는 역할극 또는 가족세우기 등을 통해 모의실험을 할 수 있다. 체계, 관계 그리고 대화의 효과차원을 고려한다면 반드시 집단이 필요하다. 집단에서의 개인치료에서는 내담자들이 서로 참여관찰을 통해 학습할 수 있다.

④ 한 개인을 가족구성원들로부터 보호해야 하거나 가족생활이 힘겹거나 위험스러운 경우이다. 예를 들어, 폭력적 또는 성적 피해, 방임 또는 그 밖의 가해가 발생한 경우에 개인치료를 제공한다(Gloger-Tippelt, 2005; Hensen, 2005; Hirsch, 2005; Kaiser, 2006a; Pfeiffer, 2005; Baltes & Wahl, 1992; Zank & Schacke, 2005). 이런 경우에는 돕는 데 먼저 내담자와 접촉하는 것이 문제이다. 접촉이 가능한 관련 기관, 가정의 또는 목회자에게 물어 개인치료를 통해 세대 간 관계와 신경심리스키마가 문제에 차지하는 비중을 파악하고 적절한 조치를 취한다.

개인 가족구성원을 다른 가족구성원들로부터 보호하려면 전문가로서의 중립성보다는 피해자를 대변하는 것이 급선무다. 따라서 가족체계가 다시 기능적으로 작용하고 피해가 재발하지 않도록 하기 위해서는 적절한 방법과 수단이 강구되어야 하며 가해자와도 전문적 협력방법을 찾아야 한다. 이러한 문제는 피해 어린이를 격리시키는 경우에 자주 발생한다(Griebel & Oberndorfer, 2006; Griebel & Ristow, 2004; Hensen, 2005; Kaiser, 1995a). 위협을 당하거나 피해를 입은 가족구성원들도 대개 가족을 잃지 않으려 한다. 이런 경우에 한 치료자는 피해자에게, 다른 치료자는 가족 또는 가해자에게 집중하는 것이 바람직하다.

집단상담

집단상담은 자극 및 학습조건뿐 아니라 자조 잠재력 면에서 다른 세팅보다 더 유리하다(Sanders, 2000; Lambert, 2004; Fiedler, 2005; Flückiger et al., 2005). 집단은 개인, 부부 또는 가족으로 구성될 수 있다. 집단구성원들은 공동주제, 생활환경(예: 상중인 자, 자녀 없는 부부, 상속갈등), 공동생활유형(예: 동성애자, 한부모, 수양가족), 장애자 또는 환자와 함께 사는 생활 등과 같이 참가자들에게 중요하고 이해 가능한 기준에 따라 편성한다. 참가자들은 모두가 자신만의 관심사와 문제가 있고 일상에서 우선시하는 것과 입장 그리고 모델표상이 다양하다는 것을 깨달을 수 있다(Flückiger et al., 2005). 집단상담은 덜 사적인 주제와 훈련에 적합하다. 예를 들어, 성과 관련된 더 사적인 주제는 개인 또는 부부치료가, 폭발력이 큰 주제는 가족치료가 적합하다. 일례로 수양가족들에 대한 집단상담에서 수양가족들은 저항이 심하고 수양자녀에게 책임전가도 강했다(Kaiser, 1995b). 이 문제는 각 가족에 대한 개별 가족치료를 통해 해결되었다.

3) 요약

특히 부부 및 가족치료에서 내담자로 인한 치료자의 윤리적 딜레마는 신중하고 중립적이며 절제하는 자세로 다루어져야 한다. 아울러 치료자는 절제원칙과 충돌하는 윤리적 · 법적 요청을 받기도 한다(예: 성폭력가족).

개인, 부부 그리고 각 세대에 대해 어떤 치료를 할 것인지는 단순히 내담자에게 위임할 사안이 아니라 전체 맥락에 대한 체계론적 분석을 통해 정해져야 한다. 이를 위한 핵심 기준은 모든 가족구성원의 욕구와 삶의 질과 함께 관련 법적 · 윤리적 규범이다.

3. 조건

1) 시간

치료기간은 문제에 따라 다르다

한때 단기치료에 잔뜩 부풀었던 기대가 이제는 현실적 평가와 함께 점차 시들어 가고 있다. 미국에서 환자 6,000명을 대상으로 한 연구(Lambert, 2004)에 따르면, 중증환자의 50%는 21회기, 20%는 50회기부터 의미 있는 개선이 있었다고 한다. 경증환자의 50%는 7회기 그리고 75%는 14회기부터 상태가 호전되었다. Sexton과 Alexander(2002)는 청소년범죄자 가족이 도움을 받는 데 평균 12회기가 걸렸다고 한다. 외래환자 854명은 문제의 심각성에 따라 회기 수가 다양했다. 급성스트레스 상황인 경우 50%가 10회기 내에 호전되어 단기치료가 적절한 것으로 입증되었다. 만성스트레스는 약 14회기, 성격장애는 평균 104회기가 필요했다. 메타분석(Grawe, 2004; Grawe, 1994; Lambert, 2004)에 의하면, 치료는 평균 10회기 이후에 성공하였고 환자의 75%는 50회기 이상이 필요했으며 100회기 이상인 경우도 많았다. Lambert는 20회기로 제한한 경우 환자의 50%는 도움을 거의 받지 못했다고 요약해서 강조한다. 효과한계도 포착되었다. 예를 들어, 내담자들은 일정 기간이 지나면 더 이상 도움을 받지 못하거나 치료자에게 의존하게 된다(용량효과dose-effect 모델; Heekerens & Ohling, 2006). Grawe 등(1994)은 치료는 대개 200회기 이상이 걸린다고 요약하고 있다. 물론 전문적인 슈퍼비전을 통한 치료에 대한 성찰도 중요하다.

우리의 경험에 따르면, 삶의 질 또는 세대문제를 가진 가족, 부부 또는 개인은 1~5회기 정도면 도움을 받을 수 있다. 심각한 문제와 장애의 경우, **체계구조적** 변화와 새로운 **신경심리망**의 발달과 안정을 위해서는 상당한 시간이 필요하다. 변화를 위한 실제 행동이 지속적으로 이루어지지 않으면 새로운 입장이나 관점이라 해도 실패할 수밖에 없다. 새로운 신경스키마가 안정적으로 형성되기 위해서는 최소 15~50회기가 필요하다. 회기당 개인치료는 50분, 부부치료는 60~90분, 가족치료는 90~120분 정도가 적당하다. 모든 사람이 중요한 주제에 대해 충분한 시간을 가지고 참여하여야 하기 때문이다. 가족치료는 약 60분 후에 15분 정도 휴식이 필요하다. 경우에 따라서는 휴식 시간에 치료자는 일방경 뒤에 있는 동료들과 서로 상의한다. 가족구성원들은 휴식 시간에 간단한 운동을 한다. 운동은 특히 아이들에게 중요하다.

1회기 시간

2) 공동치료방법

치료자로서 불안하면 2인 1조로 하는 것이 좋다. 특히 대규모 가족을 대상으로 복잡한 치료를 준비하고 진행하면서 두 치료자는 서로 도울 수 있다 (Schlipp & Schweitzer, 2012; Weihe-Scheidt et al., 2002).

남녀로 구성된 치료팀의 장점은 남성 내담자나 여성 내담자 모두 동등하게 참여한다는 느낌을 가질 수 있다는 데 있다. 팀 구성에 있어 중요한 것은 치료역량이다. 역량 차이가 크면 노련한 치료자는 방해받는다고 느끼고 다른 치료자는 진행 상황을 파악하지 못하고 즉시 반응하지 못하면 무시당한다고 느낄 수 있다. 유능한 치료자는 초보자와 협업할 경우, 의식적으로 뒤에 서서 보완하거나 지지하는 식으로 조력하거나, 반대로 주역을 맡게 되면 초보자는 참여관찰자로서 협조한다. 회기마다 협력하는 방법은 다양하다.

① 한 사람은 치료를 진행하고 다른 사람은 모든 사람이 참여하고 동등한 대우를 받고 중요한 요소들을 모두 고려한다는 목표에 집중한다. 이에 대해 두 사람은 함께 성찰한다.

② 한 사람은 치료를 진행하고 다른 사람은 인덱스 환자에게 개인치료를

하거나 아이들을 돌보거나 기타 특별과제를 수행한다.

③ 두 사람이 동등하게 번갈아 가면서 질문하고 개입한다. 이를 위해서는 먼저 가족구성원들에게 시작과 순서, 질문과 주제를 설명하여야 한다. 한 사람은 남자들을, 다른 사람은 여자들을 각각 배려하는 것도 중요하다.

④ 한 사람은 뒤(일방경)에서 다른 사람과 라이브 슈퍼비전 형식으로 치료를 성찰한다. 이런 성찰은 오늘날 반영팀reflecting team이라는 의미에서 가족을 대상으로 가능하며 피드백을 줄 수도 있다.

공동치료co-therapy라고 해서 무조건적으로 내담자를 위해 좋은 결과를 내는 것은 아니다. 예를 들어, 치료자 중 한 사람이 스스로 문제가 있고 역량장애 또는 역량부족이거나 치료협력을 위한 관계와 방법에 대해 잘 알지 못하면 오히려 부수적인 문제들이 발생할 수 있다. 치료팀은 항상 대화와 관계의 모델이 되어야 한다는 것도 염두에 두어야 한다.

3) 치료적 체계맥락

여러 세대의 가족구성원들과 작업하려면 이들이 가정의와 관련 기관이나 조력자로부터도 보호를 받아야 한다는 것을 염두에 두어야 한다. 따라서 전문적 체계맥락이 가족의 삶의 질과 욕구충족이라는 목표를 위해 구비되어 있는지를 살펴보아야 한다(Jungmann, 2003; Frenzke-Kulbach, 2004; Armbruster & Bartels, 2005; Balloff & Koritz, 2006). 다양한 직업군과 서비스는 고유한 패러다임, 관점 그리고 방법이 있기 때문에 서로 조율되지 않으면 오히려 서로 방해할 수 있다. 약물치료는, 예를 들어 피곤하게 하거나 우울하게 만들거나 처방된 심리극의 효과를 변화시켜 치료적 작업을 방해할 수 있다(Müssigbrodt et al., 2006: Klein et al., 2006). 전문 조력자들이 서로 조율 없이 개입하거나 일방적으로 편을 들게 되면 세대 간 상호이해가 어려워질 수 있다. 내담자가 동시에 또는 쉬지 않고 여러 번 보호받는 일이 발생한다. 전문가들이 서로 조율하지 않으면 서로 반목하는 불상사가 생긴다(Kaiser, 1993). 사회, 보건 및 교육기관과 교회 등의 구조와 예산계획이 서로 다르면 소속 전문가들은 서로 도움을 주기는커녕 서로 이해조차 못한다.

전문가의 경쟁

내담자는 진단과 전문적 방법에 대해 거의 알지 못하기 때문에 전문가들은 서로 대화하고 경우에 따라서는 후속 조치에 대해서도 합의하는 것이 바람직하다. 복잡한 사안에 대해서는 조력자회의나 간사를 두는 것이 좋다(Armbruster & Bartels, 2005; Frenzke-Kulbach, 2004; Jungmann, 2003; Kaiser, 1993).

4) 교육훈련과 슈퍼비전

치료자는 효과요인과 효과차원, 방법과 전략을 운용하기 위한 지식, 자세 그리고 능력이 필요하다. 이러한 전문역량은 치밀한 교육훈련으로 강화될 수 있다. 많은 방법과 접근이 복잡하고 일상적인 습관과 다르기 때문에 이들을 자신의 것으로 만들기 위해서는 충분한 시간이 필요하다. 따라서 숙달되고 **역량의식**(자기효능)이 생길 때까지 장기간 역할극을 통해 연습하여야 한다. 역량의식은 지나치게 긴장하지 않으며 **실패**를 예방하는 데 중요하다(Lutz et al., 2004). 전문가로서의 **자신감**은 환자가 치료과정에서 안전하고 **실험대상**이 아니라고 느끼게 하는 데 중요한 진정성과 충실allegiance을 위한 전제조건이다. 교육훈련과정에서는 경제적인 이유로 연습할 기회가 매우 제한적이므로 안전감을 가질 수 없다. 따라서 동료와 훈련그룹을 구성하여 힘든 개인, 부부 그리고 가족을 공감하고 치료전략을 구사하는 연습을 하는 것이 좋다. 음악이나 운동처럼 자신의 연습은 최고의 스승을 포함한 그 누구도 대신할 수 없다.

충분한 훈련을 통한 전문가로서의 자신감

원가족이 내적 모델이나 신경심리스키마 형식으로 자신의 삶과 체험에 미치는 영향을 성찰하는 것도 전문가로서의 발달에 속한다. 내적 모델과 신경심리스키마는 무의식적으로 작용하고 치료목표의 설정을 방해하므로 실제로 경험이 풍부한 트레이너에게 충분한 시간을 가지고 강도 높은 자기인식작업을 해야 한다(Laireiter, 2002). 3년 동안 최소 200시간은 해야 한다. 경우에 따라서는 개인치료도 필요하다. 이렇게 함으로써 치료자는 자신감을 가지고 확실하게 작업하고 자신의 일에 만족할 수 있다.

자기인식과 훈련치료

훈련 이후에도 치료의 질과 일에 대한 만족도를 높이기 위해서는 슈퍼비전이 필요하다. 슈퍼비전은 전문적 작업을 촉진하고 치료의 질 향상을 위해 과학적 치료 및 치료방법을 활용하는 것이다(Jansen et al., 2004; Kaiser et al., 1993; Scholz, 2000; Schreyögg, 2004; Thomä & Kächele, 2006; Wiffen & Byng-Hall, 1982; Wirsching & Scheib, 2002). 슈퍼비전은 특히 다음과 같은 경우에 필요하다.

슈퍼비전

- 성찰, 모의실험, 훈련, 문제 규명 그리고 문제해결을 통해 전문적 작업을 사례 중심으로 최적화한다.
- 직업적으로 시급한 어려움에 처한 치료자를 개인적으로 지지하고 코칭한다.
- 학제적 연구프로젝트의 과정을 지원한다.
- 팀, 실무그룹 그리고 학제적 협력을 통해 체계론적 다차원 분석을 하고 문제를 해결한다.

우리는 슈퍼바이지supervise와 공동으로 다음과 같은 사항을 검토한다.

- 환자의 성격, 생활계획, 스키마, 자원 그리고 취약점과 같은 개인적 일관성의 결정요인들

－가족구성원들의 기본욕구를 위한 가족의 구조와 과정의 적절성. 아울러 가족유형, 생애주기 그리고 가족기능성을 고려한다.

－전문적 치료과정에서 **효과요인**과 **효과차원** 준수(〈표 3-1〉 참조). 특히 치료자의 특성과 치료적 관계에 대한 세심한 관찰을 한다.

－팀과 시설 면에서 치료작업의 질을 위한 전문적 작업환경의 기여도

－내담자에게 긍정적 관계를 제공할 수 있는 치료자의 삶의 질. 치료자 자신이 가족이나 부부관계에서 위기를 겪고 있거나 신경심리스키마(전이와 역전이)로 인해 작업에 방해를 받는 경우, 코칭과 슈퍼비전은 내담자를 보호하고 치료자의 삶의 질을 개선하는 데 커다란 도움이 된다.

슈퍼비전은 **사례개념화**뿐 아니라 매 **회기**마다 할 수 있다. 이를 위해 가능한 **영상기기**나 **현장** 슈퍼비전을 활용한다. 라이브 슈퍼비전은 슈퍼바이저와 슈퍼비전그룹이 일방경 뒤나 동일 공간에서 벌어지는 상황을 직접 관찰하고 더 확실히 의견을 개진할 수 있기 때문에 학습효과가 크다. 피드백이 즉시 이루어지기 때문에 실수와 시간을 줄여서 지원을 최대화할 수 있다.

치료자가 지식이나 적절한 전략이 부족한 경우, 현장에서 즉시 코칭을 통해 지원할 수 있다. 이러한 방법으로 방해요소나 치료역량의 부족을 즉각적으로 처리하면 치료작업에 도움이 된다.

거리가 먼 경우에도 전화, 이메일, 인터넷, SNS 등을 통해 슈퍼비전을 할 수 있다. 비디오를 이용한 라이브 슈퍼비전도 가능하다. 팀과 작업그룹 그리고 학제적 또는 체계 간 협력을 통해 **체계를 위한 기능성**과 체계 간 상호작용이 내담자의 대물림되는 상호작용과 신경심리스키마를 최적화하는 데 얼마나 기여하였는지를 규명할 수 있다.

5) 요약

조건들은 부수적인 요소가 아니라 치료의 성공을 위해 절대적으로 중요하다. 새로운 스키마의 신경적 강화를 위한 치료기간에 특히 중요하다. 치료기간은 문제와 장애 정도에 따라 15~300회기 정도가 걸린다. 이를 위해 필요한 경험은 문제에 적합한 세팅을 통해 발휘된다. 부부 및 가족문제는 관련 가족구성원들이 참여하는 세팅이 적합하다. 이를 위해서는 충분한 훈련과 슈퍼비전을 받고 문제 영역, 절차 그리고 세팅에 능숙한 치료자가 필요하다.

후기

우리는 심리사회적 건강과 삶의 질을 향상시키는 다양한 방법에 대해 많이 알고 있지만 더 겸손하고 더 노력할 것을 경고하는 문제가 여전히 산적해 있다.

대부분의 환자는 여러 장애와 문제로부터 고통받고 있으며 그들의 가족도 문제가 많다. 다세대가족의 가족기능성과 가족주기 과정에서 인덱스 환자뿐 아니라 모든 가족구성원의 상호작용을 주제로 한 연구가 부재하다. 가족의 상호작용 및 대물림되는 전이과정과 개인적 특성 간의 관계를 심층적으로 이해하기 위해서는 장기적 연구가 본격화되어야 한다. 실험이 가능하다면 가족의 상호작용에서 신경강화가 어떻게 진행되고 스키마가 되는지를 더 상세히 밝힐 수 있을 것이다. 이를 통해 어떤 가족구도에서 어떤 신경심리스키마가 활성화되는지도 추적할 수 있을 것이다.

치료개입 분야에서는 치료연구의 '최고의 기준'에 맞선 문제구도와 체계맥락의 복합성을 고려한 연구가 필요하다. 대부분의 환자는 여러 장애와 문제로 고통받고 있으며 가족구성원들로부터 영향을 받고 있다. 이 점에서 인덱스 환자의 치료뿐 아니라 다세대가족의 가족기능성 향상과 모든 가족구성원의 장애 취약성과 개인적 특성의 최대화를 주제로 한 연구가 필요하다. 개인적 신경심리스키마의 최적화를 위해 적합한 약물치료와 치료의 조합에 관한 검토도 이루어져야 할 것이다.

효과요인과 효과차원이 치료 단계 및 세팅(개인, 부부, 가족, 집단 및 가족구성원 작업)에 어떤 효과를 내는지에 관한 연구도 중요하다. 효과요인과 효과차원에 관한 연구는 건강 및 발달증진과 중간 및 거시 차원에까지 확대되어야 할 것이다. 예를 들어, 다음과 같은 사안들이 규명되어야 한다.

- 부부관계 만족도와 가족기능성을 향상시키고 이혼율을 낮추기 위해 배우자 선택을 최적화하는 방법
- 산모와 아이의 위험(임신 및 출산의 어려움)을 줄이기 위해 평균초산연령을 낮추는 방법. 특히 교육 및 사회정책 그리고 구조의 변화가 수반되어야 한다.
- 원치 않은 임신과 원치 않은 특성(예: 성, 외모)과 관련된 문제를 효과적으로 예방하는 방법
- 임산모와 젊은 부모를 지원하여 태아기 및 출생 후 발달을 개선하는 방법. 이를 위해서는 무엇보다도 사회정치적 그리고 구조적 변화가 중요하다.
- 며느리 및 사위와의 관계 개선 방법. 이 관계는 가족과 개인의 삶의 질에 매우 중요한 의미를 갖는다.
- 교육과 치료로부터 소외된 국민을 대상으로 한 가족예방적 방법. 이를 위해서는 찾아가는 방문 가족치료가 적합하다.
- 교육과 치료로부터 소외된 국민에게 접근하기 위해 언론을 활용하는 방법. 이를 위해서는 적절한 TV 및 라디오 프로그램이 필요하다.
- 교육시설을 가족과 욕구 중심의 건강 및 발달증진을 위해 활용하는 방법. 사회심리적 건강 및 발달증진, 예를 들어 애착능력과 같은 역량강화 그리고 가족기능성의 최적화는 모든 교육시설의 일반기준이 되어야 한다. 이를 위해서는 관련 직업군의 자아인식과 교육의 변화가 전제되어야 한다.
- 심리사회적 건강 및 발달증진에 초점을 맞춘 교육훈련과정과 교육기관의 직업교육과정을 개발하는 방법. 교육자와 교사들도 사람들과 전문적인 작업을 하는데 필요한 효과요인과 효과차원을 이행하는 법을 학습해야 한다. 이들에게도 주제는 다르지만 치료자와 마찬가지로 자기성찰적이고 인간중심적인 교육이

필요하다.

건강 및 사회봉사 관련 직업교육훈련에서는 학생들을 더 신중하게 선발하여야 하고 가족과 스키마 중심의 자기인식과 전문가적인 발달 그리고 효과요인과 효과차원을 다루는 훈련을 강조하는 것이 필요하다. 전문가적인 자기인식과 훈련치료를 더 강화하기 위해서는 치료자 개인과 원가족의 영향을 더 상세히 파악하여야 한다. 치료자로서 헌신적으로 치료에 임할 때(충실) 비로소 치료가 성공할 수 있다는 것을 교육시켜야 한다. 치료자가 헌신적으로 임하기 위해서는 자신의 삶의 질을 충분히 보살피고 이에 상응하는 작업여건도 충족되어야 한다.

참고문헌

문용갑(2011). **갈등조정의 심리학**. 서울: 학지사

문용갑,이남옥(2013). 가족체계에서 갈등조정. **가족과상담**, 3(2), 1-15

문용갑,이남옥(2016). **조직갈등관리**. 서울: 학지사

Adamaszek, M. (1996). *Leibliches Befinden in Familienkontexten. Genogramme in der Gesundheitsbildung.* Oldenburg: BIS.

Addis, M. E. & Jacobson, N. S. (1996). Reasons for depression and the process and outcome of cognitive- behavioral psychotherapies. *Journal of Consulting and Clinical Psychology, 64*, 3-19.

Ader, R., Felten, D. & Cohen, N. (Eds.) (1991). *Psychoneuroimmunology.* San Diego: Academic Press.

Ainsworth, M. S., Blehar, M. C., Waters, E. & Wall, S. (1978). *Patterns of attachment: A psychological study of the strange situation*. Oxford, UK: Erlbaum. Hillsdale, NJ Erlbaum.

Adler, A. (1935). Prevention of Neurosis. *International Journal of Individual Psychology*, *4*, 3-12.

Alloy, L. B., Kelly, K. A., Mineka, S. & Clemets, C. M. (1990). Comorbidity of anxiety and depressive disorders: A helplessness-hopelessness perspective. In Maser, J. D. & Cloninger, C. R. (Eds.), *Comorbidity of mood and anxiety disorders.* Wahington, D. C.: American Psychiatric Press, 449-543.

Alt, C. (1994). Reziprozität von Eltern-Kind-Beziehungen in Mehrgenerationennetzwerken. In W. Bien (Hrsg.), *Eigeninteresse oder Solidarität: Beziehungen in modernen Mehrgenerationenfamilien*. Opladen: Leske & Budrich.

Aly, G. (1998). *"Endlösung": Völkerverschiebung und der Mord an den europäischen Juden.* Frankfurt: Fischer.

Amato, P. R. (2000). The consequences of divorce for adults and children. *Journal of Marriage and Family, 62*(4), 1269-1287.

Amato, P. R. (2001). Children of divorce in the 1990s: An update of the Amato and Keith (1991) meta-analysis. *Journal of family psychology, 15*(3), 355-370.

Amato, P. R. (2010). Research on Divorce: Continuing Trends and New Developments. *Journal of Marriage and*

Family, *72*(3), 650-666.

Amato, P. R., Kane, J. B. & James, S. (2011). Reconsidering the "Good Divorce". *Family Relations*, *60*, 511-524.

Amato, P. R. & Rogers, S. J. (1997). A Longitudinal Study of Marital Problems and Subsequent Divorce. *Journal of Marriage and the Familiy*, *59*, 612-624.

Amelang, M. (Hrsg.) (1995). *Partnerwahl und Partnerschaft: Formen und Grundlagen partnerschaftlicher Beziehungen*. Göttingen: Hogrefe.

Amendt, G. (2005). *Scheidungsväter*. Bremen: Universität Bremen.

Amendt, G. & Schwarz, M. (1990). *Das Leben unerwünschter Kinder. Forschungsergebnisse und Erfahrungen aus drei Jahrzehnten*. Bremen: Universität Bremen.

Anapol, D. (2010). *Polyamory in the 21st Century*. Lanham, MD: Rowman & Littlefield Publishers.

Andreatta, M. P. (2006). *Erschütterung des Selbst- und Weltverständnisses durch Traumata. Auswirkungen von primärer und sekundärer Traumaexposition auf kognitive Schemata*. Kröning: Asanger.

Angus, L. E. & Greenberg, L. S. (2011). *Working with narrative in emotion-focused therapy: Changing stories, healing lives*. Washington, DC: American Psychological Association.

Anker, M. G., Duncan, B. L. & Sparks, J. A. (2009). Using client feedback to improve couple therapy outcomes: Arandomized clinical trial in a naturalistic setting. *Journal of Consulting and Clinical Psychology, 77*(4), 693-704.

Anker, M. G., Owen, J., Duncan, B. L. & Sparks, J. A. (2010). The alliance in couple therapy. *Journal of Consulting and Clinical Psychology, 78*, 635-645.

Anker, M. G., Sparks, J. A., Duncan, B. L., Owen, J. J. & Stapnes, A. K. (2011). Footprints of couple therapy: Client reflections at follow-up. *Journal of Family Psychotherapy, 22*(1), 22-45.

Ansermet, F. & Magistretti, P. (2005). *Die Individualität des Gehirns: Neurobiologie und Psychoanalyse*. Frankfurt: Suhrkamp.

Antonioni, D. (1999). Relationship between the Big Five personality factors and conflict management styles. *International Journal of Conflict Management*, *9*(4), 336-355

Antonovsky, A. (1997). Salutogenese. *Zur Entmystifizierung der Gesundheit*. Tübingen: DGVT-Verlag.

Argyle, M. (1979). *Körpersprache und Kommunikation*. Paderborn: Junfermann.

Argyle, M. & Henderson, M. (1986). *Die Anatomie menschlicher Beziehungen: Spielregeln des Zusammenlebens*. Paderborn: Junfermann.

Armbruster, M. M. & Bartels, V. (2005). Kooperation der verschiedenen Dienste bei Kindesmisshandlung, -vernachlässigung und sexuellem Missbrauch. In G. Deegener & W. Körner (Hrsg.), *Kindesmisshandlung und Vernachlässigung. Ein Handbuch*. Göttingen: Hogrefe.

Arnold, S., Joraschky, P. & Cierpka, A. (1996). Die Skulpturverfahren. In M. Cierpka (Hrsg.), *Handbuch der Familiendiagnostik*. Berlin, Heidelberg, New York & Tokio: Springer, 339-365.

Asendorpf, J. & Banse, R. (2000). *Psychologie der Beziehung*. Bern: Huber.

Asendorpf, J. B. (1999). *Psychologie der Persönlichkeit*. Berlin: Springer.

Asendorpf, J. B. & van Aken, M. A. G. (2003). Personality-relationship transaction in adolescence: Core versus surface personality characteristics. *Journal of Personality, 71*, 629-666.

Audehm, K. (2006). *Erziehung bei Tisch. Zur sozialen Magie eines Familienrituals*. Berlin Diss. Freie Universität Berlin.

Auhagen, A. E. (Hrsg.) (1993). *Zwischenmenschliche Beziehungen*. Göttingen: Hogrefe.

AWMF (Arbeitsgemeinschaft der Wissenschaftlichen Medizinischen Fachgesellschaften) (2006). *Leitlinien der Deutschen Gesellschaft für Kinder- und Jugendpsychiatrie und -psychotherapie zu Vernachlässigung, Misshandlung, sexueller Missbrauch*. In uni-duesseldorf.de: http://www.uni-duesseldorf.de/AWMF/ll/028-034.html.

Baadte, Chr. (2006). Bindung und Impression-Management: Beeinflusst der individuelle Bindungsstil das Selbstdarstellungsverhalten in sozialen Situationen? *Gruppendynamik und Organisationsberatung, 37*(2), 139-154.

Baecker, D. (2005). *Formen der Kommunikation*. Frankfurt: Suhrkamp.

Baker, L. & Barcai, A. (1970). Psychosomatic aspects of diabetes mellitus. In Hill, O. W. (Eds.), *Modern trends in psychosomatic medicine*, II. London: Butterworths.

Baldwin, M. W. (1992). Relational schemas and the processing of social information. *Psychological Bulletin, 112*, 461-484.

Baldwin, M. W. (1999). Activation and Accessibility Paradigms in Relational Schemas Research. In D. Cervone & Y. Shoda (Eds.), *Coherence in personality*. New York: Guilford, 127-154.

Baldwin, S. A. & Imel, Z. E. (2013). Therapist effects: Findings and methods. In M. J. Lambert (Ed.), *Bergin and Garfield's handbook of psychotherapy and behavior change*. New York: Wiley, 258-297.

Balmer, A. S., Oswald, M. E., Ermer, A. & Guldimann, A. (2014). Der Zusammenhang zwischen Belästigung des Ex-Partners, Trennungskontext, Bindungsstil und Commitment gegenüber der Beziehung. *Zeitschrift für Psychiatrie, Psychologie und Psychotherapie, 62*(2), 131-141

Balloff, R. & Koritz, N. (2006). *Handreichung für Verfahrenspfleger. Rechtliche und psychologische Schwerpunkte in der Verfahrenspflegschaft*. Stuttgart: Kohlhammer.

Baltes, M. M. & Wahl, H. -W. (1992). The dependency-support script in institutions: Generalization to community settings. *Psychology and Aging, 7*(3), 409-418.

Bamelis, L., Evers, S., Spinhoven, P. & Arntz, A. (2014). Results of a multicenter randomized controlled trial of the clinical effectiveness of schema therapy for personality disorders. *The American Journal of Psychiatry, 171*(3). http://hdl.handle.net/11245/1.437301

Bamelis, L. L., Renner, F., Heidkamp, D. & Arntz, A. (2011). Extended Schema Mode conceptualizations for specific personality disorders: An empirical study. *Journal of Personality Disorders, 25*(1), 41-58

Bandura, A. (1977). Self- efficacy: Toward a unifying theory of behavioural change. *Psychological Review, 84*, 191-215.

Banse, R. (2004). Adult attachment and marital satisfaction: Evidence for dyadic configuration effects. *Journal of Social and Personal Relationships, 21*(2), 273-282.

Banse, R. (2013). Implicit cognition and relationship processes. In Simpson, J. A. & Campbell, L. (Eds.), *The Oxford handbook of close relationships*. Oxford: Oxford University Press, 475–499.

Barnett, J. E. (2011). Utilizing technological innovations to enhance psychotherapy supervision, training, and outcomes. *Psychotherapy*, *48*(2), 103–108.

Bastine, R. (2006). Mediation. In Steinebach, C. (Eds.), *Handbuch psychologische beratung*. Stuttgart: Klett-Cotta.

Bauer, J. (2001/2002). *Das Gedächtnis des Körpers. Wie Beziehungen und Lebensstile unsere Gene steuern*. Frankfurt: Eichborn.

Bauer, U., Heitmann, D., Reinisch, A. & Schmuhl, M. (2010). Welche Belastungen erfahren Kinder psychisch erkrankter Eltern? *Zeitschrift für Soziologie der Erziehung und Sozialisation, 30*(3), 265–279.

Baumann, N. & Quirin, M. (2006). Motivation und Gesundheit. Bedürfnisfrustration als Vermittler zwischen Selbststeuerungsdefiziten und psychosomatischen Symptomen. *Zeitschrift für Gesundheitspsychologie*, *14*(2), 46–5.

Bäuml, J. & Pitschel-Walz, G. (2002). Psychoedukative Gruppen für Angehörige bei Schizophrenen Psychosen. In Sulz, S. K. D. & Heekerens, H. -P. (Hrsg.), *Familien in Therapie*. München: CIP-Medien.

Bax, M. (2010). 'Rituals'. In Jucker, A. H. & Taavitsainen, I., (Eds.), *Handbook of pragmatics, Vol. 8: Historical Pragmatics*. Berlin Mouton de Gruyter, 483–519.

Beal, E. W. & Hochmann, G. (1992). *Wenn Scheidungskinder erwachsen sind – Psychische Spätfolgen der Trennung*. Frankfurt: Krüger.

Beardslee, W. R., Versage, E. M. & Gladstone, T. R. G. (1998). Children of affectively ill parents: A review of the past 10 years. *Journal of the American Academy of Child and Adolescent Psychiatry, 37*, 1134–1141.

Bech, P. (1996). Quality of life measurements in major depression. *European Psychiatry, 11*, 123–126.

Bechert, I. & Quandt, M. (Hrsg.) (2013). *ISSP Data Report Religious Attitudes and Religious ChangeGESIS-Schriftenreihe Band 13*. Köln: GESIS.

Becker, K. & Schmidt, M. H. (2003). Bedingen abnorme psychosoziale Umstände längere Verweildauern in einer kinder- und jugendpsychiatrischen Klinik? *Kindheit und Entwicklung, 12*(3), 175–183.

Becker, P. (2006). *Gesundheit durch Bedürfnisbefriedigung*. Göttingen: Hogrefe.

Beelmann, W. & Schmidt-Denter, U. (2003). Auswirkungen von Scheidung. In Grau, I. & Bierhoff, H. W. (Hrsg.), *Sozialpsychologie der Partnerschaft*. Berlin: Springer, 505–532.

Bell, C. (1997). *Ritual: Perspectives and Dimensions*. New York: Oxford University Press.

Belschner, W. & Kaiser, P. (1981/1991). Darstellung eines Mehrebenenmodells primärer Prävention. In S. H. Filipp, (Hrsg.), *Kritische Lebensereignisse*. München: Urban und Schwarzenberg.

Belsky, J. (1984). The determinants of parenting: A process model. *Child Development, 55*(1), 83–96.

Belsky, J. (1996). Parent, infant, and social-contextual antecedents of father-son attachment security. *Development psychology, 32*, 905–913.

Belsky, J., Crnic, K. & Woolworth, S. (1995). Personality in parenting: Exploring the mediation role of transient mood and daily hassles. *Journal of Personality, 63*, 905-929.

Benkert, O. & Hippius, H. (2005). *Kompendium der Psychiatrischen Pharmakotherapie*. Heidelberg: Springer.

Benoit, D. & Parker, K. C. (1994). Stability and transmission of attachment across three generations. *Child Development*, 65, 1444-1456.

Bentz, P. (2002). *Insemination. "CLIO", 54, 32.* http://www.vaeternotruf.de/insemination-abstammung.html.

Berbalk, H. & Kempkensteffen, J. (2000). Die Bedeutung des "Momentanen Personalen Gesamtzustandes" für die Arbeit in der Depressionstherapie. *Psychotherapeuten Forum: Praxis und Wissenschaft*, 3, 5-13

Berger, M. (2014). *Psychische Erkrankungen. Klinik und Therapie*, 5. Auflage. Stuttgart: Elsevier.

Bergin, A. E. (1997). Neglect of the therapist and the human dimensions of change. A Commentary. *Clinical Psychology: Science and Practice*, *4*, 83-89.

Berking, M., Grosse Holtforth, M. & Jacobi, C. (2003). Reduction of incongruence in inpatient psychotherapy. *Clin Psychol Psychother*, 10, 86-9.

Berns, U. (2003). Spezifische psychoanalytische Interventionen - kaum wirksam, doch unverzichtbar. http://www.ejcpsa.com/articlesandessays/Berns%20U%20Art%20Specific%20Psychoana%20Interven%20Dec%2003.html.

Berridge, K. C. & Robinson, T. E. (1998). What is the role of dopamine in reward: hedonic impact, reward learning, or incentive salience? *Brain research Review, 28*, 309-369.

Berth, H., Förster, P. & Brähler, E. (2004). Psychosoziale Folgen einer Migration aus den neuen in die alten Bundesländer. Ergebnisse einer Längsschnittstudie. *Psychosozial, 27*(1), 81-95.

Bertram, H. (1997). *Familienwandel und Generationsbeziehungen*. München: Deutsches Jugendinstitut.

Besier, T., Pillhofer, M., Botzenhart, S., Ziegenhain, U., Kindler, H., Spangler, G., Bovenschen, I., Gabler, S. & Künster, A. K. (2012). Child Abuse and Neglect: Screening for Risks During the Perinatal Period (Kindesmisshandlung und Vernachlässigung: Risiko-Screening in der Geburtshilfe). *Geburtshilfe und Frauenheilkunde*, *72*, 397-402.

Bettighofer, S. (2010). *Übertragung und gegenübertragung im therapeutischen prozess*. Stuttgart: Kohlhammer.

Beutler, L. E. (1989). Differential treatment selection: The role of diagnosis in psychotherapy. *Psychotherapy: Theory, Research, Practice, Training, 26*(3), 271-281.

Beutler, L. E. (1991). Have all won and must all have prizes? Revisiting Luborsky et al.'s verdict. *Journal of Consulting and Clinical Psychology, 59*(2), 226-232.

Beutler, L. E., Malik, M., Alimohamed, S., Harwood, T. M., Talebi, H., Noble, S. & Wong, E. (2004). Therapist variables. In M. J. Lambert (Eds.), *Bergin and Garfield's handbook of psychotherapy and behaviour change*. New York: Wiley, 227-306.

BIB (Bundesinstitut für Bevölkerungsforschung) (2005). *Europäische Bevölkerungsstudie*. In bib-demographie.de: http://www.bib-demographie.de/ pressemitt_ppasbrosch.pdf (03.01.2007).

Bien, W. (1994). *Eigeninteresse oder Solidarität. Beziehungen in modernen Mehrgenerationenfamilien*. Opladen.

Bierhoff, H. W. & Grau, I. (1996). Zur Vorhersage der Trennung in romantischen Beziehungen. *Zeitschrift für Differentielle und Diagnostische Psychologie, 17*(4), 251-261.

Bierhoff, H. W. & Rohmann, E. (2005). *Was die Liebe stark macht. Die neue Psychologie der Paarbeziehung.* Reinbek: Rowohlt.

Birbaumer, N. & Schmidt, R. F. (1996). *Biologische Psychologie.* Berlin: Springer

Blake, L., Jadva, V. & Golombok, S. (2014). Parent psychological adjustment, donor conception and disclosure: A follow-up over 10 years. *Human Reproduction*, 29(11), 2487-2496.

Blatt, S. J., Auerbach, J. S. & Levy, K. N. (Eds.) (2005). *Relatedness, self-definition and mental representation: Essays in honour of Sidney.* New York: Routledge.

Blau, R. (1995). *Der geteilte Mann.* Reinbek: Rowohlt.

Blossfeld, Hans-Peter (2010). Partnerwahl als konsensuelle Entscheidung. Das Antwortverhalten bei Erstkontakten im Online-Dating. *Kölner Zeitschrift für Soziologie und Sozialpsychologie, 62*(3), 485-514

BMFSFJ (Bundesministerium für Familie, Senioren, Frauen und Jugend) (1998). *Zehnter Kinder- und Jugendbericht. Bericht über die Lebenssituation von Kindern und die Leistungen der Kinderhilfen in Deutschland.* Bonn: Bundesdruckerei.

BMFSFJ (Bundesministerium für Familie, Senioren, Frauen und Jugend) (2005). *Zwölfter Kinder- und Jugendbericht. Bericht über die Lebenssituation junger Menschen und die Leistungen der Kinder und Jugendhilfe in Deutschland.* http://www.bmfsfj.de/doku/kjb/data/download/kjb_060228_ak3.pdf.

BMFSFJ (Bundesministerium für Familie, Senioren, Frauen und Jugend) (2006). *Zwölfter Kinder-und Jugendbericht. Bericht über die Lebenssituation junger Menschen und die Leistungen der Kinder- und Jugendhilfe in Deutschland.* Berlin.

BMSSG (Bundesministerium für soziale Sicherheit und Generationen) (Hrsg.) (1999). *Familienbericht 1999. Wien: Bundesministerium für soziale Sicherheit und Generationen.* Wien: Selbstverlag.

BMSSG (Bundesministerium für soziale Sicherheit und Generationen) (Hrsg.) (2001). *Die Patchwork Familie, oder Der Die Das ..? Stief. . . ?? Ein Ratgeber für Familien und solche die es noch werden wollen.* Wien: Selbstverlag.

Bode, S. (2006). *Kriegsenkel. Die Erben der vergessenen Generation.* Stuttgart: Klett-Cotta.

Bodenmann, G. (2004). *Verhaltenstherapie mit Paaren. Ein modernes Handbuch für die psychologische Beratung und Behandlung.* Bern: Huber.

Boeger, A. & Seiffge-Krenke, I. (1996). Geschwister chronisch kranker Jugendlicher: Hat die chronische Erkrankung Auswirkungen auf ihre Entwicklungsmöglichkeiten? *Praxis der Kinderpsychologie und Kinderpsychiatrie*, *45* (10), 356-362.

Böhm, K. (2016). *EMDR in der Psychotherapie der PTBS. Traumatherapie praktisch umsetzen.* Berlin: Springer

Bohus, M. & Wolf, M. (2009). *Interaktives Skills Training für Borderline-Patienten.* Stuttgart: Schattauer

Bojanovsky, J. J. (1986). *Verwitwete: Ihre gesundheitlichen und sozialen Probleme.* Weinheim: Beltz.

Bondü, R. & Esser, G. (2014). Justice and rejection sensitivity in children and adolescents with ADHD. *European Child & Adolescent Psychiatry.* http://link.springer.com/article/10.1007/s00787-014-0560-9.

Bono, J. E., Boles, T. L., Judge, T. A. & Lauver, K. J. (2002). The role of personality in task and relationship conflict.

Journal of Personality, *70*, 311-344.

Boscolo, L., Cecchin, G. & Hoffman, L. (1988). *Familienlherapie-Systemtherapie: das Maillider Modell. Modernes Lernen*. Dortmund.

Bossong, B. & Nussbeck, F. (2004). Konflikte bei Erbschaftsaufteilungen: Verwandtschaft, Beiträge und Aufteilungspräferenzen. *Zeitschrift für Sozialpsychologie*, *35*(3), 143-156.

Boszormenyi-Nagy, I. (1986). Transgenerational solidarity: The expanding context of therapy and prevention. *American Journal of Family Therapy, 14*(3), 195-212.

Boszormenyi-Nagy, I. & Krasner, B. R. (1986). *Between give and take. A clinical guide to contextual therapy*. New York: Brunner & Mazel

Boszormenyi-Nagy, I. & Spark, G. M. (1982). *Unsichtbare Bindungen*. Stuttgart: Klett-Cotta.

Botwin, M. D., Buss, D. M. & Shackelford, T. K. (1997). Personality and mate preferences, five factors in mate selection and marital satisfaction. *Journal of Personality*, *65*, 107 -136.

Bourdieu, P. (1983). Ökonomisches Kapital, kulturelles Kapital, soziales Kapital. In R. Kreckel (Hrsg.), *Soziale Ungleichheiten*. Göttingen: Otto Schwartz, 183-198.

Bourdieu, P. (1984a). *Die feinen Unterschiede. Kritik der gesellschaftlichen Urteilskraft*. Frankfurt: Suhrkamp.

Bourdieu, P. (1984b). *Distinction*. Cambridge, Mass: Harvard University Press.

Bourdieu, P. (1987). *Praktische Vernunft. Zur Theorie des Handelns*. Frankfurt: Suhrkamp.

Bowen, M. (1960/1978). *Family Therapy in clinical practice*. New York: Aronson.

Bowlby, J. (1975). *Bindung*. München: Kindler.

Bowlby, J. (1979). *The making and breaking of affectional bonds*. London: Tavistock.

Bowlby, J. (1980, 1991). *Das Glück und die Trauer. Herstellung und Lösung affektiver Bindungen*. Stuttgart: Klett-Cotta.

Bowlby, J. (1983). *Verlust, Trauer und Depression*. Frankfurt: Fischer

Bradbury, T. N. & Karney, B. R. (1998). Längsschnittuntersuchungen zum Verlauf partnerschaftlicher Beziehungen. In K. Hahlweg, D. Baucom, R. Bastine & H. Markman (Hrsg.), *Prävention von Trennung und Scheidung. Internationale Ansätze zur Prädiktion und Prävention von Beziehungsstörungen*. Experten- Tagung vom 17. 12. bis 20. 12. 1996. Stuttgart: Kohlhammer.

Brake, A. (2005). Intergenerationale Austauschprozesse und ihre Voraussetzungen in familialen Mehrgenera tionennetzwerken. In U. Otto & P. Bauer (Hrsg.) (2005), *Mit Netzwerken professionell zusammenarbeiten. Band I: Soziale Netzwerke in Lebenslauf - und Lebenslagenperspektive*. Tübingen: DGVT.

Brandstädter, J. & Felser, G. (2003). *Entwicklung in Partnerschaften*. Bern: Huber.

Brandstätter, H. & Kronberger, N. (2003). Qualität der Partnerschaft - ein Produkt von Wertkonsens und Beziehungsdauer. *Zeitschrift für Sozialpsychologie*, *34*(2), 91-106.

Branje, S. T. J., van Lieshout, C. F. M. & van Aken, M. A. G. (2004). Relations between big five personality characteristics and perceived support in adolescents' families. *Journal of Personality and Social Psychology*, *86*, 615-628.

Braukhaus, C., Saßmann, H. & Hahlweg, K. (2000). Erfolgsbedingungen von Partnerschaften. In P. Kaiser (Hrsg.), *Partnerschaft und Paartherapie*. Göttingen: Göttingen: Hogrefe, 173-190.

Braun, A. (2001). *Ehe- und Partnerschaftsvorstellungen von 1948 bis 1996*. Münster: Waxmann.

Braune-Krickau, K., Stadelmann, S., von Wyl, A., Perren, S., Bürgin, D. & von Klitzing, K. (2005). Elterliche psychische Belastung, konflikthafte Paarbeziehung und Verhaltensregulation dreijähriger Kinder. *Kindheit und Entwicklung*, *14*(3), 181-190.

Bretherton, I. (2001). Zur Konzeption innerer Arbeitsmodelle in der Bindungstheorie. In Gloger-Tippelt, G. (Hrsg.), *Bindung im Erwachsenenalter: Ein Handbuch für Forschung und Praxis*. Bern: Huber.

Brisch, K. H. & Hellbrügge, T. (Hrsg.) (2005). *Kinder ohne Bindung: Deprivation, Adoption und Psychotherapie*. Stuttgart: Klett- Cotta.

Brisch, K. H. (1999). *Bindungsstürungen*. Von der Bindungstheorie zur Therapie. Stuttgart: Klett-Cotta.

Brisch, K. H. (Hrsg.) (2012). *Bindungen - Paare, Sexualität und Kinder*. Stuttgart: Klett-Cotta

Bronfenbrenner, U. (1976/1981). *Ökologische Sozialisationsforschung*. Stuttgart: Klett-Cotta.

Brown, J. D. (1993). Motivational conflict and the self: The double bind of low self esteem. In Baumeister, R. F. (Eds.), *Self esteem: The puzzle of low self regard*. New York: Plenum Press, 117-130.

Brüggemann, K. (2006). Feinfühligkeitstraining und interaktionsorientierte Eltern- Kind- Interventionen in der Frühgeborenen- Nachsorge. *Frühförderung interdisziplinär*, *25*, 92-99.

Buber, M. (1973). *Das dialogische Prinzip*. Heidelberg: Lambert Schneider.

Buber, M. (1979). *Das dialogische Prinzip*. Heidelberg: Lambert Schneider.

Buchholz, M. B. (1995). *Die unbewusste Familie: Lehrbuch der psychoanalytischen Familientherapie*. München: Pfeiffer.

Buchholz, M. B. (2000). Intimität und Paare. In P. Kaiser (Hrsg.), *Partnerschaft und Paartherapie* Göttingen: Hogrefe, 75-96.

Buchholz, M. B. (2006). Psychoanalyse - wissenschaftliche Rehabilitierungen. *Psycho-Newsletter*, 41

Bullinger, M., Siegrist, J. & Ravens-Sieberer, U. (Hrsg.) (2000). *Lebensqualitätsforschung aus medizinpsychologischer und -soziologischer Perspektive*. Göttingen: Hogrefe.

Burchardt, A. (2006). *Vereinbarkeit von Arbeit, Familie und Freizeit erforschen*. www.http://idw-online.de/pages/de/news?print=1&id=160143.

Burk, B. & Poustka, F. (1993). Multizentrische Untersuchung zur psychosozialen Achse der WHO unter besonderer Berücksichtigung des Ost- West- Vergleichs in Deutschland. In Poustka, F. & Lehmkuhl, U. (Hrsg.), *Gefährdung der kindlichen Entwicklung*. München: Quintessenz, 56-65.

Busch, F. W. & Scholz, W. -D. (Hrsg.) (2006). *Familienvorstellungen zwischen Fortschrittlichkeit und Beharrung. Ergebnisse einer empirischen Untersuchung von Ehe- und Familienvorstellungen Jugendlicher im internationalen Vergleich*. Würzburg: Ergon Verlag.

Buss, D. (2004). *Die Evolution des Begehrens. Geheimnisse der Partnerwahl*. Hamburg: Kabel.

Büssing, A. (1992). *Organisationsstruktur, Tätigkeit und Individuum: Untersuchungen am Beispiel der Pflegetätigkeit.* Bern: Huber.

Campbell, D. T. & Stanley, J. C. (1963). Experimental and quasiexperimental designs for research on teaching. In N. L. Gage (Eds.), *Handbook of research on teaching.* Chicago: Rand McNally.

Cappenberg, M., Lohaus, A., Völker, S., Keller, H. & Chasiotis, A. (1998). Wahrgenommene kindliche Problemlage und mütterliche Interaktionsqualität: Eine längsschnittliche Zusammenhangsanalyse. *Zeitschrift für Entwicklungspsychologie und Pädagogische Psychologie, 3,* 22-36.

Carr, A. Hartnett, D., Sexton, T. & Graham, C. (2014). *An Evaluation of Functional Family Therapy in an Irish Context.* Final Report, November 2014. https://www.researchgate.net/publication/277012178.

Carrico, K. (ed.) (2011). 'Ritual.' Cultural Anthropology. *Journal of the Society for Cultural Anthropology*, Virtual Issue: http://www.culanth.org/?q=node/462.

Caspar, F. (Hrsg.) (1996). *Psychotherapeutische Problemanalyse.* Tübingen: DGVT.

Caspi, A., Bem, D. J. & Elder, G. H. Jr. (1989). Continuities and consequences of interactional styles across the life course. *Journal of Personality,* 57, 375-406.

Chase-nLindsdale, P. L., Kiernan, K. & Friedman, R. (Eds.) (2004). *Human development across lives and generations. The potential for change.* Cambridge: Cambridge University Press.

Chase-Lansdale, P. L. & Votruba-Drzal, E. (2004). Human development and the potential for change from the perspective of multiple disciplines: What have we learned? In P. L. Chase-Lansdale, K. Kiernan & R. J. Friedman (Eds.), *Human development across lives and generations: The potential for change.* New York: Cambridge University Press, 343-366.

Chasiotis, A. (1999). *Kindheit und Lebenslauf. Untersuchungen zur evolutionären Psychologie der Lebensspanne.* Bern: Huber, 171-206

Chorpita, B. F. & Barlow, D. H. (1998). The development of anxiety: The role of control on early environment. *Psychological Bulletin, 124,* 3-21.

Cicchetti, D. (1999). Entwicklungspsychopathologie: Historische Grundlagen, konzeptuelle und methodische Fragen, Implikationen für Prävention und Intervention. In C. Hagen, G. Röper, G. Noam & R. Oerter (Hrsg.). *Klinische Entwicklungspsychologie*: Ein Lehrbuch. Weinheim: Beltz.

Cierpka, M., Thomas, V. & Sprenkle, D. (2005). *Family Assessment-Multiple Perspectives.* Seattle: Hogrefe

Cobey, K., Buunk, P., Pollet, V., Klipping, C. & Roberts, S. (2013). Men perceive their female partners, and themselves, as more attractive around ovulation. *Biological psychology, 94*(3), 513-516.

Coleman, J. C. (1981). Friendship and the peer group in adolescence. In J. Adelson (Eds.), *Handbook of adolescent psychology.* New York: Wiley.

Conen, Marie-Luise (2005). Familientherapie bei Inzest. In Amann, G. E. & Wipplinger, R. (Hrsg.), *Sexueller Missbrauch. Überblick zu Forschung, Beratung und Therapie. Ein Handbuch.* Tübingen: DGVT, 575-586.

Cordero, S. (2005). *Persönlichkeitsstile und psychische Erkrankung (Achse I und II): Zur Rolle von*

Bedürfnisfrustration, Stress, Affekten und Selbststeuerungsdefiziten. Dissertation. Osnabrück: Universität Osnabrück.

Cordes, R. & Petermann, F. (2001). Das Video-Interaktionstraining: Ein neues Training für Risikofamilien. *Kindheit und Entwicklung, 10*(2), 124-131.

Costa, P. T. & McCrae, R. R. (1988). Personality in adulthood: A six year longitudinal study of self-reports and spouse rating on the NEO Personality Inventory. *Journal of Personality and Social Psychology, 54*, 853-863.

Costa, P. T., Terraccioano, A. & McCrae, R. R. (2001). Gender differences in personality traits across cultures: Robust and surprising findings. *Journal of Personality and Social Psychology*, *81*(2), 322-331.

Cox, M. J., Owen, M. T., Henderson, V. K. & Margand, N. A. (1992). Prediction of infant-father and infant-mother attachment. *Developmental Psychology, 28*, 474-483.

Coupland, S. K. & Serovich, J. M. (1999). Effects of couples' perceptions of genogram cnstruction on therapeutic alliance and session impact: A growth curve analysis. *Contemporary Family Therapy*, *21*(4), 551-572.

Cramer, B. (2003). Kann der Therapeut aus der Psychotherapieforschung lernen? *Kinderanalyse, 11*, 275-291.

Cummings, E. M. (1994). Marital conflict and children's functioning. *Social Development, 3*, 16-36.

Cummings, E. M. (2015). The developmental costs and benefits of children's involvement in interparental conflict. *Developmental Psychology, 51*(8), 1026-1047.

Damm, M. (2006). *Psychologie der Eifersucht. Ursachen, Formen und Wege aus der Eifersuchtsfalle*. Paderborn: Junfermann.

Dathe, D. (1998). *Der Familienzyklus als Bestimmungsfaktor für das Familieneinkommen und das Arbeitsangebot.* Eine Untersuchung für West- und Ostdeutschland auf der Grundlage des Mikrozensus 1995. www.skylla.wz.berlin.de/pdf/1998/i98-208.

Davies, P. T., Coe, J. L., Martin, M. J., Sturge-Apple, M. L., Mueller, D. R., Schmidt, S. J. & Roder, V. (2015). One-year randomized controlled trial and follow-up of integrated neurocognitive therapy for schizophrenia outpatients. *Schizophrenia Bulletin*, *41*(3), 604-616.

Davies, P. T. & Martin, M. J. (2013). The reformulation of emotional security theory: The role of children's social defense in developmental psychopathology. *Development and Psychopathology*, *25*(4 Pt 2), 1435-1454.

Davies, W. (2002). *Nur nicht aufregen! Über Ärger, Wut und Reizbarkeit*. Bern: Huber.

Davison, G. C. & Neale, J. N. (2004). *Klinische Psychologie*. Weinheim: Beltz.

de Graaf, T. K. & Terr, L. C. (1998). A Family therapeutic approach to transgenerational traumatization. *Family Process*, *37*(2), 233-243.

De la Ronde, C. & Swann, W. B. (1993). Caught in the crossfire. Positivity and self verification strivings among peole with low self esteeem. In R. F. Baumeister (Eds.), *Self esteem: The puzzle of low self regard*. Ny: Plenum Press.

de Muynck, U. R. & Ullrich, R. (Hrsg.) (1978). *Soziale Kompetenz. Experimentelle Ergebnisse zum Assertiveness-Training-Programm ATP. Band I: Messmittel und Grundlagen*. München: Verlag J. Pfeiffer.

Deegener, G. & Körner, W. (2005). *Kindesmisshandlung und Vernachlässigung. Ein Handbuch*. Göttingen: Hogrefe.

DEGAM (Deutsche Gesellschaft für Allgemeinmedizin und Familienmedizin) (2005). *Die DEGAM Leitlinie Nr. 6 "Pflegende Angehörige"*. Düsseldorf: Omikron.

DESTATIS (Statistisches Bundesamt) (2005) . *Leben in Deutschland-Ergebnisse des Mikrozensus 2005*. http://www.destatis.de.

DESTATIS (Statistisches Bundesamt) (2006). *Anteil von Frühgeborenen an den Geburten*. http://www.destatis.de.

DESTATIS (Statistisches Bundesamt) (2015). Statistisches Jahrbuch. http://www.destatis.de.

Dewberry, C., Juanchich, M. & Narendran, S. (2013). Decision-making competence in everyday life: The roles of general cognitive styles, decision-making styles and personality. *Personality and individual differences*, *55*(7), 783-788

DGPs (Deutsche Gesellschaft für Psychologie) (2004). *Ethikrichtlinien*. http://www.dgps.de.

DGSF (Deutsche Gesellschaft für systemische Therapie und Familientherapie) (2006). *Ethikrichtlinien*. http://www.dgsf.org/searchv.

Dhami, M. K., Schlottmann, A. & Waldmann, M. R. (Eds.) (2012). *Judgment and decision making as a skill Learning, development and evolution*. New York: Cambridge University Press.

Diekmann, A. & Engelhardt, H. (1995). Die soziale Vererbung des Scheidungsrisikos. *Zeitschrift für Soziologie*, *24*(3), 215-228.

Dignath, D. (2014). *Conflict management*. Würzburg: Universität, Philosophische Fakultät II. http://nbn-resolving.de/urn:nb..pus-103586.

Dijkstra, M. T. M., van Dierendonck, D., Evers, A. & De Dreu, C. K. W. (2005). Conflict and well-being at work: The moderating role of personality. *Journal of Managerial Psychology, 20*(2), 87-104.

Ditz, S., Diegelmann, C. & Isermann, M. (Hrsg.) (2006). *Psychoonkologie-Schwerpunkt Brustkrebs. Ein Handbuch für die ärztliche und psychotherapeutische Praxis*. Stuttgart: Kohlhammer.

Donabedian, A. (1980). *Explorations in quality assessment and monitoring, Vol. 1: The definition of quality approaches to its assessment*. Ann Arbor: Health Administration Press.

Donnellan, M. B., Larsen-Rife, D. & Conger, R. D. (2005). Personality, family history, and competence in early adult romantic relationships. *Journal of Personality and Social Psychology, 88*, 562-576.

Döring, G. H. (2006). *Soziale Vaterschaft in Stieffamilien*. http://www.familienhandbuch.de/cmain/f_Aktuelles/a_Teilfamilien/s1528.html.

Dörner, D. (1989). *Die Logik des Misslingens: Strategisches Denken in komplexen Situationen*. Reinbek: Rowohlt.

Dörner, K. (2001). *Der gute Arzt-Lehrbuch der ärztlichen Grundhaltung*. Stuttgart: Schattauer.

Dorrmann, W. (1991). *Suizid*. München: Pfeiffer.

Dross, M. (2001). *Krisenintervention*. Göttingen: Hogrefe.

Duhl, F., Kantor, D. & Duhl, B. (1973). Learning, space, and action in family therapy: A primer of sculpture. In Bloch, D. (Eds.), *Techniques of family psychotherapy*. New York: Grune & Stratton, 47-63.

Duncan, B. (2014). *On becoming a better therapist* (2nd Ed.). Washington, DC: American Psychological Association

Duncan, B. L., Miller, S. D., Reynolds, L., Sparks, J., Claud, D. & Brown, J. (2003). The session rating scale: Psychometric properties of a "working" alliance scale. *Journal of Brief Therapy, 3*(1), 3-12.

Duncan, B. L. S. C., Miller., B. E. Wampold & M. A. Hubble (Eds.) (2010). *Heart and soul of change: Delivering what works in therapy*. Washington, DC: American Psychological Association.

Duvall, E. M. (1977). *Marriage and family development*. New York: Lippincott.

DZA (Deutsches Zentrum für Altersfragen) (2002). *Alterssurvey*. http://www.dza.de/download/Taetigkeiten.pdf.

D'Zurilla,T. J. & Goldfried, M. R. (1971). Problem-solving and behaviour modification. *Journal of Abnormal Psychology, 78*, 107-126.

Eckensberger, L. H. & Plath, I. (2006). Soziale Kognition. In W. Schneider & B. Sodian (Eds.), *Kognitive Entwicklung*. Göttingen: Hogrefe.

Eckert, A. (2008). *Familie und Behinderung. Studien zur Lebenssituation von Familien mit einem behinderten Kind*. Hamburg: Dr. Kovac

Egidi, K. & Boxbücher, M. (Hrsg.) (1996). *Systemische Krisenintervention*. Tübingen: DGVT.

Egle, T. U., Hardt, J., Franz, M. & Hoffmann, S. O. (2002). Psychosoziale Belastungen in der Kindheit und Gesundheit im Erwachsenenalter. *Psychotherapeut, 47*, 124-127.

Ehlers, A. (1999). *Posttraumatische Belastungsstörung*. Göttingen: Hogrefe.

Elder, G. H., Liker, J. K. & Cross, E. (1984). Parent-child behavior in the Great Depression: Life course and intergenerational differences. In Baltes, P. B. & Brim, O. G. (Eds.), *Lifespan development and behaviour*. New York: Academic Press.

Ekman, P. (2011). *Gefühle lesen. Wie Sie Emotionen erkennen und richtig interpretieren*. Heidelberg: Elsevier

Elliot, A. J. & Trash, T. M. (2002). Approach-avoidance motivation in personality: Approach and avoidance temperaments and goals. *Journal of Personality and Social Psychology, 82*(5), 804-818.

Emmelkamp, P. M. G. (2004). Behavior therapy with adults. In M. J. Lambert (Eds.), *Bergin and Garfield's handbook of psychotherapy and behavior change*. New York: Wiley.

Engel, G. L. (1977). *Psychisches Verhalten in Gesundheit und Krankheit*. Bern: Huber.

Epstein, S. (1979). Entwurf einer integrativen Persönlichkeitstheorie. In Filipp, S. H. (Hrsg.), *Selbstkonzeptforschung*. München: Urban & Schwarzenberg, 75-106.

Epstein, S. (1993). Implications of cognitive-experiential self theory for personality and developmental psychology. In D. C. Funder, R. C. Parke, C. Tomlinson-Keasey & K. Widaman (Eds.), *Studying lives through time: Personality and development*. Washington D. C.: American Psychological Association.

Epstein, S. & Morling, B. (1995). Is the self motivated to do more than to enhance and /or verify itself? In M. H. Kernis (Eds.), *Efficacy, agency, and self esteem*. New York: Plenum Press.

Erikson, E. H. (1970). *Identität und Lebenszyklus*. Frankfurt: Suhrkamp.

Esser, G., Laucht, M. & Schmidt, M. H. (2001). Risiko- und Schutzfaktoren in der Entwicklung von Kindern. Beitrag zur 2. Münchner Tagung für Familienpsychologie vom 16. -17. 2. 2001 in München. In K. A. Schneewind,

J. Graf, J. Kruse, M. Schmidt, S. Walper & J. Weiß (Hrsg.), *Abstractband zur 2. Münchner Tagung für Familienpsychologie vom 16. - 17.2.2001 in München- 17. 2. 2001 in München*. München: Ars una, 23.

Evertz, K., Janus, L. & Linder, R. (Hrsg.) (2014). *Lehrbuch der Pränatalen Psychologie*. Heidelberg: Mattes.

Faimberg, H. & Vorspohl, E. (2009). Teleskoping. *Die intergenerationelle Weitergabe narzisstischer Bindungen*. Frankfurt, M: Brandes & Apsel

Fassbinder, E., Schweiger, U., Jacob, G. & Arntz, A. (2014). The schema mode model for personality disorders. *Die Psychiatrie, 11*(2), 78-86

Feldman, P. J., Dunkel-Schetter, C., Sandman, C. A. & Wadhwa, P. D. (2000). Maternal support predicts birth weight and fetal growth in human pregnancy. *Psychosomatic Medicine*, *62*, 715-725.

Felser, G. (2003). Wahrnehmung und Kognitionen in Partnerschaften. In Grau, I. & Bierhoff, H. W. (Hrsg.), *Sozialpsychologie der Partnerschaft*. Berlin: Springer, 343-376.

Ferring, D., Boll, T. & Filipp, S. -H. (2003). Elterliche Ungleichbehandlung in Kindheit und Jugend aus der Perspektive des mittleren Erwachsenenalters. *Zeitschrift für Entwicklungspsychologie und Pädagogische Psychologie*, *35*(2), 25-39.

Fiedler, P. (2005). *Verhaltenstherapie in Gruppen. Psychologische Psychotherapie in der Praxis*. Weinheim: Beltz.

Fiese, B. H. & Howell, K. (2003). *Family Rituals. International Encyclopedia of Marriage and Family Relationships*. New York: Macmillan.

Fiese, B. H., Tomcho, T., Douglas, M., Josephs, K., Poltrock, S. & Baker, T. (2002). A review of fifty years of research on family rituals: Cause for celebration? *Journal of Family Psychology, 16*, 381-390.

Filipp, S. H. (Hrg.) (2006). Entwicklung von Fähigkeitsselbstkonzepten. *Zeitschrift für Pädagogische Psychologie, 20*(1-2), 65-72.

Fincham, F. D. (1998). Child development and marital relations. *Child Development*, *69*, 543-574.

Finn, C. (2013). *The impact of biased relationship-specific interpretations on partnership and personality development*. Dissertation. Jena: Universität.

Fisher, R., Ury, W. & Patton, B. (2000). *Das Harvard-Konzept*. Frankfurt: Campus.

Fivaz-Depeursinge, E. & Corboz-Warnery, A. (1999). *The primary triangle. A developmental systems view of mothers, fathers, and infants*. New York: Basic Books.

Flora, J. & Segrin, C. (2003). Relational well-being and perceptions of relational history in married and dating couples. *Journal of Social and Personal Relationships, 20*(4), 515-536.

Flückiger, C., Regli, D. & Grawe, K. (2005). Allgemeine Psychotherapie im Gruppensetting: Das Zusammenspiel von gruppen- und interventionsspezifischen Wirkfaktoren. *Gruppenpsychotherapie und Gruppendynamik*, *41*(3), 306-322.

Flugel, J. C. (1921). *The psychoanalytic study of the family*. London: Hogarth.

Folkman, S. & Moskowitz, J. T. (2004). Coping: Pitfalls and promise. *Annual Review of Psychology*, *55*, 745-774.

Fonagy, P., Leigh, T., Steele, H., Kennedy, R., Matoon, G., Target, M. & Gerber, A. (1996). The relations of attachment status, psychiatric classification, and response to psychotherapy. *Journal of Consulting and Clinical Psychology*, *64*, 22-31.

Forgas, J. P. (1999). *Soziale Interaktion und Kommunikation. Eine Einführung in die Sozialpsychologie*. Weinheim: Psychologie Verlags Union.

Förster, J. & Spiewak, M. (2012). *Psychologie. Einführung in die Alltagspsychologie*. Zeit Akademie. Hamburg: Bucerius

Fraenkel, P. (2004). Der beziehungsorientierte Ansatz zur Behandlung von Inzest. *Psychotherapie im Dialog*, 5(2), 163-170.

Framo, J. L., Weber, T. T. & Levine, F. (2003). *Coming home again: A family of origin consultation*. New York: Brunner Routledge.

Franke, G. H. (2000). *BSI. Brief Symptom Inventory - Deutsche Version. Manual*. Göttingen: Beltz.

Franke, U. (2003). *Systemische Familienaufstellung. Eine Studie zu systemischer Verstrickung und unterbrochener Hinbewegung unter besonderer Berücksichtigung von Angstpatienten*. München: Profil.

Franz, M., Lieberz, K. & Schepank, H. (Hrsg.) (2000). *Seelische Gesundheit und neurotisches Elend: Der Langzeitverlauf in der Bevölkerung*. Wien: Springer.

Frenzke-Kulbach, A. (2004). Multiprofessionelle Kooperation bei sexuellem Missbrauch. *Soziale Arbeit*, *53*(11), 421-425.

Freud, S. (1941). *Analyse der Phobie eines fünfjährigen Knaben*. GW VII, Frankfurt: Fischer.

Frey, K. A. (2013). *Soziale Kompetenz. Eine Fragebogenerfassung in der Grundschule*. Münster: Waxmann.

Friese, K., Plath, C. & Briese, V. (Hrsg.) (2000). *Frühgeburt und Frühgeborenes. Eine interdisziplinäre Aufgabe*. Berlin: Springer.

Frosch, C. A. & Mangelsdorf, S. C. (2001). Marital behaviour, parenting behaviour, and multiple reports of preschoolers' behaviour problems: Mediation or moderation? *Developmental Psychology*, 37, 502-519.

Fthenakis, W. E. (1998). Intergenerative familiale Beziehungen nach Scheidung und Wiederheirat aus der Sicht der Großeltern. *Zeitschrift für Soziologie der Erziehung und Sozialisation, 18*(2), 152-167.

Fthenakis, W. E. & Textor, M. R. (Hrsg.) (2004). *Knaurs Handbuch Familie. Alles, was Eltern wissen müssen*. München: Knaur.

Fthenakis, W. E. (2005). *Gespräch über Kuckuckskinder*. Web-TV 12.1.2005.

Fuhrer, U. (2008). Ortsidentität, Selbst und Umwelt. In Lantermann, E.-D. & Linneweber, V. (Hrsg.), *Enzyklopädie für Psychologie, Themenbereich C: Theorie und Forschung, Serie IX Umweltpsychologie (Band 1)*. Göttingen: Hogrefe, 415-442.

Funcke, Dorett & Thorn, Petra (Hrsg.) (2010). *Die gleichgeschlechtliche Familie mit Kindern. Interdisziplinäre Beiträge zu einer neuen Lebensform*. Bielefeld: Transcript-Verlag.

Funcke, D. (2012). »Ich will wissen, wer er ist« Geheimnisse und Nichtwissen im Leben von Spendersamenkindern. *Familiendynamik, 3*, 168-177.

Funcke, D. (2014). Soziale Konstruktion von Elternschaft und Verwandtschaft am Beispiel einer gleichgeschlechtlichen Familie. In Sozialer Sinn, *Zeitschrift für hermeneutische Sozialforschung* Bd. 1, 309-339.

Gabler, S., Bovenschen, I., Lang, K., Zimmermann, J., Nowacki, K., Kliewer, J. & Spangler, G. (2014). Foster Children's Attachment Security and Behavior Problems in the First Six Months of Placement: Associations with Foster Parents' Stress and Sensitivity. *Attachment and Human Development, 16*, 479-498.

Gallagher, S. (2005). *How the body shapes the mind.* Oxford: Oxford University Press.

Garstick, E. (2013). *Junge Väter in seelischen Krisen. Wege zur Stärkung der männlichen Identität*. Stuttgart: Thieme.

Gassmann, Y. (2010). *Pflegeeltern und ihre Kinder. Empirische Analysen von Entwicklungsverläufen und Ressourcen im Beziehungsgeflecht*. Münster: Waxmann.

Gaulin, R. (2003). *Evolutionary Psychology*. New York: Prentice Hall.

Gehring, T. (1990). *Familiensystemtest (FAST)*. Weinheim: Beltz.

Geissner, E. & Schary, K. (2005). Familiale und soziokulturelle Faktoren bei Esstörungssymptomen. *Zeitschrift für Gesundheitspsychologie*, *13*(2), 44-57.

Geller, J. D., Norcross, J. C. & Orlinsky, D. E. (Eds.) (2005). *The psychotherapist's own psychotherapy: Patient and clinician perspectives*. New York: Oxford University.

Gendlin, E. T. (1998). *Focusing-orientierte Psychotherapie. Ein Handbuch der erlebensbezogenen Methode.* München: Pfeiffer.

Genz, M. (1994). Wandel im ostdeutschen Generationsverhältnis in einer Großstadt. Ergebnisse der 4. Befragungswelle der Halleschen Längsschnittstudie bei Teilnehmern des Seniorenkollegs (HALSEKO). *Zeitschrift für Gerontologie und Geriatrie*, *29*(5), 367-371.

George, W. (2005). Evidenzbasierte Angehörigenintegration im Gesundheitswesen. *Psychomed*, *17*(1), 47-54.

Gerhardt, S. (2004). *Why love matters - how affections shape a baby's brain.* New York: Brunner-Routledge.

Gerris, J. R. M., Delsing, M. J. M. & Oud, J. H. L. (2010). Big-Five personality factors and interpersonal trust in established marriages. *Family Science*, *1*(1), 48-62.

Gerris, J. R. M., Semon Dubas, J., Jannsens, J. M. A. M. & Vermulst, A. A. (2000). Dynamische Beziehungen zwischen der Persönlichkeit von Eltern und Jugendlichen und ihren Familiensubsystemen. In Schneewind, K. A. (Hrsg.), *Familienpsychologie im Aufwind*. Göttingen: Hogrefe.

Geschichtswerkstatt Göttingen e. V. (2006). *Tagebuchaufzeichnungen. Die letzten Kriegstage in Berlin. Läßt sich darüber reden? Von Krieg, Gewalt und Vergewaltigung. Die letzten Kriegstage in Berlin. Meldungen zum 8. April.* Betreuung für Flüchtlingskinder dringend erforderlich! http:// www.user.gwdg.de/~gwgoe/extrablatt/tageb1.html.

Giesecke, H. (2006). *"Meine Stiefkinder lehnen mich ab!"* http://www.familienhandbuch.de/cmain/f_Aktuelles/a_Teilfamilien/s_169.html.

Glasl, F. (1996). *Konfliktmanagement.* Stuttgart: Haupt.

Glatzer, W. & Zapf, W. (Eds) (1984). *Mikroanalytische Grundlagen der Gesellschaftspolitik*. Frankfurt, Main:

Mannheim.

Gloger-Tippelt, G. (2002). Der Beitrag der Bindungsforschung zur Klinischen Entwicklungspsychologie der Familie. In B. Rollett & H. Werneck (Hrsg.), *Klinische Entwicklungspsychologie der Familie*. Göttingen: Hogrefe.

Gloger-Tippelt, G. (2005). Familienkompetenzen stärken - Beiträge der Bindungsforschung. In Schneewind, K. A. *4. Münchner Tagung für Familienpsychologie vom 22. bis 23. Juli 2005, Abstractband*. München: Department für Psychologie der Universität München, 36.

Gloger-Tippelt, G.(Hrsg.) (2012). *Bindung im Erwachsenenalter. Ein Handbuch für Forschung und Praxis*. Bern: Huber

Goerke, M. (2005). *Zum Zusammenhang von Bindung und Konfliktlösung in Paarbeziehungen*. Bielefeld: Universität, Fakultät für Psychologie und Sportwissenschaft.

Goffman, E. (1980/2005). *Rahmenanalyse*. Ein Versuch über die Organisation von Alltagserfahrungen. Frankfurt: Suhrkamp.

Goldfried, M. R. & D'Zurilla, T. J. (1969). A behavioral-analytical model for assessing competence. In C. D. Spielberger (Eds.), *Current topics in clinical and community psychology I*. New York: Academic Press.

Goldklank, S. (1986). My family made me do it: The influence of family therapists` families of origin on their occupational choice. *Family Process*, 25, 309-319.

Goldman, R. N. & Greenberg, L. S. (2015). *Case formulation in emotion-focused therapy: Co-creating clinical maps for change*. Washington, DC: American Psychological Association.

Gomille, B. & Gloger-Tippelt, G. (1999). Transgenerationale Vermittlung von Bindung: Zusammenhänge zwischen den mentalen Bindungsmodellen von Müttern, den Bindungsmustern ihrer Kleinkinder sowie Erlebens- und Verhaltensweisen der Mütter beim Übergang zur Elternschaft. Praxis der *Kinderpsychologie und Kinderpsychiatrie*, *48*, 101-112.

Gonzales, N. A., Pitts, S. C., Hill, N. & Roosa, M. W. (2000). A mediational model of the impact of interparental conflict on child adjustment in a multi- ethnic, low- income sample. *Journal of Family Psychology*, *14*, 365-379.

Goodheart C. D., Kazdin, A. & Sternberg, R. (2006). *Evidence-Based Psychotherapy: Where practice and research meet*. New York: Oxford University Press.

Gottman, J. M. (1998). Psychology and the study of marital processes. *Annual Review of Psychology*, *49*, 169-197.

Gottman, J. M. (2011). *The science of trust: emotional attunement for couples*. New York: Norton

Gottman, J. M. & Silver, N. (2002). *The seven principals for making marriage work*. New York, NY: Three Rivers.

Gottman, J. M. & Silver, N. (2014). *Die 7 Geheimnisse der glücklichen Ehe*. München: Schröder.

Götz, A. (2006). Hitlers Volksstaat. Raub, Rassenkrieg und nationaler Sozialismus. *Die Zeit des Nationalsozialismus*. Frankfurt: Fischer.

Goulding, M. & Goulding, R. (1981). Neuentscheidung. *Ein Modell der Psychotherapie*. Stuttgart: Klett-Cotta.

Grau, I. (2005). Stand und Perspektiven der Paarbeziehungsforschung. In E. H. Witte (Eds.) *Entwicklungsperspektiven der Sozialpsychologie. Beiträge des 20. Hamburger Symposions zur Methodologie der Sozialpsychologie.* Hamburg: Universität Hamburg

Grau, I. & Bierhoff, H. W. (Hrsg.) (2003). *Sozialpsychologie der Partnerschaft.* Berlin: Springer.

Graumann, C. F. (1967). *Zur Psychologie und Phänomenologie der Perspektivität.* Stuttgart: Thieme.

Grawe, K. (1996). Psychotherapie ohne Grenzen - von den Therapieschulen zur Allgemeinen Psychotherapie. *Verhaltenstherapie und Psychosoziale Praxis, 26*(3), 357-370.

Grawe, K. (1998). *Psychologische Therapie.* Göttingen: Hogrefe.

Grawe, K. (2004). *Neuropsychotherapie.* Göttingen: Hogrefe.

Grawe, K., Donati, R. & Bernauer, F. (1994). *Psychotherapie im Wandel. Von der Konfession zur Profession.* Göttingen: Hogrefe.

Grawe, K., Grawe-Gerber, M., Heininger, B., Ambühl, H. & Caspar, F. (1996). Schematheoretische Fallkonzeption und Therapieplanung. Eine Anleitung für Therapeuten. In F. Caspar (Hrsg.), *Psychotherapeutische Problemanalyse.* Tübingen: dgvt, 189-224.

Gray, J. A. & McNoughton, B. L. (1996). The neuropsychology of anxiety. A reprise. In D. A. Hope (Eds.), *Nebraska Symposion on Motivation: Perspectives on anxiety panic and fear, Vol. 43.* Lincoln: University of Nebraska Press, 61-134.

Greenberg, E. F. & Nay, W. R. (1982). The intergenerational transmission of marital instability. *Journal of Marriage and the Family, 44*, 335-347.

Greenberg, L. S. (2011). *Emotionsfokussierte Therapie.* Tübingen: DGVT-Verlag.

Greenberg, L. S., McWilliams, N. & Wenzel, A. (2014). *Exploring three approaches to psychotherapy.* Washington, DC: American Psychological Association.

Griebel, W. & Oberndorfer, R. (2006). *Scheidung und Trennung - Reaktionen der Kinder und der Schule.* http://www.familienhandbuch.de/cms/Familienforschung-Scheidung_und_Trennung.pdf.

Griebel, W. & Ristow, D. (2004). *Pflegefamilie als "binukleares Familiensystem" - eine Kernfamilie mit zwei Kernen.* http://www.familienhandbuch.de/cms/Familienforschung-Pflegefamilien.pdf.

Grimes, R. L. (2014). *The Craft of Ritual Studies.* New York: Oxford University Press.

Grob, A. (1995). Subjective well-being and significant life-events across the life span. *Swiss Journal of Psychology/Schweizerische Zeitschrift für Psychologie/Revue Suisse de Psychologie, 54*(1), 3-8.

Grossmann, K. E., Grossmann, K. & Waters, E. (Eds.) (2005). Attachment from infancy to adulthood. *The psychiatrie, 19*(1), 7-15.

Grulke, N., Bailer, H., Albani, C., Blaser, G., Schmutzer, G., Geyer, M. & Brähler, E. (2004). Migration in die Depression? - Innerdeutsche Migration und psychische Befindlichkeit. *Psychosozial, 27*(1), 97-106.

Grundmann, M., Dravenau, D. & Bittlingmayer, U. H. (Hrsg.) (2005). *Handlungsbefähigung und Milieu. Strukturelle Voraussetzungen der Kompetenzgenese von Heranwachsenden.* Münster: LIT-Verlag.

Grünendahl, M. (2001). *Generationsbeziehung im Wandel? Untersuchungen zum Einfluss von Alter, Region und*

Kohorte auf familiäre Generationenbeziehungen im mittleren und höheren Erwachsenenalter. Dissertation. Heidelberg: Universität Heidelberg.

Gunzelmann, T., Schmidt, S., Albani, C. & Brähler, E. (2006). Lebensqualität und Wohlbefinden im Alter. *Zeitschrift für Gerontopsychologie und -psychiatrie, 19*(1), 7-15.

Gurman, A. S. & Jacobson, N. S. (Eds.) (2004). *Clinical handbook of couple therapy*. New York: Guilford Publications.

Güroff, E. (2016). *Selbstsicherheit und soziale Kompetenz. Das Trainingsprogramm mit Basis- und Aufbauübungen* (mit DVD). Berlin: Springer.

Gussone, B. & Schiepek, G. (2000). *Die »Sorge um sich«. Burnout-Prävention und Lebenskunst in helfenden Berufen*. Tübingen: dgvt.

Haag, K. (2006). *Wenn Mütter zu sehr lieben. Verstrickung und Missbrauch in der Mutter-Sohn-Beziehung*. Stuttgart: Kohlhammer.

Hackenberg, W. (2008). *Geschwister von Menschen mit Behinderung-Entwicklung, Risiken, Chancen*. München & Basel: Ernst Reinhardt.

Hacker, W. (1998). *Allgemeine Arbeitspsychologie: Psychische Regulation von Arbeitstätigkeiten*. Bern: Huber.

Hadot, P. (1991). *Philosophie als Lebensform*. Geistige Übungen in der Antike. Berlin: Gatza

Hagedorn, A. (2006). *Betreuung von Eltern Frühgeborener*. Diplomarbeit. Osnabrück: Katholische Fachhochschule Norddeutschland.

Hahlweg, K., Baucom, D., Bastine, R. & Markman, H. (Hrsg.) (1998). *Prävention von Trennung und Scheidung. Internationale Ansätze zur Prädiktion und Prävention von Beziehungsstörungen*. Stuttgart: Kohlhammer.

Hahlweg, K., Dürr, H., Dose, M. & Müller, U. (2006). *Familienbetreuung schizophrener Patienten*. Göttingen: Hogrefe.

Haken, H. & Schiepek, G. (2006). *Synergetik in der Psychologie*. Göttingen: Hogrefe.

Hamer, D. & Copeland, P. (1998). *Das unausweichliche Erbe*. München: Scherz.

Hanebutt, O. F. (2003). *Die vaterlosen 68er und ihr Erbe. Identitätsfindung bei Nachkommen der NS-Generation*. Heidelberg: Verlag für systemische Forschung.

Hanisch, E. (2011). Im Labyrinth der therapeutischen Beziehung: Grundbedürfnisse und Bedürfniskonflikte. *Psychotherapie in Psychiatrie, Psychotherapeutischer Medizin und Klinischer Psychologie, 16*(1), 19-27.

Hardy, G. E., Aldridge, J., Davidson, C., Rowe, C., Reilly, S. & Shapiro, D. A. (1999). Therapist responsiveness to patient attachment styles and issues observed in identified patient-significant events in psychodynamic-interpersonal psychotherapy. *Psychotherapy Research, 9*, 36-53.

Haselbeck, C. (2013). *Fötale Programmierung: Der Einfluss von pränatalem Stress auf Entwicklung, Temperament und HHNR-Achsen-Funktion des Säuglings - eine prospektive Studie*. http://nbn-resolving.de/urn:nb.iss-108447.

Hautzinger, M. (1998). *Depression*. Göttingen: Hogrefe.

Hawellek, C. & von Schlippe, A. (Hrsg.) (2005). *Entwicklung unterstützen - Unterstützung entwickeln. Systemisches Coaching nach dem Marte-Meo-Modell.* Göttingen: Vandenhoeck & Ruprecht.

Hawkes, K., O'Connell, J. F., Blurton, J., Alvarez, H. & Charnov, E. L. (2000). The grandmother hypothesis and human evolution. In L. Cronk, N. Chagnon & W. Irons (Eds.), *Adaptation and human behavior - An anthropological perspective.* Hawthorne: Aldine De Gruyter.

Hazan, C. (2000). The place of attachment in human mating. *Review of General Psychology, 4*, 186-204.

Heekerens, H. -P. (1987). Das erhöhte Risiko der Ehescheidung: Zur intergenerationalen Scheidungstradierung. *Zeitschrift für Soziologie, 16*, 190203.

Heekerens, H. -P. (2006a). Wirksamkeit, Effektivität und Effizienz von Familientherapie. *Psychotherapie in Psychiatrie, Psychotherapeutischer Medizin und Klinischer Psychologie, 11*(1), 38-46.

Heekerens, H.-P. (2006b). Die Funktionale Familientherapie: Ein klinisches Behandlungsmodell. *Psychotherapie in Psychiatrie, Psychotherapeutischer Medizin und Klinischer Psychologie, 11*, 16-24.

Heekerens, H.-P. (2006c). Die Multisystemische Therapie - Ein evidenzbasiertes Verfahren zur Rückfallprophylaxe bei Jugendlichendelinquenz. *Zeitschrift für Jugendkriminalrecht und Jugendhilfe, 17*(2), 163-171.

Heekerens, H.-P. (2011). Störungen (in) der Familie: Intervention. In M. Perrez & U. Baumann (Hrsg.), *Lehrbuch Klinische Psychologie - Psychotherapie.* Bern: Huber, 1170-1181.

Heekerens, H. -P. & Ohling, M. (2006). Familien-Psychoedukation als Rückfallprophylaxe bei Schizophrenie: Wirkung und Wirkungsweise. *Psychotherapie, 11*(1), 26-37.

Heekerens, H.-P., & Perrez, M. (2011). Störungen (in) der Familie: Klassifikation und Diagnostik. In M. Perrez & U. Baumann (Hrsg.), *Lehrbuch Klinische Psychologie - Psychotherapie.* Bern: Huber, 1140-1155.

Hehl, F. J. (2002). *Von der Herkunftsfamilie zur Paartherapie.* Heidelberg: Asanger.

Heim, C., Newport, D. J., Heit, S., Graham, J., Wilcox, M. & Bonsal, R. (2000). Pituitary-adrenal and automatic responses to stress in women after sexual and physical abuse in childhood. *Journal of the American Medical Association, 284*, 592-597.

Heiniger, B., Grawe-Gerber, M., Ambühl, H., Grawe, K. & Braun, K. U. (1996). Schematheoretische Fallkonzeption und Therapieplanung: Ein elaboriertes Beispiel zum Leitfaden. In Caspar, F. (Hrsg.), *Problemanalyse in der Psychotherapie.* Tübingen: Dgvt, 225-268.

Heinl, P. (2006). Trümmer, Trauma und Transmission im Spiegel der intuitiven Diagnostik: Die unbewusste Übertragung von Kriegstraumata auf nachfolgende Generationen. *Gestalttherapie, 20*(1), 151-162.

Hellinger, B. (1994). *Ordnungen der Liebe.* Ein Kurs-Buch. Heidelberg: Auer.

Henggeler, S. W., Schoenwald, S. K., Borduin, C. M., Rowland, M. D. & Cunningham, P. B. (2012). *Multisystemische Therapie bei dissozialem Verhalten von Kindern und Jugendlichen.* Berlin: Springer.

Hensen, G. (2005). Inobhutnahme als sozialpädagogische Krisenintervention. In G. Deegener & W. Körner (Eds.), *Kindesmisshandlung und Vernachlässigung.* Ein Handbuch. Göttingen: Hogrefe.

Herlyn, I. & Lehmann, B. (1998). Großmutterschaft im Mehrgenerationenzusammenhang - Eine empirische

Untersuchung aus der Perspektive von Großmüttern. *Zeitschrift für Familienforschung, 10*(1), 27-46.

Hetherington, E. M. & Kelly, J. (2003). *Scheidung. Die Perspektive der Kinder.* Weinheim: Beltz.

Hildenbrand, B. (2004). Familienforschung und Familientherapie: Die Sequenzanalyse in der Genogrammarbeit. *Familiendynamik, 29*(3), 257-287.

Hinde, R. (1993). Auf dem Wege zu einer Wissenschaft zwischenmenschliher Beziehungen. In Auhagen, A. E. & Salisch, M. (Hrsg.), *Zwischenmenschliche Beziehungen.* Göttingen: Hogrefe, 7-36.

Hinsch, R. & Pfingsten, U. (1998). *Gruppentraining sozialer Kompetenzen.* Weinheim: Beltz.

Hinsch, R. & Pfingsten, U. (2002). *Gruppentraining sozialer Kompetenzen (GSK).* Weinheim: Beltz

Hirsch, R. D. (2005). Aspekte zur Gewalt gegen alte Menschen in Deutschland. Situation - Prävention - Intervention. *Bewährungshilfe, 52*(2), 149-165.

Hoeve, M., Smeenk, W., Loeber, R., Stouthamer-Loeber, M., van der Laan, P., Gerris, J. & Dubas, J. (2007). Long-Term Effects of Parenting and Family Characteristics on Delinquency of Male Young Adults. *European Journal of Criminology*, *4*(2), 161-194.

Hofer, M. (2014). Persönlichkeitsentwicklung als schulisches Erziehungsziel jenseits kognitiver Kompetenzen. *Zeitschrift für Entwicklungspsychologie und Pädagogische Psychologie, 46*, 55-66.

Hofer, M., Klein-Allermann, E. & Noack, P. (2002). *Familienbeziehungen. Eltern und Kinder in der Entwicklung.* Göttingen: Hogrefe.

Hofer, M., Wild, E. & Noack, P. (Hrsg.) (2002). *Lehrbuch Familienbeziehungen. Eltern und Kinder in der Entwicklung*. Göttingen: Hogrefe.

Hoffmann-Riem, Ch. (1989). Elternschaft ohne Verwandtschaft: Adoption, Stiefbeziehung und heterologe Insemination. In Nave-Herz, M. (Hrsg.), *Handbuch der Familien- und Jugendforschung.* Band. 1. Neuwied: Luchterhand, 389-412.

Hofmann, A. (2006). EMDR. *Therapie posttraumatischer Belastungssyndrome.* Stuttgart: Thieme.

Hoger, D. (1999). Der Bielfelder Fragebogen zu Klientenerwartungen (BFKE): Ein Verfahren zur Erfassung von Bindungsstilen bei Psychotherapiepatienten. *Psychotherapeut*, *44*, 159-166.

Höhn, C. & Pollard, J. H. (1992). Persönliche Gewohnheiten und Verhaltensweisen und Sterblichkeitsunterschiede nach dem Familienstand in der Bundesrepublik Deutschland. *Zeitschrift für Bevölkerungswissenschaft, 18*, 415-433.

Holland, D. & Quinn, N. (Eds) (1987). *Cultural models in language and thought.* New York, NY, US: Cambridge University Press.

Hollon, S. D. & Beck, A. T. (2004). Cognitive and cognitive behavioral therapies. In M. J. Lambert (Eds.) (2004), *Bergin and Garfield's handbook of psychotherapy and behavior change.* New York: Wiley, 447-492.

Holtz, K. L. (2006). Was Kinder alles können: Kompetenz-, Resilienz- und Salutogeneseforschung. *Psychotherapie im Dialog*, *7*(1), 89-93.

Homes, A. M. (2005). *Von der Mutter missbraucht.* Lengerich: Pabst.

Horowitz, L. M., Alden L. E., Wiggins, J. S. & Pincus, A. L. (2000). *IIP: Inventory of Interpersonal Problems manual*. San Antonio, TX: Psychological Corporation.

Horowitz, L. M., Strauß, B. & Kordy, H. (1994). *Inventar zur Erfassung Interpersonaler Probleme*. Weinheim: Beltz.

Horwitz, A. V., White, H. R. & Howell-White, S. (1996). Becoming married and mental health: A longitudinal study of a cohort of young adults. *Journal of Marriage and the Family, 58*, 895-907.

Howes, C. (1999). Attachment relationships in the context of multiple caregivers. In J. Cassidy & P. Shaver (Eds.), *Handbook of attachment. Theory, research, and clinical adaptations*. New York: Guilford.

Hu, Y. & Goldmann, N. (1990). Mortality differentials by marital status: An international comparison. *Demography*, 27(2), 233-250.

Huether, G. (1998). Stress and the adaptive self-organization of neuronal connectivity during early childhood. *International Journal of Developmental Neuroscience, 16*, 297-306.

Huinink, J. (1995). *Warum noch Familie? Zur Attraktivität von Partnerschaft und Elternschaft in unserer Gesellschaft*. Frankfurt: Campus.

Hullen, G. (1998). Scheidungskinder-oder: Die Transmission des Scheidungsrisikos. *Zeitschrift für Bevölkerungswissenschaft, 23*(1), 19-38.

Hupert, J. D., Bufka, L. F., Barlow, D. H., Gorman, J. M., Shear, M. K. & Woods, S. W. (2001). Therapies, therapist variables, and CBT outcome for panic disorder: Results from a multi center trial. *Journal of Counseling and Clinical Psychology, 69*, 747-755.

Hurrelmann, K., Klotz, T. & Haisch, J. (Hrsg.) (2004). *Lehrbuch Prävention und Gesundheitsförderung*. Bern: Huber.

Husserl, E. (1962). *Die Krisis der europäischen Wissenschaften und die transzendentale Phänomenologie*. Den Haag: Martinus Nijhoff.

Ickes, W. (1997). *Empathic accuracy*. New York: Guilford.

Imber-Black, E., Roberts, J. & Whiting, R. A. (Eds.) (2003). *Rituals in families and family therapy*. New York: Norton.

Isley, S. L., O'Neil, R., Clatfelter, D. & Parke, R. D. (1999). Parent and child expressed affect and children's social competence: Modeling direct and indirect pathways. *Developmental Psychology, 35*, 547-560.

Jacob, G. & Arntz, A. (2014). *Schematherapie*. Göttingen: Hogrefe.

Jacobi, F., Hoyer, J. & Wittchen, H. -U. (2004). Seelische Gesundheit in Ost und West: Analysen auf der Grundlage des Bundesgesundheitssurveys. *Zeitschrift für Klinische Psychologie und Psychotherapie, 33*(4), 251-260.

Jacobs, S., Heymann, A. & Kuhn-Sürig, T. (2002). Effekte eines Multimedia-Trainingsprogramms schwieriger Therapiesituationen. *Gesprächspsychotherapie und Personzentrierte Beratung, 33*(4), 301-306.

Jacobson, N. S, Butterill, D. & Goering, P. (2003). Development of a framework for knowledge translation: understanding user context. *Journal of Health Services Research & Policy, 8*(2), 94-99.

Jacobson, N. S., Dobson, K. S., Truax, P. A., Addis, M. E., Koerner, K., Gollan, J. K., Gortner, E. & Prince, S. E. (1996). A component analysis of cognitive-behavioral tratment for depression. *Journal of Consulting and Clinical Psychology, 64*, 295-304.

Jadva, V. & Imrie, S. (2013). Children of surrogate mothers: Psychological well-being, family relationships and experiences of surrogacy. *Human Reproduction, 29*(1), 90-96.

Jadva, V., Imrie, S. & Golombok, S. (2015). Surrogate mothers 10 years on: A longitudinal study of psychological wellbeing and relationships with the parents and child. *Human Reproduction, 30*(2), 373-389.

Jangam, K., Kesavan M., Tansa, E., Aravind, R. & Paramita B. (2015). Incidence of childhood abuse among women with psychiatric disorders compared with healthy women: Data from a tertiary care centre in India. *Child abuse & neglect*, *50*, 67-75

Jansen, A., Mäthner, E. & Bachmann, T. (2004). *Erfolgreiches Coaching. Wirkungsforschung im Coaching.* Heidelberg: Asanger.

Janus, L. (1994). Das überzählige Kind - Eine schicksalsbelastete Geschwisterposition. In S. Damm (Hrsg.) (1994): *Geschwister- und Einzelkinderfahrungen. Aufarbeitung im Kontext multimodaler Psychotherapie.* Pfaffenweiler: Centaurus, 202-208.

Jaster, H. -J. (Hrsg.) (1997). *Qualitätssicherung im Gesundheitswesen.* Stuttgart: Thieme.

Jensen-Campbell, L. A., Gleason, K. A., Adams, R. & Malcolm, K. T. (2003). Interpersonal Conflict, Agreeableness, and Personality Development. *Journal of Personality*, *71*(6), 1059-1085.

Jetter, M. (2006). *Mein Kriegsvater.* Frankfurt: Hoffmann & Campe.

Joffe, R., Sokolov, S. & Streiner, D. (1996). Antidepressant treatment of depression: A Metaanalysis. *Canadian Journal of Psychiatry*, *41*, 613-616.

Johnson, S. M. (2010). *Praxis der Emotionsfokussierten Paartherapie*: Junfermann.

Jones, E. (1913). Die Bedeutung des Großvaters für das Schicksal des Einzelnen. In E. Jones (Hrsg.) (1978): *Die Theorie der Symbolik und andere Aufsätze.* Berlin: Ullstein.

Jopt, U. & Behrend, K. (2004). Psychologische Begutachtung aus familiengerichtlicher Sicht: Entscheidungsorientierter Ansatz - Eine empirische Untersuchung. *Zentralblatt für Jugendrecht, 10*, 362-376.

Jopt, U. & Behrend, K. (2005). *Parental Alienation Syndrome PAS - Ein Zwei-Phasen-Modell.* http://www.grosseltern-initiative.de/ Studien/ PAS-TH%20Bielefeld.html.

Jungmann, J. (2003). Interdisziplinäre Kooperation - Wie erreichbar ist das Ziel? *Zeitschrift für systemische Therapie*, *21*(4), 224-232.

Jürgens, M. & Norpoth, A. (1986). *Familienstrukturen und Fremdplazierung. Eine Untersuchung über Herkunftsfamilien von Heim- und Pflegekindern.* Diplomarbeit. Oldenburg: Universität Oldenburg.

Kabat-Zinn, J. (2003). Mindfulness-based interventions in context: Past, present, future. *Clinical Psychology: Science and Practice, 10*, 144-156

Kaemmler, J. (2006). *Stiefelternschule.* http:// www.familienhandbuch.de/cms/Familienbildung-Stiefeltern.pdf.

Kaiser, P. (1982). *Kompetenz als erlernbare Fähigkeit zur Analyse und Bewältigung von Lebenssituationen auf mehreren Ebenen.* Oldenburg: BIS.

Kaiser, P. (1986). Gesundheit und Glück als Voraussetzung und Anliegen systemischer Interaktionen. In P. Kaiser

(Hrsg.), *Gesundheit und Glück durch Psychologie?* Weinheim: Beltz, 89-110.

Kaiser, P. (1989). *Familienerinnerungen. Zur Psychologie der Mehrgenerationenfamilie.* Heidelberg: Asanger.

Kaiser, P. (1992). Genographische Mehrebenenanalyse-Familiale Strukturen und Entwicklungen in zeitgeschichtlichen Systemkontexten mehrerer Ebenen. *Schriftenreihe der Arbeitsgruppe Familientherapie, 2.*

Kaiser, P. (1993). Systemische Mehrebenenanalysen im Sozial- und Gesundheitswesen. In P. Kaiser (Hrsg.), *Psychologik helfender Institutionen. Zu einer besseren Nutzerfreundlichkeit der Organisationen im Sozial- und Gesundheitswesen.* Heidelberg: Asanger, 206-222.

Kaiser, P. (1995a). Beratung von Pflegefamilien nach dem Systemischen Mehrebenenmodell. In M. R. Textor & P. K. Warndorf (Hrsg.), *Familienpflege. Forschung, Vermittlung, Beratung.* Freiburg: Lambertus, 218-243.

Kaiser, P. (1995b). Strukturelle Besonderheiten und Probleme von Pflegefamilien. In Textor, M. R. Textor & P. K. Warndorf (Hrsg.), *Familienpflege. Forschung, Vermittlung, Beratung.* Freiburg: Lambertus, 67-78.

Kaiser, P. (1998). Familiengeheimnisse unter transgenerationaler Perspektive. In Spitznagel, A. (Hrsg.), *Geheimnis und Geheimhaltung.* Göttingen: Hogrefe, 280-297.

Kaiser, P. (2002). Systemische Mehrebenenanalyse der familialen Lebensqualität-Hinweise und Kriterien zur praktischen Arbeit mit Familien. In S. K. D. Sulz & H. -P. Heekerens (Hrsg.). *Verhalten und Familie.* München: CIP-Medien, 51-76.

Kaiser, P. (2006a). Genographische Mehrebenenanalyse in der psychologischen Forschung. In Luif, V., Thoma, G. & Boothe, B. (Hrsg.),*Beschreiben - Erschließen - Erläutern. Psychotherapieforschung als qualitative Wissenschaft.* Lengerich: Pabst, 400-417.

Kaiser, P. (2006b). Die Mehr- Generationenperspektive in der psychotherapeutischen Praxis. Themenheft "Familien in Beratung und Therapie". *Psychotherapie in Psychiatrie, Psychotherapeutischer Medizin und Klinischer Psychologie, 2,* 12-25.

Kaiser, P. (2009). Familienbeziehungen und Familientherapie unter mehrgenenerationaler Perspektive. In Schneewind, K. A. (Hrsg.), *Familie und Psychologie-eine starke Partnerschaft.* Berlin: Deutscher PsychologenVerlag, 24-29

Kaiser, P. (2013). Schwiegermutter mit System-Ressourcen und Anfälligkeiten von Schwiegerbeziehungen. *Familiendynamik, 38*(4), 2 -13

Kaiser, P. (2014). *Der Einfluss der Herkunftsfamilien auf die Partnerschaft.* http://www.familienhandbuch.de/?p=1158.

Kaiser, P. (2015). *Das Genogramm-Genographische Mehrebenenanalyse als anamnestisch-diagnostisches Standardverfahren.* In Richter, D., Brähler, E. & Ernst, J. (Hrsg.), *Handbuch der Familien- und Paardiagnostik.* Göttingen: Hogrefe, 217-222.

Kaiser, P. (Hrsg.) (2016). *Wirkfaktoren in der Mediation. Ergebnisse der Kieler Longitudinalstudie.* Forschungsbericht. Universität Vechta.

Kaiser, P. & Gabler, A. M. (2014). Prozessqualität und Langzeiteffekte in der Mediation. *Zeitschrift für Konfliktmanagement*, *6*, 180-184.

Kaiser, P., Gabler, A. M., Lehmann, F. & Meins, K. (2014). *Emotionen im Konflikt-Wirkfaktoren in der Mediation*. In Fischer, C. (Hrsg.), *Grundlagen und Methoden der Mediation*. München: Beck, 43-63.

Kalicki, B. (2003). Attribution in Partnerschaften. In Grau, I. & Bierhoff, H. W. (Hrsg.), *Sozialpsychologie der Partnerschaft*. Berlin: Springer, 378- 403.

Kanninen, K., Salo, J. & Punamäki, R. L. (2000). Attachment patterns and working alliance in trauma therapy for victims of political violence. *Psychotherapy Research*, *10*, 435-449.

Kant, I. (1784). Beantwortung der Frage: Was ist Aufklärung? *Berlinische Monatsschrift, 1784,* 516.

Karney, B. R. & Bradbury, T. N. (1997). Neuroticism, marital interaction, and the trajectory of marital satisfaction. *Journal of Personality and Social Psychology,* 72, 1075-1092.

Kasten, H. (1998). *Geschwister. Vorbilder, Rivalen, Vertraute*. München: Reinhardt.

Kasten, H. (2004). *Stiefgeschwister.* http://www.familienhandbuch.de/cmain/f_Aktuelles/a_Teilfamilien/s_281.html

Kawamura-Reindl, G., Brendle, C. & Joos, B. (2006). Inhaftierung betrifft alle in der Familie - Die Vater- Kind-Gruppe des Treffpunkt e. V. Nürnberg. *Zeitschrift für Strafvollzug und Straffälligenhilfe*, *55*(1), 33-36.

Keilson, H. (2005). *Sequentielle Traumatisierung bei Kindern*. Gießen: Psychosozial- Verlag.

Kelly, E. L. & Conley, J. J. (1987). Personality and compatibility: A prospective analysis of marital stability and marital satisfaction. *Journal of Personality and Social Psychology*, *52*, 27-40.

Kelly, G. A. (1986). *Die Psychologie der persönlichen Konstrukte*. Frankfurt: Pfeiffer.

Kelly, J. (2000). Children's adjustment in conflicted marriage and divorce: A decade review of research. *Journal of the American Academy of Child and Adolescent Psychiatry, 39*, 963-973.

Kemmler-Drews, R. & Sewerin, C. (1989). *Familiale Hintergründe von Ehescheidungen - eine empirische Untersuchung*. Diplomarbeit. Oldenburg: Universität Oldenburg.

Kendler, K. S., Sham, P. C. & MacLean, C. J. (1996). The determinants of parenting: An epidemiological multi-informant, retrospective study. *Psychological Medicine*, *27*, 549-563.

Keppler, A., Stöcker, K., Grossmann, K. E., Grossmann, K. & Winter, M. (2002). Kindliche Bindungserfahrungen und Repräsentation von Partnerschaften im jungen Erwachsenenalter. In M. V. Salisch (Hrsg.), *Emotionale Kompetenz entwickeln: Grundlagen in Kindheit und Jugend*. Stuttgart: Stuttgart: Kohlhammer, 157-178.

Kerr, M. E. & Bowen, M. (1988). *Family evaluation. An approach based on Bowen theory*. New York: Norton.

Keupp, H. (1972). *Psychische Störungen als abweichendes Verhalten. Zur Soziogenese psychischer Störungen*. München: Urban & Schwarzenberg.

Kidman, R. & Palermo T. (2016). The relationship between parental presence and child sexual violence: evidence from thirteen countries in sub-Saharan Africa. *Child Abuse Negl.*, *51*, 172-180.

Kim Berg, I. (1993). *Familien-Zusammenhalt (en): Ein kurz-therapeutisches und lösungs-orientiertes Handbuch*. Dortmund: Modernes Lernen.

Kindler, H. & Grossmann, K. (2011). Vater-Kind-Bindung und die Rollen von Vätern in den ersten Lebensjahren ihrer Kinder. In Ahnert, L. (Hg.), *Frühe Bindung- Entstehung und Entwicklung*, 2. Auflage, München Basel:

Ernst Reinhardt Verlag, 240-255.

Kirchler, E. (2005). *Entscheidungen in Paarbeziehungen*. http://www.familienhandbuch.de/cms/Partnerschaft_Entscheidungen.pdf.

Kirchler, E., Rodler, C., Hölzl, E. & Meier, K. (2000). *Liebe, Geld und Alltag*. Göttingen: Hogrefe.

Klappenbach, D. (2006). *Mediative kommunikation*. Paderborn: Junfermann.

Klein, J. P., Schweiger, U. & Hohagen, F. (2006). Kombinationsbehandlung von Psychotherapie und Pharmakotherapie. Allgemeine Grundlagen. *Zeitschrift für Psychiatrie, Psychologie und Psychotherapie*, *54*(3), 155-161.

Klein, T. (Hrg.) (2001). *Partnerwahl und Heiratsmuster. Sozialstrukturelle Voraussetzungen der Liebe*. Opladen: Leske & Budrich.

Klitzing, K. v., Simoni, H., Amsler, F. & Bürgin, D. (1999). The role of the father in early family interactions. *Infant Mental Health Journal*, *20*, 222-237.

Klusmann, D. & Berner, W. (2011). Veränderungen weiblicher Partnerpräferenzen im Menstruationszyklus. *Zeitschrift für Sexualforschung*, *24*(2), 170-186.

Kobs, J. (2009). "Ich muss euch etwas sagen ...!" Das Coming-out gegenüber den Eltern. In M. Watzlawik & N. Heine (Hrsg.), *Sexuelle Orientierungen. Weg vom Denken in Schubladen*. Göttingen: Vandenhoeck & Ruprecht, 165-205.

Kohlberg, L. (Eds.) (1976). *Moral development and behavior*. New York: Holt, Rinehart & Winston.

Köhler, T. (2005). Psychotherapie und Pharmakotherapie. In F. Petermann & H. Reinecker: *Handbuch der Klinischen Psychologie und Psychotherapie*. Göttingen: Hogrefe.

Kolbatz, K.-P. (2005). *Spätfolgen bei "Kriegskindern" : Burn out, Depressionen, Angstzustände, Panikattacken, (Kriegskinder geboren zwischen 1929 und 1945). Verdrängtes Leid bei Kriegskindern*. http://www.poolalarm.de/kinderschutz/kriegskinder.

Kolko, D. J., Brent, D. A., Baugher, M., Bridge, J. & Birmaher, B. (2000). Cognitive and family therapies for adolescent depression: Treatment specifity, mediation, and moderation. *Journal of Consulting and Clinical Psychology*, *68*, 603-614.

Kopp, B. & Mandl, H. (2006). Wissensschemata. In M.-F. Mandl & F. Helmut (Eds.), *Handbuch Lernstrategien*. Göttingen: Hogrefe, 127-134.

Kramer, J. R. (1985). *Family interfaces: Transgenerational patterns*. New York: Brunner & Mazel.

Kraus, B. (2006). *Internet Publikation für Allgemeine und Integrative Psychotherapie: Abstinenz und Abstinenzregeln*. http://www.sgipt.org/th_schul/pa/glossar/abstin.html.

Krejci, E. (2012). Abstinenz: ein zentrales technisches Konzept der Psychoanalyse im historischen Wandel. *Zeitschrift für psychoanalytische Theorie und Praxis*, *27*(3-4), 405-424.

Kreppner, K. (2002). Zur Bedeutung der Transitionskompetenz in Familien für das Vermeiden oder das Entstehen von Pathologien im Verlauf der individuellen Entwicklung. In B. Rollett & H. Werneck (Hrsg.), *Klinische Entwicklungspsychologie der Familie*. Göttingen: Göttingen: Hogrefe, 32-45.

Krings, B. B. (2013). *Entscheidungsfindung in Gruppen: Qualitative und quantitative Untersuchungen im Kontext der wirtschaftlichen Praxis*. Dissertation. München: Universität, Fakultät für Psychologie und Pädagogik.

Krovoza, A. (2005). Gesellschaftliche Gewalt und ihre psychischen Folgen-im Hinblick auf die deutsche Nachkriegsgeschichte. In J. Küchenhoff, A. Hügli & U. Mäder (Hrsg.), *Gewalt. Ursachen, Formen, Prävention*. Gießen: Psychosozial-Verlag, 131-147.

Krüger, S. (2005). *Sehen Paare die Welt durch eine Beziehungsbrille? Reliabilität und Validität der Ratingskalen zur Erfassung von Beziehungs-Schemata*. Dissertation. Braunschweig: Technische Universität Carolo-Wilhelmina zu Braunschweig.

Krumpholz-Reichel, A. (2005). Kuckuckskinder - das Familiengeheimnis. *Psychologie heute, 32*(5), 62-69.

Künzel, W. & Wulf, K. (Hrsg.) (1997). *Frühgeburt*. München: Urban & Schwarzenberg.

Kury, H. & Kern, J. (2003). Angehörige von Inhaftierten - zu den Nebeneffekten des Strafvollzugs. *Zeitschrift für Strafvollzug und Straffälligenhilfe*, *52*(5), 269-278.

L'Abate, L. (Ed.) (1998). *Family psychopathology. The relational roots of dysfunctional behavior*. New York: Guilford.

Lähnemann, L. (1997). Lesben und Schwule mit Kindern - Kinder homosexueller Eltern. In Senatsverwaltung für Schule, Jugend und Sport, Fachbereich für gleichgeschlechtliche Lebensweisen (Hrsg.), *Dokumente lesbisch-schwuler Emanzipation des Fachbereichs für gleichgeschlechtliche Lebensweisen*, 16. Berlin: Eigenverlag.

Laireiter, A.-R. (2002). Negative Effekte von Selbsterfahrung und Eigentherapie von TherapeutInnen in der Psychotherapie. In M. Märtens & H. Petzold (Hrsg.), *Therapieschäden. Risiken und Nebenwirkungen von Psychotherapie*. Mainz: Matthias-Grünewald-Verlag.

Lambert, M. J. (Ed.) (2004). *Bergin and Garfield's handbook of psychotherapy and behaviour change*. New York: Wiley.

Lambert, M. J. (Ed.) (2013). *Bergin and Garfield's handbook of psychotherapy and behavior* change. New York: Wiley.

Lambert, M. J., Hansen, N. B., Umphress, V., Lunnen, K., Okiishi, J. & Burlingame, G. (1996). *Administration and scoring manual for the OQ 45.2*. Stevenson, MD: American Professional Credentialing Services.

Lambert, M. J., & Shimokawa, K. (2011). Collecting client feedback. In J. C. Norcross (Ed.), *Psychotherapy relationships that work* (2nd Ed.). New York: Oxford University Press.

Lang, D. (2009). *Soziale Kompetenz und Persönlichkeit. Zusammenhänge zwischen sozialer Kompetenz und den Big Five der Persönlichkeit bei jungen Erwachsenen*. Landau: Verlag Empirische Pädagogik.

Lang, F. R. & Neyer F. J. (2008). Soziale Beziehungen als Anlage und Umwelt. In F. J. Neyer & F. M. Spinath (Hrsg.), *Anlage und Umwelt. Neue Perspektiven für die Sozialwissenschaften*. Stuttgart: Lucius & Lucius.

Largo, R. H. & Czernin, M. (2003). *Glückliche Scheidungskinder*. München: Piper.

Larsen, R. J. & Ketelaar, T. (1991). Personality and susceptibility to positive and negative emotional states. *Journal of Personality and Social Psychology, 61*, 132-140.

Lass-Hennemann, J., Deuter, C. E., Kuehl, L. K., Schulz, A., Blumenthal, T. D. & Schachinger, H. (2010). Effects of stress on human mating preferences. Stressed individuals prefer dissimilar mates. *Proceedings of the Royal Society: Biological Sciences, 277*, 2175-2183.

Lauterbach, W. (1998). Die Multilokalität später Familienphasen. Zur räumlichen Nähe und Ferne der Generationen. *Zeitschrift für Soziologie*, *27*(2), 113-132.

Lazarus, R. S. (1991). Stress und Stressbewältigung - ein Paradigma. In S. -H. Filipp (Hrsg.), *Kritische Lebensereignisse*. München: Urban & Schwarzenberg.

LeDoux, J. (2002/2003). *Synaptic Self: How our brains become who we are. New York: Viking Penguin. Dt. Das Netz der Persönlichkeit. Wie unser Selbst entsteht.* Düsseldorf: Patmos.

Lee, N.-O. (2005). *Transgenerationale Beziehungsmuster in Familien*. Dissertation. Fakultät IV der Universität Oldenburg. Oldenburg: Universität Oldenburg.

Lehmkuhl, U. (2004). Entwicklungschancen von Kindern aus Trennungsfamilien. *Kindheit und Entwicklung*, *13*(4), 212-216.

Leithäuser, T., Amendt, G. & Schwarz, M. (1990). *Das Leben unerwünschter Kinder. Forschungsergebnisse und Erfahrungen aus drei Jahrzehnten*. Bremen: Universität Bremen.

Lesch, C. P., Bengel, D., Heils, A. M., Sabol, S. Z., Greenberg, B. D. & Petri, S. (1996). Association of anxiety-related traits with a polymorphism in the serotonin transporter gene regulatory region. *Science, 274*, 1527-1531.

Lesch, K. P. (2007). Linking emotion to the social brain. The role of the serotonin transporter in human social behavior. *EMBO Rep, 8*, 24-29.

Levinas, E. (1983). *Die Spur des Anderen*. München: Alber.

Lévi-Strauss, C. (1981). *Die elementaren Strukturen der Verwandtschaft*. Frankfurt: Suhrkamp.

Liddle, H. A., Sansebastian, D. A., Levant, R. F. & Bray, J. H. (Eds.) (2002). *Family psychology: Science-based interventions*. Washington, DC: American Psychological Association.

Lieberman, S. (1979). *Transgenerational family therapy*. London: Sage.

Linardatos, L. & Lydon, J. E. (2011). Relationship-specific identification and spontaneous relationship maintenance processes. *Journal of personality and social psychology*, *101*(4), 737-753

Linderkamp, F. (2006). Elterliches Erziehungsverhalten aus der Sicht von Kindern mit Lern- und Verhaltensstörungen. *VHN-Vierteljahreszeitschrift für Heilpädagogik und ihre Nachbargebiete, 75*(2), 159-160.

Linderkamp, F. (2010). Entwicklung sozialer Kompetenz. In P. Wachtel., D. Schmetz., A. Kaiser. & B. Werner (Hrsg.), *Enzyklopädie Sonderpädagogik, Band 3: Bildung und Erziehung*. Stuttgart: Kohlhammer, 188-192.

Linderkamp, O., Janus, L., Linder, R. & Skoruppa, D. B. (2009). Time table of normal foetal brain development. *The International Journal of Prenatal and Perinatal Psychology and Medicine, 21*(1/2), 4-16.

Löhr-Heinemann, B. (2005). *Erfolg hat eine Mutter. Chancen und Grenzen der Erfolgsprognose bei selbstständigen Frauen mit den Mitteln des Genogramms*. Heidelberg: Auer.

Lösel, F. & Bender, D. (2003). Theorien und Modelle der Paarbeziehung. In I. Grau & H. W. Bierhoff (Hrsg.),

Sozialpsychologie der Partnerschaft. Berliner: Springer.

Löwisch, D.-J. (2000). *Kompetentes Handeln. Baustein für eine lebensweltbezogene Bildung*. Darmstadt: Wissenschaftliche Buchgesellschaft, 27-66.

Luborsky, L., Diguer, L., Seligman, D. A., Rosenthal, R., Krause, E. D., Johnson, S., Halperin, G., Bishop, M., Berman, J. S. & Schweitzer, E. (1999). The researcher's own therapy allegiances. A "wild card" in comparisons of treatment efficacy. *Clinical Psychology: Science and practice, 6*, 95-106.

Luhmann, N. (1984). *Soziale Systeme. Grundriss einer allgemeinen Theorie*. Frankfurt: Suhrkamp.

Lutz, W., Kosfelder, J. & Joormann, J. (2004). *Misserfolge und Abbrüche in der Psychotherapie: Erkennen-vermeiden-vorbeugen*. Bern: Huber.

Maaß, E. (1997). *Kindesmisshandlung und sexueller Missbrauch - Die Zeichen erkennen*. http://www.thieme.de/viamedici/medizin/aerztliches_handeln/kindesmisshandlung.html.

Maetzler, C. (2000). *Familienrituale. Zur pädagogischen Bedeutung rituellen Handelns in der Familie*. Dissertation. Universitaet Innsbruck.

Mahoney, A., Jouriles, E. N. & Scavone, J. (1997). Marital adjustment, marital discord over childrearing, and child behavior problems: Moderating effects of child age. *Journal of Clinical Child Psychology, 26*, 415-423.

Main, M. (1995). Desorganisation im Bindungsverhalten. In G. Spangler & P. Zimmermann (Hrsg.), *Die Bindungstheorie. Grundlagen, Forschung und Anwendung*. Stuttgart: Klett-Cotta, 120-139.

Main, M. & Cassidy, J. (1988). Categories of response to reunion with parents at age 6: Predictable from infant attachment classification and stable over a 1-month period. *Developmental Psychology, 24*, 415-426.

Marbach, J. H. (1994). Tauschbeziehungen zwischen Generationen: Kommunikation, Dienstleistungen und finanzielle Unterstützung in Dreigenerationenfamilien. In W. Bien (Hrsg.), *Eigeninteresse oder Solidarität. Beziehungen in modernen Mehrgenerationenfamilien Deutsches Jugendinstitut, Familien-Survey, 3*. Opladen: Leske & Budrich, 134-148.

Margolin, G. (1998). The effects of domestic violence on children. In P. K. Trickett & C. Schellenbach (Eds.), *Violence against children in the family and community*. Washington, DC: American Psychological Association, 57-101.

Markman, H. J. & Rhoades, G. K. (2012). Relationship education research: Current status and future directions. *Journal of Marital and Family Therapy, 38*, 169 -200.

Märtens, M. L. & Petzold, H. (Hrsg.) (2002). *Therapieschäden. Risiken und Nebenwirkungen von Psychotherapie*. Mainz: Matthias-Grünewald-Verlag.

Martin, A. & Schoppmann, C. (Hg.) (2006). *"Ich fürchte die Menschen mehr als die Bomben". Aus den Tagebüchern von drei Berliner Frauen 1938-1946*. Berlin: Zentrum für Antisemitismusforschung der TU Berlin.

Martin, P. & Olson, S. (1996). Die Übertragung von Interaktionsmustern zwischen Generationen. In W. Edelstein, K. Kreppner & D. Sturzbecher (Hrsg.), *Familie und Kindheit im Wandel*. Potsdam: Verlag für Berlin-Brandenburg, 287-295.

Masche, J. G. (1999). Eltern und Geschwister als Bezugspersonen in geschiedenen und nicht- geschiedenen Familien. In R. K. Silbereisen & J. Zinnecker (Hrsg.), *Entwicklung im sozialen Wandel*. Weinheim: Psychologie Verlags Union, 377-392.

Massing, A., Reich, G. & Sperling, E. (1992). *Die Mehrgenerationen-Familientherapie*. Göttingen: Vandenhoeck & Ruprecht.

Mattejat, F., Wüthrich, C. & Remschmidt, H. (2000). Children of mentally ill parents. Research perspectives exemplified by children of depressed parents. *Nervenarzt*, *71*, 164-172.

Maturana, H. (1982). *Erkennen: Die Organisation und Verkörperung von Wirklichkeit. Ausgewählte Arbeiten zur biologischen Epistemologie*. Braunschweig: Vieweg.

Matyjas, D. P. (2015). *Bindung und Partnerschaftsmodell: Nicht-monogame und monogame Partnerschaften im Kontext von Angst und Vermeidung*. Wiesbaden: Springer Fachmedien.

Mayer, B., Kuramschew, A. & Trommsdorff, G. (2009). Familienbezogene Werte und Zukunftsvorstellungen in der Adoleszenz: Ein deutsch-russischer Vergleich. *Zeitschrift für Soziologie der Erziehung und Sozialisation, 29*, 29-44.

Mayer, B., Trommsdorff, G., Kagitcibasi, C. & Mishra, R. (2012). Family models ofindependence/interdependence and their intergenerational similarity in Germany, Turkey, and India. *Family Science, 3*, 64-74.

Mayer, S., Fuhrer, U. & Uslucan, H.-H. (2005). Akkulturation und intergenerationale Transmission von Gewalt in Familien türkischer Herkunft. *Psychologie in Erziehung und Unterricht*, *52*(3), 168-185.

Mayjas, J. (2014). The role of the structure-conduct-performance paradigm for the development of industrial organization economics and strategic management. *Journal of Positive Management, 5*(2), 53-63.

McCorkle, Jr. & William W. (2010). *Ritualizing the Disposal of Dead Bodies: From Corpse to Concept*. New York: Peter Lang Publishing, Inc.

McCrae, R. R. & Costa, P. T. (1999). A five factor theory of personality. In L. Pervin & O. P. John (Eds.), *Handbook of personality*. New York: Guilford Press, 139-153.

McGoldrick, M., Gerson, R. & Petry, S. (2009). *Genogramme in der Familienberatung* (3. Aufl.). Bern: Huber.

McGoldrick, M. & Gerson, R. (2002). *Genogramme in der Familienberatung*. 2. Aufl.. Bern.

McHale, J. & Rasmussen, J. L. (1998). Coparental and family group-level dynamics during infancy: Early family precursors of child and family functioning during preschool. *Development and Psychopathology*, *10*(1), 39-59.

McNoughton, B. L. (1998). The neurophysiology of reminiscence. *Neurobiology, Learning and Memory*, *70*, 252-267.

Mead, G. H. (1973 orig. 1934). *Geist, Identität und Gesellschaft*. Frankfurt: Suhrkamp.

Mees, U. & Schmitt, A. (2000). Liebe, Sexualität und Eifersucht. In P. Kaiser (Hrsg.), *Partnerschaft und Paartherapie*. Göttingen: Hogrefe, 53-75.

Meichenbaum, D. (1998). *Intervention bei Streß. Anwendung und Wirkung des Streßimpfungstrainings*. Bern: Huber.

Merod, R. (2005). Psychische Gesundheit, Persönlichkeitsstil und Persönlichkeitsstörung. In R. Merod (Eds.),

Behandlung von Persönlichkeitsstörungen. Ein schulenübergreifendes Handbuch. Tübingen: DGVT, 21-52.

Meyer, B., Pilkonis, P. A., Proietti, J. M., Heape, C. L. & Egan, M. (2001). Attachment styles, personality disorders, and response to treatment. *Journal of Personality Disorders*, *15*, 371-389.

Meyer, E., Garcia Coll, C., Seifer, R., Ramos, A., Kilis, E. & Oh, W. (1995). Psychological distress in mothers of preterm infants. *Journal of Developmental and Behavioral Pediatrics, 16*, 412-417.

Miller, G. A., Galanter, E. & Pribram, K. (1973). *Strategien des Handelns*. Stuttgart: Klett-Cotta.

Miller, J. G. (1978). *Living systems*. New York: Wiley.

Miller, P. M., Bener, A., Ghuloum, S., Commons, M .L. & Burgut, F. T. (2012). Differences and similarities in cross-cultural perceptions of boundaries: A comparison of results from two studies. *International Journal of Law Psychiatry*, *35*(5-6), 398-405.

Minuchin, S., Lee, W. & Simon, G. M. (2006). *Mastering Family Therapy. Journeys of Growth and Transformation*. New York: Wiley.

Mitscherlich, A. (1975). *Der Kampf um die Erinnerung*. München: Piper.

Moberg, P. J. (2001). Linking conflict strateg y to the five-factor model: Theoretical and empirical foundations. *International Journal of Conflict Management, 12*(1), 47-68.

Moehler, E., Brunner, R., Wiebel, A., Reck, C. & Resch, F. (2006). Maternal depressive symptoms in the postnatal period are associated with long-term impairment of mother-child bonding. *Archives of Women's Mental Health*, 9(5), 273-278.

Moller, S. (2001). Familiengespräche zum Nationalsozialismus in Ost und West. In J. Richter (Hrsg.), *Deutschland: (un)bewältigte Vergangenheiten?* Tübingen: dgvt.

Möllers, C. (2015). *Die Möglichkeit der Normen. Über eine Praxis jenseits von Moralität und Kausalität*. Berlin: Suhrkamp.

Möllmann, C., Lenz, K., Naumann, A., Döpfner, M., Lehmkuhl, G. & Lehmkuhl, U. (1998). Klinikvergleich im Hinblick auf die Achse V des MAS: Unterschiedliche Inanspruchnahmepopulationen oder regionale Besonderheiten? *Zeitschrift für Kinder- und Jugendpsychiatrie und Psychotherapie*, *26*, 113-126.

Moreno, J. L. (1964). *Die grundlegende Soziometrie*. Opladen: Westdeutscher Verlag.

Morgenroth, C. & Reuleaux, N. (2004). "... denn sie wussten, was sie taten." Über die Sichtbarkeit des Unsichtbaren. *Psyche, 58*(3), 272-281.

Moser, K. (1997). Commitment in Organisationen. *Zeitschrift für Arbeits- und Organisationspsychologie, 41*(4), 160-170.

Mosheim, R., Zachhuber, U., Scharf, L., Hofmann, W., Kemmler, G., Danzl, C., Kinze, J., Biehl, W. & Richter, E. R. (2000). Bindung und Psychotherapie. Bindungsqualität und interpersonale Probleme von Patienten als mögliche Einflussfaktoren auf das Ergebnis stationärer Psychotherapie. *Psychotherapeut*, *45*, 223-229.

Mueller, C. W. & Pope, H. (1977). Transmission between generations. *Journal of Marriage and the Family, 39*, 37-51.

Mühlfeld, C. (1984). *Ehe und Familie*. Opladen: Westdeutscher Verlag.

Müller, M. (Hrsg.) (2013). *Rituale - zwischen Pathos und Folklore*. Göttingen: Vandenhoeck & Ruprecht.

Müller-Hohagen, J. (2000). *Verleugnet, verdrängt, verschwiegen - Seelische Nachwirkungen der NS-Zeit und Wege zu ihrer Überwindung*. München: Kösel.

Mummendey H. D. (2006). *Psychologie des »Selbst«. Theorien, Methoden und Ergebnisse der Selbstkonzeptforschung*. Göttingen: Hogrefe.

Mundlos, S. (2001). Defects of human skeletogenesis—Models and mechanisms. *Novartis Found Symp, 232*, 81-91

Murphy, M., Glaser, K. & Grundy, E. (1997). Marital status and long-term illness in Great Britain. *Journal of Marriage and the Familiy, 59*, 156-164.

Müssigbrodt, H., Kleinschmidt, S., Schürmann, A., Freyberger, H. J. & Dilling, H. (2006). *Psychische Störungen in der Praxis. Leitfaden zur Diagnostik und Therapie in der Primärversorgung nach dem Kapitel V (F) der ICD-10*. Bern: Huber.

National Collaborating Center for Mental Health (2003). *Schizophrenia: Full National Clinical Guideline on Core Interventions in 45 Primary and Secondary Care*. Leicester and London: The British Psychological 46 Society and the Royal College of Psychiatrists.

Nauck, B., Kohlmann, A. & Diefenbach, H. (1997). Familiäre Netzwerke, intergenerative Transmission und Assimilationsprozesse bei türkischen Migrantenfamilien. *Kölner Zeitschrift für Soziologie und Sozialpsychologie, 49*(3), 477-499.

Nave-Herz, R. (2004). *Ehe und Familiensoziologie*. Weinheim u. München: Juventa

Nave-Herz, A. (2012). *Rosemarie Familie heute. Wandel der Familienstrukturen und Folgen für die Erziehung*. Darmstadt: Primus.

Neisser, U. (1976/1979). *Kognition und Wirklichkeit. Prinzipien und Implikationen der kognitiven Psychologie*. Stuttgart: Klett-Cotta.

Neumann, E. & Bierhoff, H. -W. (2004). Ichbezogenheit versus Liebe in Paarbeziehungen - Narzissmus im Zusammenhang mit Bindung und Liebesstilen. *Zeitschrift für Sozialpsychologie, 35*(1), 33-44.

Neumann, E. & Tress, W. (2005). Bindung und Liebe in den Partnerschaften von Psychotherapiepatienten. Verminderte Beziehungsqualität als Hinweis auf psychische Erkrankungen. *Psychotherapeut, 50*(6), 394-403.

Neyer, F. J. & Asendorpf, J. B. (2001). Personality-relationship transaction in young adulthood. *Journal of Personality ans Social Psychology, 81*, 1190-1204.

Neyer, F. J. & Lehnart, J. (2007). Relationships matter in personality development. Evidence from an 8-year longitudinal study across young adulthood. *Journal of Personality, 75*(3), 535-568,

Nicolis, G. & Prigogine, I. (1987). *Die Erforschung des Komplexen*. München: Piper.

Norcross, J. C. (Ed.) (2002). *Psychotherapy relationships that work*. New York: Oxford University Press.

Norcross, J. C. (2010). The therapeutic relationship. In B. L. Duncan, S. D. Miller, B. E. Wampold & M. A. Hubble (Eds.), *The heart and soul of change: Delivering what works in therapy*. Washington, DC, US: American Psychological Association, 113-141..

Norcross, J. C., Beutler, L. E. & Levant, R. F. (Eds.) (2006). *Evidence-based practices in mental health: Debate and dialogue on the fundamental questions.* Washington, DC: American Psychological Association.

Norcross, J. C. & Wampold, B. E. (2011). Evidence-based therapy relationships: Research conclusions and clinical practices. *Psychotherapy, 48*(1), 98-102.

Northey, W. F., Wells, K. C., Silverman, W. K. & Bailey, C. E. (2003). Childhood behavioral and emotional disorders. *Journal of Marital and Family Therapy*, *29*, 523-545.

O'Carroll, R. E., Drysdale, E., Cahill, L., Shajahan, P. & Ebmeier, K. P. (1999). Stimulation of the noradrenergic system enhances and blockade reduces memory for emotional material in man. *Psychological Medicine*, *29*, 1038-1088.

Oeter, K. & Wilken, M. (1981). *Psychosoziale Entstehungsbedingungen unerwünschter Schwangerschaften*. Stuttgart: Kohlhammer.

Oetker, H. (2005). *Mehr- Generationen- Familienunternehmen: Erfolgsgeheimnisse*. Heidelberg: Carl Auer.

Ogawa, T. K. K., Mikuni, M., Kuroda, Y., Muneoka, K., Miori, K. J. & Takahashi, K. (1994). Periodic maternal deprivation alters stress response in adult offspring, potentiates the negative feedback regulation of restraint stressinduced adrenocortical response and reduces the frequencies of open field-induced behaviors. *Pharmacology Biochemistry Behavior*, *49*, 961-967.

Ohling, M. & Heekerens, H. -P. (2003). "Allein erziehende" Väter 2000. *Neue Praxis*, *33*, 447-465.

Opher-Cohn, L., Pfäfflin, J., Sonntag, B., Klose, B. & Pogany-Wendt, P. (Hrsg.) (2000). *Das Ende der Sprachlosigkeit? Auswirkungen traumatischer Holocaust-Erfahrungen über mehrere Generationen*. Gießen: Psychosozial-Verlag.

Orlinsky, D. & Ronnestad, H. (2005). How psychotherapists develop. *A study of therapeutic work and professional growth*. Washington, DC: American Psychological Association.

Owen, M. T., Cox, M., Henderson, V. K. & Margant, N. A. (1992). Prediction of infant father and infant mother attachment. *Developmental Psychology, 28*, 474-483.

Papastefanou, C. (2002). Die Erweiterung der Familienbeziehungen und die Geschwisterbeziehung. In Hofer, M., Klein-Allermann, E. & Noack, P. (Hrsg.), *Familienbeziehungen. Eltern und Kinder in der Entwicklung*. Göttingen: Hogrefe, 192-215.

Papousek, M. & Wollwerth de Chuquisengo, R. (2006). Integrative kommunikationszentrierte Eltern-Kleinkind-Psychotherapie bei frühkindlichen Regulationsstörungen. Praxis *der Kinderpsychologie und Kinderpsychiatriem*, *55*(4), 235-254.

Papp, P. (1976). Family choreography. In P. Guerin (Eds.), *Family therapy: Theory and practice*. New York: Gardner.

Pashos, A. (2000). Does paternal uncertainty explain discriminative grandparental solicitude? A cross-cultural study in Greece and Germany. *Evolution and Human Behavior, 21*, 97-109.

Patterson, T. & Sexton, T. (2013). Bridging Conceptual Frameworks: A Systemic Heuristic for Understanding Family

Diversity. *Couple and Family Psychology: Research and Practice, 2*(4), 237-245

Paulus, P. (1994). *Selbstverwirklichung und psychische Gesundheit*. Göttingen: Hogrefe.

Paukert, M. (2011). *Systems competence: Operationalization, evaluation and theoretic classification*. Dissertation. Heidelberg: Universität, Fakultät für Verhaltens- und Empirische Kulturwissenschaften.

Perquin, L. & Pesso, A. (2005). Die Behandlung der Folgen von sexuellem Missbrauch mit der Pesso-Psychotherapie. In S. K. D. Sulz, L. Schrenker & C. Schricker (Hrsg.), *Die Psychotherapie entdeckt den Körper- oder: Keine Psychotherapie ohne Körperarbeit?* München: CIP-Medien.

Perrez, M. & Baumann, U. (Hrsg.) (2011). *Lehrbuch Klinische Psychologie - Psychotherapie*. Bern: Huber.

Perrez, M. (2000). Psychologie des Familien- und Paarstresses: Forschungsentwicklungen. In K. A. Schneewind (Hrsg.), *Familienpsychologie im Aufwind*. Göttingen: Hogrefe, 69-88.

Petermann, F. & de Vries, U. (2009). Entwicklungsmodell der Adipositas im Kindesalter. *Das Gesundheitswesen, 2009, 71*(1), 28-34.

Petermann, F., Niebank, K. & Scheithauer, H. (2004). *Entwicklungswissenschaft*. Berliner: Springer.

Peters, C. (2006). *Ich war ein katholischer Fundamentalist*. FAZ 46: 25

Peterson, B. E., Smirles, K. A. & Wentworth, P. A. (1997). Generativity and authoritarianism: Implications for personality, political involvement, and parenting. *Journal of Personality and Social Psychology*, 75, 1202-1216.

Petermann, F., Niebank, K. & Scheithauer, H. (2004). *Entwicklungswissenschaft. Entwicklungspsychologie, Genetik, Neuropsychologie*. Berlin: Springer.

Petermann, F. & Schmidt, M. H. (2006). Ressourcen - ein Grundbegriffder Entwicklungspsychologie und Entwicklungspsychopathologie? *Kindheit und Entwicklung, 15*, 118-127.

Petzold, E. R., Berna, C., Jagdfeld, F. H. & Petzold, U. (2003). Gesundheitsbiographien im familiären Kontext - eine Mehrgenerationenperspektive. In P. Perrig-Chiello & F. Höpflinger (Hrsg.), *Gesundheitsbiographien. Variationen und Hintergründe*. Bern: Huber, 93-108 .

Pfeiffer, C. (2005). Gewalt in Familien. In K. A. Schneewind, J. Berkic, T. C. Haupt, E. Henneke, M. Kupsch, M. Schmidt & U. Sedlmayer (Hrsg.), *4. Münchner Tagung für Familienpsychologie*. Abstractband. München: Eigenverlag.

Pharoa, F. M., Ratbone, J., Mari, J. J. & Streiner, D. (2003). *Family intervention for schizophrenia*. http://www.ncbi.nlm.nih.gov/pubmed/14583908.

Piaget, J. (1976). *Die Äquilibration der kognitiven Strukturen*. Stuttgart: Klett-Cotta.

Pilling, S., Bebbington, P., Kuipers, E., Garety, P., Geddes, J., Martindale, B., Orbach, G. & Morgan, C. (2002). Psychological treatments in schizophrenia: II. Metaanalyses of randomized controlled trials of social skills training and cognitive remediation. *Psycholocial Medicine, 32*, 783-791.

Pinsof, W. M., Zinbarg, R. & Knobloch-Fedders, L. M. (2008). Factorial and construct validity of the revised short form integrative psychotherapy alliance scales for family, couple, and individual therapy. *Family Process*, 47, 281-301.

Pitschel-Walz, G., Leucht, S., Bäuml, J., Kissling, W. & Engel, R. (2001). The effect of family interventions on relapse and rehospitalization in schizophrenia--a meta-analysis. *Schizophr Bull, 27*(1), 73-92.

Plänkers, T., Bahrke, U., Baltzer, M., Drees, L., Hiebsch, G., Schmidt, M. & Tautz, D. (2005). *Seele und totalitärer Staat. Zur psychischen Erbschaft der DDR*. Gießen: Psychosozial-Verlag.

Platon (z.B. 1994). *Sämtliche Werke I-III*. Reinbek: Rowohlt.

Plomin, R. & Rutter, M. (1998). Child development, molecular genetics, and what to do with the genes once they are found. *Child Development, 69*, 1223-1243.

Pöhlmann, C., Hannover, B., Kühnen, U. & Birkner, N. (2002). Independente und interdependente Selbstkonzepte als Determinanten des Selbstwerts. *Zeitschrift für Sozialpsychologie, 33*(2), 111-121.

Pollet, T. V., Van Der Meij, L., Cobey, K. D. & Buunk, A. P. (2013). Testosterone levels and their associations with lifetime number of opposite sex partners and remarriage in a large sample of American elderly men and women. *Hormones and behavior, 60*(1), 72-77

Pontzen, W. (2002). Kinder der Täter: Söhne und Töchter und ihre Nazi-Väter. *Analytische Psychologie, 33*, 57-63.

Pope, H. & Mueller, C. W. (1976): The intergenerational transmission of marital instability: Comparisons by race and sex. *J. Social Issues, 32*, 1, 49-66

Poustka, F. & Schmeck, K. (1993). Unterschiedliche Bedeutsamkeit von psychosozialen Risikofaktoren für psychische Auffälligkeit bei Mädchen und Jungen verschiedener Altersgruppen. In F. Poustka & U. Lehmkuhl (Hrsg.), *Gefährdung der kindlichen Entwicklung*. München: Quintessenz, 84-88.

Powers, W. T. (1973). *Behavior and control of perception*. New York: Aldine.

Pries-Kümmel, E. (2005). Beziehungen zwischen Alt und Jung. Auswirkungen neuer Entwicklungen auf das Verhältnis zwischen den Generationen. *Soziale Arbeit, 54*(10), 362-371.

Prochaska, J. O. & Norcross, J. C. (2002). Stages of Change. In J. C. Norcross (Eds.), *Psychotherapy relationships that work*. New York: Oxford University Press, 303-314.

Prochaska, J. O., & Norcross, J. C. (2010). *Systems of psychotherapy: A transtheoretical analysis* (7th Ed.). Pacific Grove, CA: Brooks/Cole.

Puttkamer von, S. (2004). *Die Rechte des Stiefkindes*. www.familienhandbuch.de/ cmain/ f_Fachbeitrag/ a_Rechtsfragen/s_1337.html.

Quinton, D. & Rutter, M. (1988). *Parenting breakdown: The making and breaking of intergenerational links*. Aldershot: Avebury.

Radke-Yarrow, M., Cummings, E. M., Kuczynski, L. & Chapman, M. (1985). *Pattern of attachment in two- and three-year-olds in normal families and families with parental depression*. Child Development, 56, 884-893.

Rafaeli, E., Bernstein, D. & Young, J. (2013). *Schematherapie*. Paderborn: Junfermann.

Rahim, M. A. (1983). A measure of styles of handling conflict. *Academy of Management Journal, 26*, 368-376.

Rammstedt, B. (2010). The measurement equivalence of Big Five factor markers for persons with different levels of education. *Journal of Research in Personality, 44*(1), 53-61.

Rasch, T. (2006). *Verstehen abstrakter Sachverhalte. Semantische Gestalten in der Konstruktion mentaler Modelle.* Berlin: Wissenschaftlicher Verlag.

Rass, E. (2011). *Bindung und Sicherheit im Lebenslauf. Psychodynamische Entwicklungspsychologie.* Stuttgart: Klett-Cotta.

Rauh, H. (2002). Vorgeburtliche Entwicklung und Frühe Kindheit. In R. Oerter & L. Montada (Hrsg.), *Entwicklungspsy-chologie*. Weinheim: Beltz, 131-192.

Reed, G. M. (2006). What qualifies as evidence of effective practice? Clinical expertise. In J. C. Norcross, L. E. Beutler & R. F. Levant (Eds.) (2006), *Evidence-based practices in mental health: Debate and dialogue on the fundamental questions*. Washington, DC: American Psychological Association, 124-139.

Reese, R. J., Duncan, B. L., Bohanske, R. T., Owen, J. J. & Minami, T. (2014). Benchmarking outcomes in a public behavioral health setting: Feedback as a quality improvement strategy. *Journal of Consulting and Clinical Psychology, 82*(4), 731-742.

Reese, R. J., Norsworthy, L. A. & Rowlands, S. R. (2009). Does a continuous feedback system improve psychotherapy outcome? *Psychotherapy: Theory, Research, Practice, Training, 46,* 418-431.

Reese, R. J., Toland, M. D., Slone, N. C. & Norsworthy, L. A. (2010). Effect of client feedback on couple psychotherapy outcomes. *Psychotherapy: Theory, Research, Practice, Training, 47*, 616-630.

Reiss, D., Hetherington, M., Plomin, R., Howe, G. W., Simmens, S. J., Henderson, S. H., O'Connor, T. J., Bussell, D. A., Anderson, E. R. & Law, T. (1995). Genetic questions for environmental studies: Differential parenting and psychopathology in adolescence. *Archives of General Psychiatry*, *52*, 925-936.

Reiter-Theil, S. (1997). Therapie und Ethik in systemischer Perspektive. In Reiter, L. Brunner, E. J. & Reiter-Theil, S. (Hg.), *Von der Familientherapie zur systemischen Perspektive.* Berlin: Springer, 41-62.

Rentzsch, K., Wenzler, M. P. & Schütz, A. (2016). The structure of multidimensional self-esteem across age and gender. *Personality and Individual Differences, 88*, 139-147.

Retzlaff, R., Hornig, S., Müller, B., Gitta, R. & Pietz, J. (2006). Family sense of coherence and resilience. A study on families with children with mental and physical disabilities. *Praxis der Kinderpsychologie und Kinderpsychiatrie,* 55(1), 36-52.

Revenstorf, D. (2004). Das Kuckucksei-Über das pharmakologische Modell in der Psychotherapie-Forschung. *Therapieforschung*, *5*, 1-19.

Rhodes, G. & Zebrowitz, L. (2002). *Facial attractiveness. Evolutionary, cognitive, and social perspectives.* Westport: Ablex Publishing.

Ribbe, W. & Eckart, H. (2001). *Taschenbuch für Familiengeschichtsforschung*. Neustadt an der Aisch: Degener.

Richter, H. E. (1972). *Die Gruppe. Hoffnung auf einen neuen Weg, sich selbst und andere zu befreien. Psychoanalyse in Kooperation mit Gruppeninitiativen.* Reinbek: Rowohlt.

Ritscher, W. (Hrsg.) (2005). *Systemische Kinder- und Jugendhilfe.* Anregungen für die Praxis. Heidelberg: Auer.

Ritzenfeld, S. (1998). *Familienbeziehungen in Stiefvaterfamilien*. Weinheim: Juventa.

Roberto-Forman, L. (2002). Transgenerational Marital Therapy. In A. S. Gurman & N. S. Jacobson (Eds.). *"Clinical handbook of couple therapy"* (3rd Ed.). New York: Guilford, 118-150

Roberts, B. W., Walton, K. E. & Viechtbauer, W. (2006). Patterns of mean-level change in personality traits across the life course: A meta-analysis of longitudinal studies. *Psychological Bulletin, 132*, 1-25.

Roberts, S. C., Klapilová, K., Little, A. C., Burriss, R. P., Jones, B. C., DeBruine, L. M. & Havlíček, J. (2012). Relationship satisfaction and outcome in women who meet their partner while using oral contraception. *Proceedings of the Royal Society B-Biological Sciences, 279*, 1430-1436.

Robins, R. W., Fraley, C., Roberts, B. W. & Trzesniewski, K. (2001). A longitudinal study of personality change in young adulthood. *Journal of Personality, 69*, 617-640.

Rogers, C. R. (1963/2004). *Therapeut und Klient. Grundlagen der Gesprächspsychotherapie*. Frankfurt: Fischer.

Rohmann, E. (2003). Fairness in Beziehungen. In Grau, I. & Bierhoff, H. W. (Hrsg.) (2002), *Sozialpsychologie der Partnerschaft*. Berlin: Springer, 315-342.

Röhrle, B. & Sommer, G. (Hrsg.) (1999). *Prävention und Gesundheitsförderung I*. Tübingen: DGVT.

Rollett, B. & Werneck, H. (Hrsg.) (2002). *Klinische Entwicklungspsychologie der Familie*. Göttingen: Hogrefe.

Rorty, R. (1989). *Kontingenz, Ironie und Solidarität*. Frankfurt: Suhrkamp.

Rosenkranz, D. & Rost, H. (1998). Welche Partnerschaften scheitern? Prädiktoren der Instabilität von Ehen. *Zeitschrift für Familienforschung, 10*(1), 47-70.

Rothe-Kirchberger, I. (2004). *Pharmakotherapie in der Psychottraumatologie*. Manuskript des Vortrags beim 39. Killesbergkongress Medizin am 1.2.2004.

Rowe, D. (1997). *Genetik und Sozialisation*. Weinheim: PVU.

Rubinstein, G. (2005). The big five among male and female students of different faculties. *Personality and Individual Differences, 38*(7), 1495-1503.

Saarni, C. (2002). Die Entwicklung von emotionaler Kompetenz in Beziehungen. In M. V. Salisch (Hrsg.) (2002), *Emotionale Kompetenz entwickeln. Grundlagen in Kindheit und Jugend*. Stuttgart: Kohlhammer, 71-89

Sachse, R. (2002). *Klärungsorientierte Psychotherapie*. Göttingen: Hogrefe.

Sachse, R. & Langens, T. A. (2014). *Emotionen und Affekte in der Psychotherapie*. Göttingen: Hogrefe.

Sachse, R., Fasbender, J., Breil, J. & Püschel, O. (Hrsg.) (2009). *Grundlagen und Konzepte Klärungsorientierter Psychotherapie*. Göttingen: Hogrefe.

Sachse, R., Püschel, O, Fasbender, J. & Breil, J. (2008). *Klärungsorientierte Schemabearbeitung. Dysfunktionale Schemata effektiv verändern*. Göttingen: Hogrefe.

Sachsse, U., Özkan, I. & Streeck-Fischer, A. (Eds.) (2002). *Traumatherapie-Was ist erfolgreich?* Göttingen: Vandenhoeck & Ruprecht.

Sack, M., Lempa, W. & Lamprecht, F. (2004). Metaanalyse der Studien zur EMDR-Behandlung von Patienten mit posttraumatischen Belastungsstörungen. Der Einfluss der Studienqualität auf die Effektstärken. Zeitschrift für Psychotherapie, Psychosomatik, *Medizinische Psychologie, 51*(9-10), 350-355.

Salisch, M. v. (Hrsg.) (2002). *Emotionale Kompetenz entwickeln. Grundlagen in Kindheit und Jugend.* Stuttgart: Kohlhammer.

Sanders, R. (2000). *Partnerschule damit Beziehungen gelingen.* Paderborn: Junfermann.

Sautermeister, J. (Ed.) (2014). *Moralpsychologie: Transdisziplinäre Perspektiven.* Stuttgart, Germany: Kohlhammer.

Sapolsky, R. M. (1999). *Warum Zebras keine Migräne kriegen: Wie Stress den Menschen krank macht.* München: Piper.

Sarimski, K. (1993). *Frühgeborene in den ersten Lebenswochen.* Heidelberg: Bundesverband für das frühgeborene Kind e.V.

Saßmann, H. (2000). Diagnostik in der Paarberatung durch ein Interview zur Beziehungsgeschichte (PIB). *In Beratung Aktuell.* Paderborn: Junfermann Verlag, 3-2000, 155-172.

Satir, V. (1973). *Familienbehandlung.* Freiburg: Lambertus Verlag.

Saum-Aldehoff, T. (1998). Der Mythos von der Macht der Eltern. *Psychologie heute, 8*, 26-31.

Schaeffer, D. (2006). Bewältigung chronischer Erkrankung. Konsequenzen für die Versorgungsgestaltung und die Pflege. *Zeitschrift für Gerontologie und Geriatrie*, *39*(3), 192-201.

Schäfer, H. (2003). Vom Symptom zum Dialog - Mehrgenerationenperspektive und Umgang mit Übertragung und Gegenübertragung in der psychoanalytischen Familientherapie. In A.Gerlach, A. -M. Schlösser & A. Springer (Hrsg.), *Psychoanalyse mit und ohne Couch: Haltung und Methode.* Gießen: Psychosozial-Verlag.

Schaffner, E., Schiefele, U. & Schmidt, M. (2013). Die Bedeutung des familiären Hintergrundes für die Lesemotivation und Lesehäufigkeit von Gymnasialschülern. *Zeitschrift für Entwicklungspsychologie und Pädagogische Psychologie*, *45*, 131-141.

Schär, M. & Steinebach, C. (2015). *Resilienzfördernde Psychotherapie für Kinder und Jugendliche. Grundbedürfnisse erkennen und erfüllen.* Stuttgart: Schattauer

Scheele, U. (1998). Vergewaltigungen und Zwangsprostitution im Krieg. - und sie wissen, was sie tun. *Gegenwind,* 122, November 1998.

Scheib, P. & Brunner, E. J. (2002). Qualitätsmanagement und Behandlungsleitlinien in der Paar- und Familientherapie. In M. Wirsching & P. Scheib (Hrsg.), *Paar- und Familientherapie.* Heidelberg: Springer, 663-676.

Schepank, H. (1987). *Psychogene Erkrankungen der Stadtbevölkerung.* Berlin: Springer.

Schepank, H. (1996). *Zwillingsschicksale.* Stuttgart: Enke.

Scheuerer-Englisch, H. (2012). Bindungen stärken und Resilienz fördern in der Erziehungsberatung. In K. Menne, H. Scheuerer-Englisch & A. Hundsalz (Hrsg.), *Jahrbuch für Erziehungsberatung. Band 9.* Weinheim: Beltz Juventa, 37-68.

Schiepek, G. (1999). *Die Grundlagen der systemischen Therapie.* Göttingen: Vandenhoeck & Ruprecht.

Schindler, L., Hahlweg, K. & Revenstorf, D. (1998). *Partnerschaftsprobleme: Diagnose und Therapie.* Berliner: Springer.

Schlippe, A. v. & Schweitzer, J. (2012). *Lehrbuch der systemischen Therapie und Beratung I*. Göttingen: Vandenhoeck & Ruprecht.

Schlötter, P. (2006). *Familienaufstellungen*. http://www.notesweb.uni-wh.de/wg/orga/wgorganisation.nsf/name/050124-DE.

Schmidt, M. (2003). *Systemische Familienrekonstruktion*. Göttingen: Hogrefe.

Schmidt, M. H. & Sinzig, J. (2006). Qualitätssicherung in der Verhaltenstherapie. *Kindheit und Entwicklung, 15*(3), 133-137.

Schmidt, M. H., Lay, B., Esser, W. & Ihle, W. (1998). Psychosomatic and depressive symptoms frome age eight to age eighteen. *Annals of the American Society for Adolescent Psychiatry, 23*, 73-86.

Schmidt, M., Bay, T., Zeeck, A. & Scheib, P.(2002). Stationäre und teilstationäre Behandlungen. In M. Wirsching & P. Scheib (Hrsg.), *Paar- und Familientherapie*. Berliner: Springer, 489-514.

Schmidt, M., Schmid, U. & Sierwald, W. (1998). *Familienrekonstruktion-Darstellung und erste Evaluationsergebnisse*. Beitrag zur 1. Münchner Tagung für Familienpsychologie vom 30. 10. bis 1. 11. 1998 an der Universität München.

Schmidt, N. B., Joiner, T. E., Young, J. E. & Telch, M. J. (1995). The schema questionnaire: Investigation of psychometrie properties and the hierarchical structure of a measure of maladaptive schemas. *Cognitive Therapy and Research, 19*(3), 295-321.

Schmidt, S. & Strauß, B. (2002). Bindung und Coping. In B. Strauß, A. Buchheim & H. Kächele (Hrsg.), *Klinische Bindungsforschung. Theorien, Methoden, Ergebnisse*. Stuttgart/New York: Schattauer.

Schmidt-Denter, U. (1996). *Soziale Beziehungen im Lebenslauf*. Weinheim: BeltzPVU.

Schmidt-Denter, U. (2000). Entwicklung von Trennungs- und Scheidungsfamilien. In K. A. Schneewind (Hrsg.), *Familienpsychologie im Aufwind*. Göttingen: Hogrefe, 203-221.

Schmidt-Denter, U. (2005). Belastungen bei Scheidung/Trennung. In P. F. Schlottke, R. K. Silbereisen, S. Schneider. & G. Lauth (Hrsg.), *Störungen im Kindes-und Jugendalter-Verhaltensauffälligkeiten*. Göttingen: Hogrefe, 443-470.

Schmitt, D., Realo, A., Voracek, M. & Allik, J. (2008). Why can't a man be more like a woman? Sex differences in Big Five personality traits across 55 cultures. *Journal of Personality and Social Psych ology, 94*(1), 168-182.

Schmitz, B. (2000). Werte und Emotion. In Otto, J. H., Euler, H. A. & Mandl, H. (Hrsg.), *Emotionspsychologie. Ein Handbuch*. Weinheim: Psychologie Verlags Union.

Schmitz, G. S. (2002). Bedeutung der Selbstwirksamkeit für emotional kompetentes Verhalten. In V. Salisch & M. (Hrsg.), Emotionale *Kompetenz entwickeln. Grundlagen in Kindheit und Jugend*. Stuttgart: Kohlhammer, 207-228.

Schmohr, M. (2003). *Was macht Partnerschaften glücklich und stabil? Ein Test des Investitionsmodells unter Berücksichtigung der Bindungsstile*. Hamburg: Kovac.

Schnabel, M. (2005). *Rituale in Familien: Ihre Schwierigkeiten und Chancen*. In familienhandbuch.de: http://www.

familienhandbuch.de/cmain/f_Fachbeitrag/a_Erziehungsbereiche/s_1927.html.

Schneewind, K. A. (2005). *Family Life and Professional Work: Conflict and Synergy*. Abschlussbericht. München: Ludwig-Maximilians-University of Munich.

Schneewind, K. A. (2006). Familiendiagnostik. In F. Petermann & F. Eid (Hrsg.), *Handbuch der psychologischen Diagnostik*. Göttingen: Hogrefe, 587-593.

Schneewind, K. A. (2010). *Familienpsychologie*. Stuttgart: Kohlhammer.

Schneewind, K. A. & Ruppert, S. (1995). *Familien gestern und heute. Ein Generationenvergleich über 16 Jahre*. München: Quintessenz.

Schneewind, K. A. & Schmidt, M. (1999). *Familiendiagnostik im Kontext der Klinischen Entwicklungspsychologie*. In R. Oerter, C. V. Hagen, G. Röper & G. Noam (Hrsg.), *Klinische Entwicklungspsychologie*. Weinheim: Beltz, 270-298.

Schneewind, K. A. & Vaskovics, L. A. (1994). Optionen der Lebensgestaltung junger Ehen und Kinderwunsch. *Zeitschrift für Familienforschung*, *1*, 121-124.

Schneewind, K. A. & Wunderer, E. (2003). Prozessmodelle der Partnerschaftsentwicklung. In I. Grau & H. W. Bierhoff (Hrsg.), *Sozialpsychologie der Partnerschaft*. Berlin: Springer, 221-255.

Scholz, H. (Hrsg.) (2000). *Kommunikation im Gesundheitssystem*. Göttingen: Hogrefe.

Schöngen, D. (2006). *Die Entwicklung der jugendlichen Identität in Abhängigkeit von der elterlichen Identität unter Berücksichtigung der elterlichen Erziehung als Einflussvariable*. Dissertation. Köln: Universität zu Köln, Philosophische Fakultät.

Schorn, A. (2000). Das "themenzentrierte Interview". Ein Verfahren zur Entschlüsselung manifester und latenter Aspekte subjektiver Wirklichkeit. http://www.qualitative-research.net/fqs-texte/2-00/2-00schorn-d.html.

Schott, E. (1991). *Psychologie der Situation*. Heidelberg: Asanger.

Schreyögg, A. (2004). *Supervision. Ein Integratives Modell. Lehrbuch zu Theorie und Praxis*. Wiesbanden: VS Verlag für Sozialwissenschaften.

Schreyögg, B. (2015). *Emotionen im Coaching Kommunikative Muster der Beratungsinteraktion*. Berliner: Springer.

Schubert, E. W. & McNeil, T. F. (2003). Prospective study of adult mental disturbance in offspring of women with psychosis. *Archives of General Psychiatry*, *60*, 473-480.

Schuhmacher, J., Klaiberg, A. & Brähler, E. (2003). *Diagnostische Verfahren zu Lebensqualität und Wohlbefinden*. Göttingen: Hogrefe.

Schuler, H. & Moser, H. (Hrsg.) (2014). *Lehrbuch Organisationspsychologie*. Bern: Huber.

Schulte, D. (2000). Angststörungen. In Lazarus-Mainka, G. & Siebeneick, S. (Hrsg.), *Angst und Ängstlichkeit*. Göttingen: Hogrefe.

Schulz von Thun, F. (1989). Miteinander reden: *2. Stile, Werte und Persönlichkeitsentwicklung. Differentielle Psychologie der Kommunikation*. Reinbek: Rowohlt.

Schulz von Thun, F. (2005). *Miteinander reden: 3. Das "Innere Team" und situationsgerechte Kommunikation.*

Hamburg.

Schulz von Thun, F. (2009). *Störungen und Klärungen. Allgemeine Psychologie der Kommunikation.* Reinbek: Rowohlt

Schuman, D., Slone, N., Reese, R. J. & Duncan, B. (2014). *Efficacy of client feedback in group psychotherapy of soldiers referred for substance abuse treatment.* Psychotherapy Research.

Schütz, A. (2000). *Psychologie des Selbstwertgefühls: von Selbstakzeptanz bis Arroganz.* Stuttgart: Kohlhammer.

Schütz, A. (2003). *Selbstwertgefühl - je mehr desto besser?* Weinheim: Beltz.

Schütz, A. & Hoge, L. (2003). Schuldzuschreibungen in Partnerschaften. In I. Grau & H. W. Bierhoff (Hrsg.), *Sozialpsychologie der Partnerschaft.* Berlin: Springer, 457-480.

Schütz, A. & Luckmann, T. (1979). *Strukturen der Lebenswelt.* Band 1. Frankfurt: Suhrkamp.

Schwab, D. & Vaskovics, L. A. (2011). *Pluralisierung der Elternschaft und Kindschaft.* Leverkusen: Verlag Barbara Budrich.

Schwarz, B. & Trommsdorff, G. (2005). The relation between attachment and intergenerational support. *European Journal of Aging, 2*, 192 199.

Schwarzer, R. (2004). *Psychologie des Gesundheitsverhaltens. EinenEinführung in die Gesundheitspsychologie.* Göttingen: Hogrefe.

Schweitzer, J. & Weber, G. (1982). Beziehung als Metapher: Die Familienskulptur als diagnostische, therapeutische und Ausbildungstechnik. *Familiendynamik, 7*, 113-128.

Schwenkmezger, P., Steffgen, G. & Dusi, D. (2000). *Umgang mit Ärger.* Göttingen: Hogrefe.

Scott, W. A., Scott, R. & McCabe, M. (1991). Family relationships and children's personality: A cross-cultural, cross-source comparison. *British Journal of Social Psychology, 30*, 1-20.

Searles, H. F. (1963). Über schizophrene Kommunikation I. *Psyche, 17*, 197-217 und II, 292-316.

Seidler, C. & Froese, M. (Hrsg.) (2006). *Traumatisierungen in (Ost-) Deutschland.* Gießen: Psychosozial-Verlag.

Seidler, G. H., Freyberger, H. J. & Maercker, A. (Hrsg.) (2011). *Handbuch der Psychotraumatologie.* Stuttgart: Stuttgart: Klett-Cotta.

Seiffge-Krenke, I. (2004a). *Psychotherapie und Entwicklungspsychologie.* Heidelberg: Springer.

Seiffge-Krenke, I. (2004b). Die langfristige Bedeutung von funktionalen und dysfunktionalen Copingstilen -zur Vorhersage von Bindungssicherheit. *Zeitschrift für Medizinische Psychologie, 13*(1), 37-45.

Selvini Palazzoli, M. (1987). Interview mit Th. Henning. *Systhema, I*(1), 2-20.

Selvini Palazzoli, M., Boscolo, L., Cecchin, G. & Prata, G. (1977). *Paradoxon und Gegenparadoxon. Ein neues Therapiemodell für die Familie mit schizophrener Störung.* Stuttgart: Klett-Cotta.

Selvini-Palazzoli, M., Boscolo, L., Cecchin, G. & Prata. G. (1980). Hypothetisieren - Zirkularität - Neutralität: Drei Richtlinien für den Leiter der Sitzung. *Familiendynamik, 6*, 123-139.

Sennett, R. (2007). *Die Kultur des neuen Kapitalismus.* Berlin: Berliner Taschenbuch Verlag.

Sexton, T. & Alexander, J. (2004). *Functional Family Therapy clinical training manual.* Baltimore, MD: Annie E. Casey

Foundation.

Sexton, T. L. & Alexander, J. F. (2002). Family-based empirically supported interventions. *The Counseling Psychologist, 30*, 238-261.

Sexton, T. L. & Ridley, C. R. (2004). Implications of a moderated common factors approach: Does it move the field forward? *Journal of Marital and Family* Therapy, *30*, 159-163.

Shapiro, F. (1999). *EMDR - Eye Movement Desensitization and Reprocessing- Grundlagen und Praxis*. Paderborn: Junfermann.

Shaver, P. R., Collins, N. & Clark, C. L. (1996). Attachment styles and internal working models of self and relationship partner. In G. J. O. Fletcher & J. Fitness (Eds.), *Knowledge structures in close relationships: A social psychological approach*. Hillsdale: Erlbaum, 25-62.

Shazer, S., de (1989). *Wege erfolgreicher Kurzzeittherapie*. Stuttgart: Klett-Cotta.

Sheff, E. (2014). *The polyamorists next door: Inside multiple-partner relationships and families*. New York: Rowman & Littlefield.

Shelton, K. H. & Harold, G. T. (2008). Interparental conflict, negative parenting, and children's adjustment: Bridging links between parents' depression and children's psychological distress. *Journal of Family Psychology*, *22*(5), 712-724.

Sidor, A., Thiel-Bonney, C., Kunz, E., Eickhorst, A. & Cierpka, M. (2012). Das exzessive Schreien und prä-, peri- und postnatale Belastungen ihrer Mütter in einer Hoch-Risiko-Stichprobe. *Zeitschrift für Kinder- und Jugendpsychiatrie und Psychotherapie, 40*, 239-250.

Sigusch, V. (2001). *Sexuelle Störungen und ihre Behandlung*. Stuttgart-New York: Thieme-Verlag.

Simmen, R., Buss, G., Hassler, A. & Immoos, S. (2010). *Systemorientierte Sozialpädagogik in der Praxis*. Bern Stuttgart Wien: Haupt Verlag.

Simon, F. B. & Retzer, A. (1998). Bert Hellinger und die systemische Psychotherapie: Zwei Welten. *Psychologie Heute*, *25*(7), 64-69.

Simon, F. B. & Stierlin, H. (1984). *Die Sprache der Familientherapie. Ein Vokabular. Überblick, Kritik und Integration systemtherapeutischer Begriffe, Konzepte und Methoden*. Stuttgart: Klett-Cotta.

Simon, F. B., Weber, G. & Schmidt, G. (2005). *Aufstellungsarbeit revisited ... nach Hellinger?* Heidelberg: Auer.

Simon, F. B., Wimmer, R. & Groth, T. (2005). *Mehr-Generationen-Familienunternehmen*. Heidelberg: Auer.

Simon, R. (1972). Sculpting the Family. *Family Process, 11*, 49-57.

Skinner, G. W. (1997). Family systems and demographic processes. In D. L. Kertzer & T. Fricke (Eds.), *Anthropological demography - Toward a new synthesis*. Chicago: University of Chicago Press.

Skopek, J. (2011). *Partnerwahl im Internet. Eine quantitative Analyse von Strukturen und Prozessen der Online-Partnersuche*. VS Verlag: Wiesbaden.

Smith, E. R. & Queller, S. (2001). Mental Representations. In A. Tesser & N. Schwarz (Eds.), *Blackwell handbook of social psychology: Intraindividual processes*. London: Blackwell Publishers, 117-131.

Snyder, D. K., Wills, R. M. & Grady-Fletcher, A. (1991). Long-term effectiveness of behavioral versus insight-oriented marital therapy: A 4-year follow-up study. *Journal of Consulting and Clinical Psychology, 59*, 138-141.

Sohni, H. (1994). Geschwisterbeziehungen: Die Einführung der horizontalen Beziehungsdynamik in ein psychoanalytisches Konzept "Familie". *Praxis der Kinderpsychologie und Kinderpsychiatrie, 43*(8), 284-295.

Sommer, G. & Stellmacher, J. (2009). *Menschenrechte und Menschenrechtsbildung.* Wiesbaden: VS. Verlag für Sozialwissenschaften.

Sparks, J. A., Kisler, T. A., Adams, J. F. & Blumen, D. G. (2011). Teaching accountability: Using client feedback to train effective family therapists. *Journal of Marital and Family Therapy*, *37*(4), 452-467.

Sparks, J. A. (2015). The Norway Couple Project: Lessons Learned. *Journal of Marital and Family Therapy, 41*(4), 481-494.

Sparrer, I. & Varga von Kibéd, M. (2010). Klare Sicht im Blindflug. *Schriften zur Systemischen Strukturaufstellung.* Stuttgart: Thieme.

Sperling, E. (1965). Die 'Magersuchtsfamilie' und ihre Behandlung. In J. E. Meyer & H. Feldmann (Hrgs.), *Anorexia nervosa*. Stuttgart: Thieme, 156-160.

Sperling, E. (1983). Die Mehrgenerationen - Familientherapie. In K. Schneider (Hrsg.), *Familientherapie in der Sicht psychotherapeutischer Schulen.* Paderborn: Junfermann.

Spiegel, V. M. (2012). Black Boxes und Doublebinds. Geheimhaltung und Weitergabe von Erinnerung in Holocaust-Familien. *Familiendynamik, 3*, 2012, 178-187

Spitzer, M. (2002). *Lernen,Gehirnforschung und die Schule des Lebens.* Frankfurt: Spektrum.

Sprenkle, D. H. (2003). Effectiveness research in marriage and familiy therapy: Introduction. *Journal of Marital and Family Therapy, 29*, 85-96.

Sprenkle, D. H. (2012). Intervention research in couple and family therapy: A methodological and substantive review and an introduction to the special issues. *Journal of Marital and Family Therapy, 38*, 3-29.

Sprenkle, D. H. & Blow, A. J. (2004). Common factors are not islands - they work through models: A response to Sexton, Ridley, and Kleiner. *Journal of Marital and Family Therapy, 30*, 151-157.

Sroufe, L. A., Carlson, E. & Schulman, S. (1993). Development of individual relationships: from infancy through adolescence. In D. C. Funder, R. Parke, C. Tomlinson-Keesey & K. Widman (Eds.), *Studying lives through time: Approaches to personality and development.* Washington: American Psychological Association, 315-342.

Sroufe, L. A. & Fleeson, J. (1985). Attachment and the construction of relationships. In W. Hartrup & Z. Rubin (Eds.), *The nature and development of relationships.* Hillsdale: Erlbaum.

Staats, H., Kreische, R. & Reich, G. (Hrsg.) (2005). *Innere Welt und Beziehungsgestaltung.* Göttinger Beiträge zu Anwendungen der Psychoanalyse. Göttingen: Vandenhoeck & Ruprecht.

Starke, K. (2005). *Nichts als die reine Liebe. Beziehungsbiographien und Sexualität im sozialen und psychologischen Wandel.* Lengerich: Pabst.

Statistisches Bundesamt (2006). *Statistisches Jahrbuch für die Bundesrepublik Deutschland.* Stuttgart & Mainz.

Staudinger, U. & Baltes, P. B. (1996). Weisheit als Gegenstand psychologischer Forschung. *Psychologische Rundschau, 47,* 57-77.

Steele, H. & Steele, M. (1994). Intergenerational patterns of attachment. In D. Perlman & K. Bartholomew (Hrsg.), *Attachment processes during adulthood.* London: Jessica Kingsley, 99-120.

Steimer-Krause, E., Krause, R. & Wagner, G. (1990). Prozesse der Interaktionsregulierung bei schizophrenen und psychosomatischen Patienten -Studien zum mimischen Verhalten in dyadischen Interaktionen. *Zeitschrift für klinische Psychologie, 19,* 32-45.

Steinbach, A. & Nauck, B. (2005). Intergenerationale Transmission in Migrantenfamilien. In Fuhrer, U. & Uslucan, H. -H. (Hrsg.), *Familie, Akkulturation und Erziehung. Migration zwischen Eigen- und Fremdkultur.* Stuttgart: Kohlhammer, 111-125.

Steinebach, C. (Hrsg.) (2006). *Handbuch Psychologische Beratung.* Stuttgart: Klett-Cotta.

Steiner, C. (2000). *Wie man Lebenspläne verändert.* Paderborn: Junfermann.

Steinmetz, K. S. & Peterson, W. G. (Eds.) (2003). *Pioneering paths in the study of families.* New York: Haworth Press.

Stierlin, H., Rücker-Embden, I., Wetzel, N. & Wirsching, M. (1977). *Das erste Familiengespräch.* Stuttgart: Klett-Cotta.

Stöcker, K., Strasser, K. & Winter, M. (2002). Bindung und Partnerschaftsrepräsentation. In I. Grau & H. W. Bierhoff (Hrsg.), *Sozialpsychologie der Partnerschaft.* Berlin: Springer, 137-164.

Stratton, P. (2011). The evidence base of systemic family and couples therapies. United Kingdom: Association for Family Therapy.

Strauß, B., Buchheim, A. & Kächele, H. (Hrsg.) (2002). *Klinische Bindungsforschung. Theorien, Methoden, Ergebnisse.* Stuttgart: Schattauer.

Strauß, B. & Geyer, M. (Hrsg.) (2006). *Grenzen psychotherapeutischen Handelns.* Göttingen: Vandenhoeck & Ruprecht.

Strauß, B., Hohagen, F. & Caspar, F. (Hrsg.) (2006). *Lehrbuch Psychotherapie.* Göttingen: Hogrefe.

Strotzka, H. (1983). *Fairness, Verantwortung, Phantasie.* Wien: Deuticke.

Suchodoletz, von W. (Hrsg.) (2005). *Früherkennung von Entwicklungsstörungen. Frühdiagnostik bei motorischen, kognitiven, sensorischen, emotionalen und sozialen Entwicklungsauffälligkeiten.* Göttingen: Hogrefe.

Suess, G. J. & Kißgen, R. (2005). STEEP - ein bindungstheoretisch und empirisch fundiertes Frühinterventionsprogramm. *Psychologie in Erziehung und Unterricht, 52*(4), 287-292.

Suess, G. J., Scheuerer-Englisch, H., Pfeiffer, P. & Walter-Karl, P. (Hrsg.) (2001). *Bindungstheorie und Familiendynamik. Anwendung der Bindungstheorie in Beratung und Therapie.* Gießen: Psychosozial-Verlag.

Sullivan, H. S. (1953/1980). *Die Interpersonelle Theorie der Psychiatrie.* Frankfurt: Fischer.

Suls, J., Martin, R. & David, J. P. (1998). Person-environment fit and its limits: Agreeableness, neuroticism, and emotional reactivity to interpersonal conflict. *Personality and Social Psychology Bulletin, 24,* 88-98.

Suwalsky, J., Hendricks, H. & Bornstein, M. H. (2008a). Families by adoption and birth: I. Mother-infant socio-emotional interactions. *Adoption Quarterly, 11*, 101-125

Suwalsky, J. T. D., Hendricks, H. & Bornstein, M. H. (2008b). Families by adoption and birth: II. Mother-infant cognitive interactions. *Adoption Quarterly 2008, 11*, 126-151

Swann, W. B., Hixon, J. G., Stein-Serroussi, A. & Gilbert, D. T. (1990). The fleeting gleam of praise: Cognitive processes underlying behavioral reactions to self-relevant feedback. *Journal of Personality and Social Psychology, 59*, 17-26.

Swenson, C. C. & Henggeler, S. W. (2005). Die multisystemische Therapie: Ein ökologisches Modell zur Behandlung schwerer Verhaltensstörungen bei Jugendlichen. *Familiendynamik, 30*, 129-144.

Sydow, K., Ullmeyer, M. & Happ, N. (2001). Sexual activity during pregnancy and after childbirth: results from the Sexual Preferences Questionnaire. *J Psychosom Obstet Gynaecol, 22*(1), 29-40.

Sydow, K. v., Beher, S., Retzlaff, R. & Schweitzer-Rothers, J. (2006). *Die Wirksamkeit der Systemischen Therapie/ Familientherapie*. Göttingen: Hogrefe.

Sydow, K. v., Retzlaff, R., Beher, S., Haun, M. W. & Schweitzer, J. (2013). The efficacy of systemic therapy for childhood and adolescent externalizing disorders: A systematic review of 47 RCT. *Family Process, 52*(4), 576-618.

Szapocznik, J. & Williams, R. A. (2000). Brief strategic family therapy: Twenty-five years of interplay among theory, research and practice in adolescent behavior problems and drug abuse. *Clinical Child and Family Psychology Review, 3*, 117-134.

Szydlik, M. (2002). Wenn sich Generationen auseinanderleben. *Zeitschrift für Soziologie der Erziehung und Sozialisation, 22*(4), 362-373.

Talmon, M. (1996). *Schluß mit den endlosen Sitzungen. 2 Wege zu einer lösungsorientierten Kurztherapie*. München: Droemer Knaur.

Taubner, S., Munder, T., Unger, A. & Wolter, S. (2013). Wirksamkeitsstudien zu Frühen Hilfen in Deutschland. Ein narratives Review. *Kindheit und Entwicklung, 22*(4), 232-243.

Taubner, S., Munder, T., Unger, A., & Wolter, S. (2013). Zur Wirksamkeit präventiver Früher Hilfen in Deutschland - ein systematisches Review und eine Metaanalyse. *Praxis der Kinderpsychologie und Kinderpsychiatrie, 62*, 8, 598-619.

Tellegen, A., Lyken, D. T., Bouchard, T. J., Wilcox, K. J., Segal, N. L. & Rich, S. (1988). Personality similarity in twins reared apart and together. *Journal of Personality and Social Psychology, 54*, 1031-1039.

Textor, M. R. (1998). Enrichment und Paarberatung - Hilfen auf dem Weg durch den Ehezyklus. *Familiendynamik, 23*, 156-170.

Textor, M. R. & Warndorf, P. K. (Eds.) (1995). *Familienpflege: Forschung-Vermittlung-Beratung*. Freiburg: Lambertus.

Thase, M. E. & Jindal, R. D. (2004). Combining Psychotherapy and Psychopharmcology for treatment of metnal disorders. In M. J. Lambert (Eds.), *Bergin and Garfield's handbook of psychotherapy and behavior change.* New York: Wiley, 743-766.

The WHOQOL Group (1993/1995). The Development of the WHO Quality of Life Assessment Instrument (The WHOQOL). In Quality of Life Assessment: International Perspectives. Paris: IPSEN Foundation Press.

Thoma, N. C. & Greenberg, L. S. (2015). "Integrating emotion-focused therapy into cognitive behavioral therapy". In N. C. Thoma & D. Mckay, *Working with emotion in cognitive-behavioral therapy: Techniques for clinical practice.* New York: Guilford Press, 239-262.

Thomä, H. & Kächele, H. (2006). *Psychoanalytische Therapie.* 3 Bände. Berliner: Springer.

Thomae, H. (1992). Das Lebensweltkonzept im Lichte einer kognitiven Theorie des Alterns. In H. G. Petzold (Hrsg.), *Lebenswelten alter Menschen. Konzepte, Perspektiven, Praxisstrategien.* Hannover: Curt R. Vincentz Verlag, 171-190.

Thorn, P. (2001). Familienbildung mit Spendersamen - Eine systemische Beobachtung. *Kontext, 32*(14), 305-318.

Thurmaier, F. (1997). *Ehevorbereitung - ein partnerschaftliches Lernprogramm. Methodik, Inhalte und Effektivität eines präventiven Paarkommunikationstrainings.* München: Institut für Forschung und Ausbildung in Kommunikationstherapie e. V.

Titze, M. (1979). *Lebensziel und Lebensstil. Grundzüge der Teleoanalyse nach Alfred Adler.* München: Pfeiffer.

Toman, W. (1979). *Familienkonstellationen. Ihr Einfluss auf den Menschen.* München: Beck.

Tomm, K. (1996). *Die Fragen des Beobachters. Schritte zu einer Kybernetik zweiter Ordnung in der systemischen Therapie.* Heidelberg: Carl-Auer-Systeme.

Tramitz, C. (1993). *Irren ist männlich. Weibliche Körpersprache und ihre Wirkung auf Männer.* München: Bertelsmann.

Treyvaud, K., Doyle, L. W., Lee, K. J., Roberts, G., Cheong, J. L. Y., Inder, T. E. & Anderson, P. J. (2011). Family functioning, burden and parenting stress 2 years after very preterm birth. *Early Human Development, 87*(6), 427-431

Trommsdorff, G. (2015). Cultural roots of values, morals, and religious orientations in adolescentdevelopment. In Jensen, L. A. (Ed.), *The Oxford Handbook of Human Development andCulture: An Interdisciplinary perspective.* Oxford: Oxford Library of Psychology, 377-395.

Trommsdorff, G. & Heikamp, T. (2013). Socialization of emotions and emotion regulation in culturalcontext. In S. Barnow & N. Balkir (Eds.), *Cultural variations in psychopathology: From research to practice.* Göttingen, Germany: Hogrefe, 67-92.

Trommsdorff, G., Mayer, B. & Albert, I. (2004). Dimensions of culture in intra- cultural comparisons individualism/ collectivism and family- related values in three generations. In H. Vinken, J. Soeters & P. Ester (Eds.), *Comparing cultures. Dimensions of culture in a comparative perspective.* Leiden: Brill.

Tröster, H. (2000). Die Belastung der Geschwister behinderter Kinder durch Betreuungsaufgaben und Hausarbeit. *Heilpädagogische Forschung, 26*(2), 80-92.

Tschacher, W. & Storch, M.(2015). Embodiment und Kommunikation. Der Körper im Fokus von Beratung und Therapie. *Familiendynamik, 2,* 17-127

Tyrrell, C. L., Dozier, M., Teague, G. B. & Fallot, R. D. (1999). Effective treatment relationships for persons with serious psychiatric disorders: The importance of attachment states of mind. *Journal of Consulting and Clinical Psychology, 67*, 725-733.

Uhlendorff, H. (2003). Großeltern- Kind- Beziehung. *Psychologie in Erziehung und Unterricht, 50*, 17-32.

Ulich, D., Kienbaum, J. & Volland, C. (2002). Empathie mit anderen entwickeln. Wie entwickelt sich Mitgefühl? In Salisch, M. v. (Hrsg.), *Emotionale Kompetenz entwickeln. Grundlagen in Kindheit und Jugend.* Stuttgart: Kohlhammer, 111-133.

Ullrich, R. & Ullrich-deMuynck, R. (1978). Das Emotionalitätsinventar. Testmappe EMI-B. München: Pfeiffer.

Universität des Saarlandes (2003). Facial Acting Coding System FACS. http://www.uni-saarland.de/fak5/orga/Kurs/home.html.

UNO (United Nations Organization) (1948). *Allgemeine Erklärung der Menschrechte der Vereinten Nationen vom 10. 12. 1948.* http://de.wikisource.org/wiki/Allgemeine_Erklärung_der_Menschenrechte.

van den Boom, D. (1994). The influence of temperament and mothering on attachment and exploration: An experimental manipulation of sensitive responsiveness among lower class mothers with irritable infants. *Child Development, 65*, 1457-1477.

Valero Carvajal, J.. & Sierra de Jaramillo, M. (2015). Structure and Family Type in Patients With Substance Abuse or Dependence Psychoactive Rehabilitation Center of Addiction in the Municipality of Chia Cundinamarca. *Revista Colombiana de Psiquiatría, 44*(3), 166-176.

van Ijzendoorn, M. H. & DeWolff, M. S. (1997). Sensitivity and attachment: A meta-analysis on parental antecedents of infant attachment. *Child Development, 68*, 571-591.

Vaskovich, V. (2000). *Homosexuelle Partnerschaften.* In P. Kaiser (Hrsg.), *Partnerschaft und Paartherapie.* Göttingen: Hogrefe, 17-32.

Vierzigmann, G. (1993). *Beziehungskompetenz im Kontext der Herkunftsfamilie. Dissertation.* München: Universität München.

Vinokur, A. D., Price, R. H. & Kaplan, R. D. (1996). Hard times and hurtful partners: How financial strain affects depression and relationship satisfaction of unemployed persons and their spouses. *Journal of Personality and Social Psychology, 71*, 166-179.

Voland, E. & Beise, J. (2004). Schwiegermütter und Totgeburten - Eine evolutionspsychologische Analyse von Kirchenbuchdaten aus der ostfriesischen Krummhörn des 18. und 19. Jhs. *Zeitschrift für Sozialpsychologie, 35*(3), 171-184.

Wagatha, P. (2006). *Partnerschaft und kindliche Behinderung. Eine empirische Untersuchung mit Implikationen für die Beratungspraxis.* Hamburg: Kovač.

Wagner, A., Burchardt, R., Deutsch, W., Jahn, K. & Nakath, J. (1996). Der Geschwistereffekt in der Entwicklung der

Personreferenz. Eine Längsschnittuntersuchung mit 27 deutschsprachigen Einzel- und 20 deutschsprachigen Geschwisterkindern im zweiten und dritten Lebensjahr. *Sprache & Kognition, 15*(1-2), 3-22

Wahl, K. (1997). Familienbilder und Familienrealität. In L. Böhnisch & K. Lenz (Hrsg.), *Familien*. Weinheim: Juventa, 99-112.

Wallbott, H. G. (2000). Empathie. In Otto, J. H., Euler, H. A. & Mandl, H. (Hrsg.), *Emotionspsychologie. Ein Handbuch*. Weinheim: Psychologie Verlags Union, 370-380

Wallerstein, J. (1983). Children of Divorce: The Psychological Tasks of the Child. *American Journal of Orthopsychiatry, 53*, 230-243.

Wallerstein, J. S. (2002). *Scheidungsfolgen-die Kinder tragen die Last*. Münster: Votum.

Wallerstein, J. S. & Blakeslee, S. (1996). *Die gute Ehe*. Weinheim: Beltz.

Wallerstein, J., Lewis, J. & Blakeslee, S. (2002). Scheidungsfolgen. *Die Kinder tragen die Last*. Weinheim: Juventa.

Walper, S. & Weiß, J. (Hrsg.) (2001). *Abstractband zur 2. Münchner Tagung für Familienpsychologie vom 16.-17. 2. 2001 in München*. München: Institut für Psychologie der Universität München.

Walther-Moog, V. (2006). Psychotherapie zwischen Ethik und Recht. In B. Strauß & M. Geyer (Hrsg.), *Grenzen psychotherapeutischen Handelns*. Göttingen: Vandenhoeck & Ruprecht, 222-234.

Wartner, U., Grossmann, K., Fremmer-Bombik, E. & Seuss, G. (1994). Attachment Patterns at Age Six in South Germany: predictability from infancy and implications for preschool behavior. *Child Development, 65*(4), 1014-1027.

Wampold, B. E. (2001). *The great psychotherapy debate: Models, methods and findings*. Mahwah: Erlbaum.

Weihe-Scheidt, R., Schaefer, C. & Thiesing, S. (2002). Psychotherapeutische und psychiatrische Praxis. In Wirsching, M. & Scheib, P. (Hrsg.), *Paar- und Familientherapie*. Berlin: Springer, 455-464.

Weinberger, S. (2004). *Klientenzentrierte Gesprächsführung*. Weinheim: Beltz.

Werner, E. & Smith, R. (1982). *Vulnerable but invincible A longitudinal study of resilient children and youth*. New York Adams: Bannister and Cox.

Werner, E. E. (2011). Risiko und Resilienz im Leben von Kindern aus multiethnischen Familien. In Zander, Margherita (Hrsg.), *Handbuch Resilienzförderung*. Wiesbaden: VS Verlag für Sozialwissenschaften, 311-326.

Westernhagen, D. v. (1987). *Die Kinder der Täter. Das dritte Reich und die Generation danach*. München: Kösel.

Whiffen, R. & Byng-Hall, J. (Eds.) (1982). *Family Therapy Supervision*. London: Academic Press.

White, R. W. (1972). *The enterprise of living. A view of personal growth*. New York: Holt Rinehart & Winston.

Wiegand-Grefe, S. Mattejat, F. & Lenz, A. (Hrsg.) (2010). *Kinder mit psychisch kranken Eltern. Klinik und Forschung*. Göttingen: Vandenhoeck & Ruprecht.

Wilk, L., Knall, I., Riedler-Singer, R. & Gschwandtner, M. (2004). *Du lebst in einer Stieffamilie*. http://www.familienhandbuch.de/cmain/f_Aktuelles/a_Teilfamilien/s_395.html.

Willutzki, U. (Hrsg.) (2005). *Fortschritte der Psychotherapieforschung. Abstinenz und Abstinenzregeln*. http://www.sgipt.org/th_schul/pa/glossar/abstin.html.

Windle, M. & Dumenci, L. (1997). Parental and occupational stress as predictors of depressive symptoms among dual-income couples: A multilevel modeling approch. *Journal of Marriage and the Familiy*, *59*, 625-634.

Wirsching, M. & Scheib, P. (Hrsg.) (2002). *Paar- und Familientherapie*. Berliner: Springer.

Wirsching, M. & Stierlin, H. (1982). *Krankheit und Familie - Konzepte Forschungsergebnisse, Therapie*. Stuttgart: Klett.

Wissenschaftszentrum Berlin (2005). *Familieneinkommen und das Arbeitsangebot. Eine Untersuchung für West- und Ostdeutschland auf der Grundlage des Mikrozensus 1995.* http://www.skylla.wz-berlin.de/pdf/1998/i98-208.pdf.

Wittchen, H. U. (1991). Der Langzeitverlauf unbehandelter Angststörungen: Wie häufig sind spontane Remissionen? *Verhaltenstherapie*, *1*, 273-282.

Witte, E. H. & Putz, C. (2004). Paarbeziehungen als Mikrosysteme: Ableitung und empirische Prüfung von theoretischen Annahmen. In E. H. Witte (Hrsg.), *Methodologische, methodische und historische Entwicklungen in der Sozialpsychologie. Beiträge des 19. Hamburger Symposions zur Methodologie der Sozialpsychologie*. Lengerich: Pabst, 206-227.

Wolf, K., Lambert, M. & Peters, S. (Hrsg.) (2012). *Emotionale Kompetenz bei schizophrenen Patienten*. Stuttgart: Thieme.

Wölfer, C. (2004). *Wenn Paare sich streiten-Bindungsqualität und Verhalten im Konflikt*. Heidelberg: Universität, Fakultät für Verhaltens- und Empirische Kulturwissenschaften.

Wulf, C. (2001). *Das Soziale als Ritual. Zur performativen Bildung von Gemeinschaften*. Opladen: Leske & Budrich.

Young, J. E. & Klosko, J. S. (2006). *Sein Leben neu erfinden*. Paderborn: Junfermann.

Zach, U. & Künsemüller, P. (2005). *Die Entwicklung von Kindern zwischen dem 6. und dem 10. Lebensjahr: Forschungsbefunde*. http://www.familienhandbuch.de/cms/ Kindheitsforschung-6bis10.pdf.

Zander, B. & Cierpka, M. (1996). Erstkontakt und Vorbereitung des Erstgesprächs. In M. Cierpka (Hrsg.), *Handbuch der Familiendiagnostik*. Berlin: Springer, 33-42.

Zank, S. & Schacke, C. (2005). *Längsschnittstudie zur Belastung pflegender Angehöriger von demenziell Erkrankten*. http://www.ipgberlin.de.

Zapf, W. (1984). Individuelle Wohlfahrt: Lebensbedingungen und wahrgenommene Lebensqualität. In W. Glatzer & W. Zapf (Hrsg.), *Lebensqualität in der Bundesrepublik: Objektive Lebensbedingungen und subjektives Wohlbefinden*. Berlin: Edition Sigma, 13-26.

Zeeck, A. (2002). Schwere Beziehungsstörungen am Beispiel der Borderlinestörung. In Wirsching, M. & Scheib, P. (Hrsg.), *Paar- und Familientherapie*. Heidelberg: Springer, 339-352.

Zielke, M. & Kopf-Mehnert, C. (1978). *Veränderungsfragebogen des Erlebens und Verhaltens (VEV)*. Göttingen: Beltz Test.

Znoj, H. (2005). Die therapeutische Beziehung aus verhaltenstherapeutischer Sicht. In W. Rössler (Hrsg.), *Die therapeutische Beziehung*. Berlin: Springer, 81-95.

Zwenger, G. (1996). *Gewalt und Konfliktstrategien bei Liebespaaren*. Frankfurt: Lang.

찾아보기

저자 소개

페터 카이저(Peter Kaiser)

독일 Heidelberg 대학교 심리학 박사
독일 Vechta 대학교 심리학과 교수

〈저서〉
가족기억(Vechta 대학, 2011)
다세대가족과 신경심리스키마(Hogrefe, 2008)

문용갑(Moon Yonggap)

독일 Bremen 대학교 사회심리학 박사
한국갈등관리 · 조정연구소 대표

〈저서〉
조직갈등관리(공저, 학지사, 2016)
갈등조정의 심리학(학지사, 2011)

이남옥(Lee Namok)

독일 Oldenburg 대학교 심리학 박사
한국상담대학원대학 교수

〈저서〉
우리 참 많이도 닮았다(북하우스, 2018)
내가 만난 아름다운 사람들(학지사, 2011)

대물림과 체계론적 가족치료

–다세대가족과 신경심리스키마를 중심으로–

From Generation to Generation: Systemic Family Therapy

2019년 7월 20일 1판 1쇄 인쇄
2019년 7월 25일 1판 1쇄 발행

지은이 • 페터 카이저 · 문용갑 · 이남옥
펴낸이 • 김진환
펴낸곳 • (주)학지사
04031 서울특별시 마포구 양화로 15길 20 마인드월드빌딩
대표전화 • 02-330-5114 팩스 • 02-324-2345
등록번호 • 제313-2006-000265호

홈페이지 • http://www.hakjisa.co.kr
페이스북 • https://www.facebook.com/hakjisa

ISBN 978-89-997-1867-0 93180

정가 18,000원

이 도서의 국립중앙도서관 출판시도서목록(CIP)은 서지정보유통지원시스템 홈페이지(http://seoji.nl.go.kr)와 국가자료공동목록시스템(http://www.nl.go.kr/kolisnet)에서 이용하실 수 있습니다.
(CIP 제어번호: CIP2019027428)